Württemberg um 1840
Beiträge zum 150jährigen Bestehen
des Württembergischen Geschichts- und Altertumsvereins

LEBENDIGE VERGANGENHEIT

Zeugnisse und Erinnerungen

Schriftenreihe des Württembergischen Geschichts- und Altertumsvereins

Schriftleitung

Hans-Martin Maurer

18. Band

Württemberg um 1840

Beiträge zum 150jährigen Bestehen
des Württembergischen Geschichts- und Altertumsvereins

Herausgegeben von
Hans-Martin Maurer

1994

W. KOHLHAMMER VERLAG STUTTGART

Die Deutsche Bibliothek – CIP-Einheitsaufnahme

Württemberg um 1840 : Beiträge zum 150jährigen Bestehen des
Württembergischen Geschichts- und Altertumsvereins / hrsg.
von Hans-Martin Maurer. – Stuttgart : Kohlhammer, 1994
(Lebendige Vergangenheit ; Bd. 18)
ISBN 3-17-013125-7
NE: Maurer, Hans-Martin [Hrsg.]; Württembergischer Geschichts- und
Altertumsverein; GT

Kommissionsverlag: W. Kohlhammer GmbH, Stuttgart
Umschlag: hace

Umschlagbild: Initiale W (für Württemberg) aus dem ersten
Jahresheft des Württembergischen Altertumsvereins von 1844

Satz und Druck: Gulde-Druck GmbH, Tübingen
Printed in Germany

Inhalt

Vorwort

Am 8. Oktober 1993 fand im Weißen Saal des Neuen Schlosses in Stuttgart die Festveranstaltung zum 150jährigen Bestehen des Württembergischen Geschichts- und Altertumsvereins mit über 500 Teilnehmern statt. Im Mittelpunkt stand der Festvortrag von Herrn Professor Dr. Bernhard Zeller, dem früheren Leiter des Deutschen Literaturarchivs in Marbach, über schwäbische Dichter in der Zeit um 1840 unter dem Thema „Der Freiheit eine Gasse". Eingeleitet wurde die Veranstaltung mit Grußworten für den Verein, für die Landesregierung und für die Stadt Stuttgart, umrahmt wurde sie mit Liedern schwäbischer Dichter und Komponisten aus der Zeit um 1840, ausgeklungen ist sie bei munterem Gespräch mit Wein und Brötchen bis tief in die Nacht hinein.

Am folgenden Tag trafen sich etwa 220 Mitglieder und Gäste im Hauptstaatsarchiv zu einem Symposion über das Thema „Württemberg um 1840". Es ging darum, die Zeit, in der der Verein gegründet wurde, von verschiedenen Blickpunkten her zu beleuchten. Der letzte Vortrag widmete sich den Anfängen des Württembergischen Altertumsvereins, wie er damals hieß, selbst. Beim Symposion hielten die Vorsitzenden des Gesamtvereins der deutschen Geschichts- und Altertumsvereine, Prof. Dr. Hugo Stehkämper (Köln), der Kommission für geschichtliche Landeskunde in Baden-Württemberg, Prof. Dr. Meinrad Schaab (Heidelberg), der Gesellschaft für Vor- und Frühgeschichte, Prof. Dr. Dieter Planck (Stuttgart), und des Reutlinger Geschichtsvereins, Dr. Gerhard Junger, Grußansprachen. Gleichzeitig wurde im Hauptstaatsarchiv eine Ausstellung über das Thema „Wiederentdeckung der Geschichte – Die Anfänge der Geschichtsvereine" eröffnet.

Die Vorträge beider Veranstaltungen und die Grußworte der Festveranstaltung werden in diesem Band, die meisten in überarbeiteter Form, wiedergegeben. Das Buch will damit an die eindrucksvolle Jubiläumsfeier erinnern und gleichzeitig einen Beitrag zur Aufhellung der Zeit des „Vormärz" liefern, jener Zeit, die als Epoche der Repression und Stagnation gilt, in der sich aber innerhalb der gegebenen Strukturen doch vielfach neues Leben regte, an die Öffentlichkeit drängte und neue Entwicklungen vorbereitete.

Den Autoren danke ich für die freundliche Mitarbeit und vor allem dafür, daß sie ihre Texte innerhalb der gesetzten Termine abschlossen, so daß das Buch schon bald nach dem Jubiläum erscheinen kann.

Hans-Martin Maurer

„Der Freiheit eine Gasse“

Schwäbische Dichter um 1840[1]

Von Bernhard Zeller

Wenn am 150. Geburtstag des Württembergischen Geschichts- und Altertumsvereins den Dichtern das *erste Wort* zugestanden wird, der Literatur also, nicht der Politik, nicht den Monarchen und ihren Ministern, nicht den Frühunternehmern und nicht einmal den Militärs, obwohl der eigentliche Gründungsvater Generalmajor und Kommandant einer Infanteriebrigade war – bedarf diese ungewöhnliche Priorität der Begründung. Würde nämlich der hundertste oder gar ein fünfzigster Vereinsgeburtstag gefeiert – und wären damit die Jahre 1893 oder 1943 anzusprechen –, käme man wohl kaum auf den Gedanken, Württembergs Poeten zu bemühen.

Dabei ist – das muß gleich vorweg gesagt werden – im Jahr 1843 kein Meisterwerk schwäbischer Dichtkunst entstanden, kein neu entdeckter Poet auf dem schwäbischen Parnaß aufgezogen, ja die eigentliche Blütezeit schwäbischer Dichtung und Philosophie mit Wieland, Schubart und Schiller, mit Schelling und Hegel war verklungen, und selbst der Geist Friedrich Hölderlins, der einem Schatten gleich aus weit vergangener Epoche noch eben in diese Gegenwart hineinreichte, ist im Sommer 1843 in aller Stille erloschen.

Das literarische Leben einer Zeit repräsentiert sich jedoch nicht nur in seinen Gipfelpunkten, sondern verwirklicht sich nicht minder in der Vielzahl der Schreibenden, und zu einer literarischen Kultur im weiteren Sinne gehört dann auch das lesende Publikum und gehören die Medien, die Verlage und die Presse. Daß nun das alte Württemberg, und zumal die Stadt Stuttgart, ein verlegerisches Zentrum mit einer sehr lebendigen Buchproduktion, vor allem aber auch mit einer aktiven literarischen wie politischen Presse war, die weit über alle Grenzen des Landes hinaus Beachtung fand, ist allgemein bekannt. Cottas liberale, den neuen Typ einer unabhängigen Meinungspresse kennzeichnende „Augsburger Allgemeine Zeitung“ und seine kulturelle Zeitung das „Morgenblatt“ nur seien genannt aus der Zahl der vielen Blätter, die mehr als eine regionale Rolle spielten.

---

[1] 150 Jahre Württembergischer Geschichts- und Altertumsverein. Festvortrag in Stuttgart am 8. Oktober 1993.

249 Schriftsteller finden sich um 1840 im Stuttgarter Adreßbuch verzeichnet, eine erstaunliche Bilanz bei einer Gesamtzahl von rd. 40000 Einwohnern[2]; und besonders glanzvoll wurde eben in diesem Jahr in der Residenzstadt das 400jährige Jubiläum der Buchdruckerkunst begangen.

Ein auffallendes Charakteristikum für die schriftstellerischen Aktivitäten dieser Epoche – mag man sie nun als Spätromantik oder Biedermeier, als Vormärz oder Frührealismus etikettieren – ist ihre enge Beziehung zum politischen Geschehen, zur Geschichte der eigenen Zeit, ist das leidenschaftliche Erfaßtsein von den großen, die Menschen erregenden, ihr Fühlen und Denken bestimmenden Ideen der Zeit. Diese aber waren, immer wieder neu durchdacht, formuliert und proklamiert, die Freiheit des Menschen als Person und als Volk, und der Wille zur nationalen Einheit, also das Programm und das Ziel des deutschen Liberalismus.

Kaum einer, der Gedichte schrieb, – und man reimte leicht und viel in jenen Jahren – hat nicht liberale Thesen verkündet, hat nicht seiner politischen Sehnsucht – und sei es in der Verklärung der „vaterländischen" Vergangenheit – Ausdruck gegeben, hat nicht für Philhelleninismus geschwärmt oder die Vielzahl der Polenlieder durch leidenschaftliche Verse aus eigener Feder vermehrt.

Im Schrifttum dieser Zeit, die sich als ein Zeitalter der Krise und Wende empfand, spiegelt sich das Bewußtsein der Epoche; die Verse der Dichter reflektieren unmittelbar und intensiver als zu anderen Zeiten die Ereignisse des Tages, formen im Wort die politischen Ziele, die Hoffnungen und Wünsche vielstimmig und natürlich auch kontrovers. Daß dabei Gesinnung, Gefühl, Temperament, also die emotionalen, daß aber auch die moralischen Kräfte oftmals stärker die Richtung solchen Denkens und wortstarken Sagens bestimmen als die politische Ratio, bedarf kaum der Begründung.

Aus heutiger Sicht gewinnen viele der literarischen Erzeugnisse der Zeit als Zeugnisse und Zeugen dieser Zeit zusätzlichen Erkenntniswert in ihrer Eigenschaft als historische Quelle. Für das Verständnis, die Motivierung und Deutung der Fakten, von denen die Geschichtsforschung als strenge Wissenschaft handelt, sind die Äußerungen der Dichter besonders aufschlußreich. In ihren Schriften und in ihren, oft durch überlieferte Briefwechsel und Tagebücher sehr genau dokumentierten Lebensläufen, wird allgemeine Geschichte lebendig, sie zeigen, wie Golo Mann einmal schrieb, „geschichtliches Schicksal"[3] an, denn „der Mensch lebt", um auch Thomas Mann zu zitieren, „nicht nur sein persönliches Leben als Einzelwesen, sondern bewußt oder unbewußt das seiner Epoche"[4].

Dazu kommt, daß nicht wenige Autoren dieser Zeit ihre eigene Gegenwart keineswegs nur reflektierten, sondern auch sehr direkten Anteil genommen haben am politischen Leben, sich ihm auch als Person – nicht nur als Autor – gestellt haben.

---

[2] Rudolf *Krauß*, Schwäbische Litteraturgeschichte, Bd. 2, 1899, S. 420.

[3] Deutsche Geschichte des 19. und 20. Jahrhunderts, Frankfurt 1965, S. 154.

[4] Der Zauberberg, Gesammelte Werke in dreizehn Bänden, Bd. III, 1990, S. 50.

Ludwig Uhland ist hier zuerst zu nennen. Mit seinen „Vaterländischen Gedichten“[5] trat der junge Advokat in Stuttgart bereits während des Kampfes um die württembergische Verfassung als wortstarker Streiter für das gute alte Recht hervor; später war er hochangesehener Abgeordneter des Landtags und dann auch Mitglied im Parlament der Paulskirche.

Dann mag an Paul Achatius Pfizer erinnert werden. Hat er doch mit seinem „Briefwechsel zweier Deutscher“[6] ein ganz erstaunliches und weites Aufsehen erregendes politisches Buch vorgelegt, das schon in den frühen 30er Jahren mit realistischem Blick die künftige Rolle Preußens gleichsam prognostizierte. Dem Bande liegt eine mit Friedrich Notter geführte Korrespondenz zugrunde. Besonders bemerkenswert ist es, daß dem politisch analysierenden Text Gedichte beigegeben sind, gleichsam zum Zeichen dafür, daß der Vers die in essayistischer Form vorgetragenen Gedanken verstärken, ihnen eine überzeugende Wirkung verleihen kann, die Theorie durch die Poesie illustriert und erhöht wird.

Als einer der Führer der liberalen Opposition hat Pfizer Tübingen im Abgeordnetenhaus vertreten, er war im Stuttgarter Gemeinderat tätig, war Kultusminister und in den ersten Monaten der Nationalversammlung auch noch als Abgeordneter in Frankfurt.

Dort begegneten sich – am Rande mag es erwähnt werden – auch die einstigen Blaubeurer Seminaristen Friedrich Theodor Vischer und Wilhelm Zimmermann, und wäre David Friedrich Strauß nicht nach erbitterter Wahlschlacht in Ludwigsburg dem glaubensstark kandidierenden Pietisten Christoph Hoffmann unterlegen, so wäre ein Dritter aus der so berühmt gewordenen Geniepromotion[7] mit auf den Bänken der Paulskirche gesessen.

Wesentlich wirkungsvoller denn als aktive Mandatsträger haben sich viele Schriftsteller als Publizisten und Journalisten auf dem politischen Felde getummelt. Las man landauf landab in allen Pfarrhäusern und Amtsstuben den „Schwäbischen Merkur“ mit seiner gemilderten liberalen Tendenz, so war das Blatt der Opposition „Der Hochwächter“ und seit dem 16. Januar 1833 – ihm auf dem Fuße folgend – „Der Beobachter“[8].

Unter den Redakteuren dieses „Volksblattes aus Schwaben“ – so sein Untertitel – finden sich viele namhafte Autoren der Zeit: von Rudolf Lohbauer über Wilhelm Zimmermann und Friedrich Seybold bis hin zu Hermann Kurz und Ludwig Pfau. Die strengen Gesetze der Zensur haben kaum einen verschont. Manche rettete nur die Flucht ins Exil, andere saßen für Monate und Jahre auf dem Hohenasperg,

---

[5] Tübingen 1817.

[6] Stuttgart, Tübingen 1831. Eine 2. verb. u. verm. Aufl. erschien 1832.

[7] Vgl. Bernhard *Zeller*, Blaubeuren und die Literatur, in: Blaubeuren, die Entwicklung einer Siedlung in Südwestdeutschland, hg. v. Hansmartin Decker-Hauff und Immo Eberl, Sigmaringen 1986, S. 879.

[8] Vgl. Gerd *Ueding*, Die poetische Provinz im Aufbruch, in: Aufruhr und Entsagung. Vormärz 1815–1848 in Baden und Württemberg, hg. v. Otto Borst (Stuttgarter Symposien Bd. 2), Stuttgart 1992, S. 233ff.

Schubarts „Tränenberg“, mit dessen Mauerwerk sich ein Gutteil schwäbischer Literaturgeschichte illustrieren ließe.

Auch Berthold Auerbach, einer der begabtesten und in späteren Jahren überaus erfolgreicher Schriftsteller unseres Landes, ein Jude aus Nordstetten, Opfer der Burschenschafts-Verfolgungen, saß hier ein. Auf dem Asperg verfaßte er in den ersten Monaten des Jahres 1837 einen Spinoza-Roman. Eine deutsche Ausgabe sämtlicher Werke Spinozas folgte, und in einem Brief vom 1. November 1840 an Leopold Schefer heißt es „ich habe auch eine Tragödie geschrieben, die bald in Stuttgart zur Aufführung kommen wird, der Stoff ist... nach Inhalt u. Gehalt aus der unmittelbaren Gegenwart. ...meiner Ansicht nach muß unser Drama aus dem bürgerlichen heraus neue Gestaltungen gewinnen, das demokratische Leben der Zeit mit allen seinen inneren u. äußeren Mißgebilden muß u. kann in der Literatur zuerst zur Versöhnung und einsichtsvollen Ganzheit gelingen... [9].“

Wenig später beginnt Auerbach mit der Arbeit an den „Schwarzwälder Dorfgeschichten“. 1842 erscheint bei Bassermann in Mannheim ein erster Band dieser Erzählungen, die ihn über Nacht berühmt machten, ein weltweites Echo erfuhren und seinen Namen für immer damit verbanden.

Liberale Gesinnung vertraten fast alle württembergischen Autoren jener Zeit, und der gemeinsame Kampf für die Freiheit und gegen die Willkür der Zensur, gegen Kleinstaaterei und die Herrschaftsformen Metternich'scher Prägung solidarisierte die breite Welle dieser Opposition[10]. Die Entschiedenheit, mit der sie sich Ausdruck verschaffte, war allerdings schwankend und abhängig von der politischen Großwetterlage: von den Karlsbader Beschlüssen über die Julirevolution bis zu den Wahlen zur Nationalversammlung. Natürlich verharrte die oppositionelle Haltung vielfach im Allgemeinen und präzisierte sich zunächst selten zum Programm und noch seltener zur Aktion. Doch in jenen Jahren von 1840 bis 1848, die wir im eigentlichen Sinne als Vormärz bezeichnen, beginnend mit der Rheinlandkrise und mit den Hoffnungen, die auf den Regierungsantritt Friedrich Wilhelm IV. gesetzt wurden, lassen sich im Ausdrucksfeld der politischen Lyrik Differenzierungen erkennen, werden innerhalb der liberalen Bewegung, die bisher im wesentlichen gemäßigte konstitutionelle Regierungsformen zum Ziel hatte, auch härtere Töne laut. Radikale Kräfte mit demokratischen, ja republikanischen Zielen formierten sich. Der literarische Vormärz will Partei ergreifen, will das Geschehen seiner Gegenwart nicht nur kritisch kommentieren, sondern selbst in die Speichen greifen. Nicht die schöne Form, sondern die Stoßkraft der Tendenz wird entscheidend, auf die Wirkung, nicht die Ästhetik des Gedichtes kommt es an; mag auch der Gegensatz zwischen Zweck und Form vieldiskutiertes Problem bleiben[11].

---

[9] Zit. nach: Thomas *Scheuffelen*, Berthold Auerbach 1812–1882, Marbacher Magazin 36, 1985, S. 44.

[10] Vgl. Helga *Buck*, Schwäbische Dichter und Schriftsteller als politische Publizisten 1830–1850, Phil. Diss. München 1952.

[11] Vgl. Hans Georg *Werner*, Geschichte des politischen Gedichts in Deutschland von 1815–1840,

Mit Ludwig Seeger, einem aus Wildbad stammenden Gymnasiallehrer, Redakteur und sprachkundigen Übersetzer – Berangers Werk, Aristophanes und zuletzt Victor Hugo hat er übertragen und 1843 eigene Gedichte unter dem Titel „Der Sohn der Zeit“ [12] publiziert –, mit dem kritischen Publizisten und Prosaisten Johannes Scherr, den ebenso wie Karl Mayer, den Jüngeren, schon früh politisches Schicksal in die Fremde trieb, und mit dem Heilbronner Gärtnersohn Ludwig Pfau kommt eine neue Generation zu Wort, die zwar formal noch in den überkommenen Traditionen steckt, aber schärfer denkt, sich auch ironisch äußert und nun auch soziale Fragen in ihren Gedichten aufgreift. „Der Leineweber“ lautet ein Gedicht von Pfau, das an den ersten Weberaufstand erinnert[13].

„Der bleiche Weber sitzt am Stuhl,
Er wirft mit matter Hand die Spul –
  Knick, knack! –“

so beginnt es – und dann

„Es webt und webt sein morscher Leib,
Am Boden liegt sein sterbend Weib –
  Knick, knack! –
Die Not sitzt bei ihr, sie zu pflegen,
Der Hunger gibt ihr noch den Segen –
  Knick, knack! –
Du Linnentuch, du Linnentuch!
Ein jeder Faden sei ein Fluch!“

Doch damit wird vorausgegriffen; – auch sei die radikale Seite der Entwicklung nicht zu einseitig betont. Die Mehrzahl der Literaten Württembergs um 1840 verharrte noch in gewohnten Konventionen. Man befaßte sich als Schriftsteller und nicht als Politiker mit politischen Themen, und zog sich auch ganz gerne in die sichere Sphäre der Innerlichkeit zurück. (Noch heute – wie etwa das jüngste Buch von Gordon A. Craig, „Die Politik der Unpolitischen“ erweist (München 1993) – wird dieser Rückzug vieler deutscher Autoren der literarischen Intelligenz von damals als verhängnisvolles Fehlverhalten kritisiert.)

Die Natur ist das eine der großen Themen fast aller, die Gedichte schreiben, die Geschichte ein anderes. Seit Johann Friedrich Herder und seit den Tagen der Romantik war ein neues historisches Bewußtsein rege geworden, das sich mannigfachen Ausdruck suchte. Man besann sich mit Stolz der eigenen Vergangenheit und begeisterte sich um so mehr daran, je weniger die Gegenwart Begeisterungswertes bot. Man hatte begonnen, Sagen und Lieder ebenso wie reale Altertümer zu sammeln, hatte begonnen, altes Mauerwerk zu sichern anstatt die Ruinen abzutragen.

---

2. Aufl. 1972. S. auch Georg Herwegh, Literatur und Politik, hg. v. Katharina *Mommsen* (sammlung insel 37), Frankfurt/Main 1969, S. 164.

[12] Vgl. *Krauß*, Schwäbische Literaturgeschichte (wie Anm. 2) S. 197f.

[13] Zit. nach: Der deutsche Vormärz. Texte und Dokumente, hrsg. v. Jost *Hermand*, Stuttgart 1967, S. 222. Vgl. Ludwig Pfau. Blätter 1, hg. v. Günther *Emig*, Heilbronn 1992.

Uhlands erzählende Balladen vom Grafen Eberhard, Gustav Schwabs Romanzen und Wilhelm Hauffs Romane und Novellen sind weitere Beweise für diese historische Blickrichtung, die bald auch zu neuen Wirklichkeiten – Realisationen, würde man heute sagen – führte.

Angeregt von Hauffs „Lichtenstein" hat eben jener Graf Wilhelm[14], der im Sommer 1843 an die Spitze unseres Vereins getreten ist, die Trümmer und Ländereien des alten Lichtensteins erworben, das baufällige Jagdhaus abgerissen und in den Jahren 1840/41 nach Plänen von Karl Alexander Heideloff ein neues Schloß Lichtenstein errichtet – in „gemäßigter Neugotik" und „vom Dufte vaterländischer Romantik umwoben"[15], wie gesagt wurde. Graf Wilhelm, seit 1867 Herzog von Urach, ein Neffe König Friedrichs I. und damit Vetter des regierenden Monarchen, im Hauptberuf aktiver Offizier mit aufsteigender Karriere, war vielseitig interessiert und gebildet auf kunsthistorischem, archäologischem wie naturwissenschaftlichem Gebiet, daher auch Vorsitzender des 1844 gegründeten Vereins für vaterländische Naturkunde. Zu Recht ziert ihn der Ehrendoktorhut der Tübinger Universität. Er hat übrigens, wie sein Nachlaß[16] ausweist, auch literarische Autographen gesammelt, ja selbst Gedichte geschrieben, die zwar nicht unbedingt die schwäbische Literatur bereicherten, aber ein Beweis dafür sind, daß man es in diesem Lande, ob als Bürger oder als Edelmann – verstand, die poetische Leier zu schlagen. Graf Wilhelm war zudem mit manchem Dichter in sehr persönlicher Freundschaft verbunden, wie seine Korrespondenz, vor allem die vielen Schreiben eines Briefwechsels mit Justinus Kerner belegen, mit dem er sogar Duzbrüderschaft geschlossen hat.

Im Frühsommer 1843, im Jahr der Vereinsgründung, wurde übrigens auch das „Museum für Bildende Kunst", die spätere Staatsgalerie, in Stuttgart eröffnet, und zugleich kennzeichnet dieses Jahr den Baubeginn der Württembergischen Staatseisenbahn, ein durchaus erwähnenswertes Ereignis, denn dieses bald überall Württembergs Boden durchpflügendes Tiefbauunternehmen großen Stils kam zwangsläufig zuerst mit jenen Bodenfunden in Berührung, die der neu konstituierte Verein, zumal in seinen Anfangszeiten im besonderen, zu sammeln und zu sichern bemüht war.

Den Streit über den Anspruch auf die Funde, der bis vor den König getragen wurde, hat Wolfgang Menzel in seinen „Denkwürdigkeiten"[17] anschaulich geschildert. Menzel, der auch zu den Gründungsvätern des Altertumsvereins gehörte, war zwar Schlesier von Geburt, aber in jenen Jahren einer der aktivsten Akteure auf Stuttgarts Kulturbühne. Als überaus streitbarer Kritiker und Publizist, als jahrzehn-

---

[14] Vgl. Friedrich *Pfäfflin*, Wilhelm Hauff und der Lichtenstein, Marbacher Magazin 18, 1981, S. 80ff.

[15] Vgl. Württembergischer Altertumsverein 1843–1893. Denkschrift zur Feier des fünfzigjährigen Bestehens des Vereins, Stuttgart, Herbst 1893, S. 20.

[16] Deutsches Literaturarchiv Marbach, Depositum.

[17] Hg. von seinem Sohn Konrad *Menzel*, Bielefeld und Leipzig 1877, S. 493f. – Vgl. auch: Der Stuttgarter Hoppenlau-Friedhof als literarisches Denkmal, bearb. v. Udo *Dickenberger*, Waltraud und Friedrich *Pfäfflin*, Marbacher Magazin 59, 1991, S. 257ff.

telanger Redakteur des Literaturblattes, als Schriftsteller mit schneller Feder spielte er für nahezu ein Vierteljahrhundert die bedeutsame, wenn auch nicht immer glückliche Rolle eines ebenso angesehenen wie gefürchteten Kulturpapstes. Mit sittenrichterlicher Moral attackierte er selbst Goethe, griff die Jungdeutschen an und zog natürlich auch gegen Heinrich Heine zu Felde, so daß dem liberalen Cotta Peinlichkeiten nicht erspart blieben.

Neun Jahre älter als Graf Wilhelm war sein Bruder Alexander[18], der dichtende Graf. Auch er war mit Kerner, seinem geliebten „Justel", aufs innigste befreundet, und sein Landsitz Serach, hoch über dem Neckar bei Eßlingen, wurde zum heiteren Treffpunkt einer literarisch gestimmten Freundesrunde.

Favorit dieses Kreises war für manches Jahr Niembsch Edler von Stehlenau, der sich als Dichter Nikolaus Lenau nannte, der große Freund aus österreichungarischen Landen, pendelnd zwischen Wien und Stuttgart, zwischen Weltschmerz und Freiheitssehnsucht. Lenau, als Lyriker einer der faszinierenden und sprachmächtigen Autoren seiner Epoche, der im Hause Gustav Schwabs zeitweise sein Herz verlor[19] – die Schilflieder flüstern davon und Peter Härtling hat diskret darüber gedichtet[20] –, hatte bei Cotta jenen sicheren verlegerischen Hafen gefunden, den ihm Metternichs Wien nicht bieten konnte.

1842 erschienen Lenaus „Albigenser"[21], Dichtungen vom Kampfe um das Recht des eigenen Glaubens, Texte, deren Parallelität zur politischen Situation der Zeit nicht übersehen werden kann. 1844 kommt eine zweibändige Ausgabe seines Gedichtwerkes heraus und im selben Jahr kann mit Cotta, gleichsam als Höhepunkt schriftstellerischer Laufbahn, ein Vertrag über das Gesamtwerk abgeschlossen werden. Ein Jahr zuvor hatte Graf Alexander mit seinen Sonetten „Gegen den Strom" anonym den letzten seiner Gedichtbände veröffentlicht.

Das Ende der Freunde ist tragisch. 1844, im Alter von 43 Jahren, erliegt Alexander einem Leiden, das ihn lange gequält, wenige Monate später bricht im Hartmann-Reinbeck'schen Hause, Friedrichstraße 14, hier in Stuttgart, Lenau zusammen. Die Kunst der Ärzte vermag die grausamen Anfälle des Wahnsinns nicht zu bändigen. Dieselben Krankheitskeime waren es wohl, die beide vernichteten.

Lenau, 1802 in einem ungarischen, heute sich Lenauheim nennenden, rumänischen Dorf nahe bei Temeswar geboren, aber deutschsprachig aufgewachsen, war seinen schwäbischen Freunden so nahe gerückt, daß die Herausgeber eines Almanachs schwäbischer Dichtung mit aller Unbefangenheit auch ihn zur Teil-

---

[18] Vgl. Bernhard *Zeller*, Graf Alexander und sein Dichterkreis, in: 900 Jahre Haus Württemberg. Leben und Leistung für Land und Volk, hg. v. Robert Uhland, Stuttgart 1984, S. 390ff.

[19] Lotte Gmelin, eine Nichte Schwabs, wurde innerhalb der Familie noch lange das „Schilflottchen" genannt, da sie wohl der Anlaß zu Lenaus „Schilfliedern" gewesen war.

[20] Vgl. Peter *Härtling*, Niembsch oder der Stillstand, Stuttgart 1964.

[21] Freie Dichtungen, Stuttgart 1842, vgl. Antal *Mádl*, Lenau und der Vormärz, in: Lenau-Almanach 1963/64, S. 43.

nahme aufforderten. Er lehnte, auf seine Herkunft verweisend ab, fand aber die Anfrage schmeichelhaft.

Eduard Mörike und Wilhelm Zimmermann, die beiden etwas ungleichen Initiatoren dieses Unternehmens, das dann 1836 unter dem Titel „Jahrbuch Schwäbischer Dichter und Novellisten“[22] in Stuttgart erschien, hatten den Ehrgeiz, Texte der „besten poetischen Kräfte des Landes beisammenzusehen“ und größtmögliche Mannigfaltigkeit zu erreichen. Mörike bemühte sich um Beiträge von Kerner, Karl Mayer, Schwab, Uhland und Friedrich Theodor Vischer, war selbst mit seinen Märchen „Der Schatz“ und dem Gedicht „Das Bacchusfest“[23] vertreten. Auch Julius Krais, Ludwig Bauer und Zimmermann selbst wirkten mit und die Kritik äußerte sich positiv. (Ärger gab es nur, weil Schwab, gemeinsam mit Uhland, sich eine Beteiligung versagten; vermutlich war, wie Mörike in einem Brief an Mährlen andeutet, die Person Zimmermann die eigentliche Ursache dieses Verhaltens.)

Mörikes erster eigener Gedichtband erschien zwei Jahre später bei Cotta. Diese Gedichtausgabe mit ihrer besonderen Geschichte und ihrem einzigartigen poetischen Rang läßt sich hier nicht mit kurzen Worten gleichsam beiläufig charakterisieren. Sie bedeutet die höchste poetische Leistung im Württemberg jener Jahre, aber von den 1000 Exemplaren der Auflage konnten bis zum 1. September 1843, also im Verlauf von fünf Jahren, genau 405 Exemplare abgesetzt werden[24]. Auch das gehört zum Bilde der Literatur in Württemberg um 1840.

Unter den Beiträgern des „Jahrbuchs“ war Mörikes Studienfreund Ludwig Amandus Bauer. Mit ihm zusammen hatte er einst in Tübingen von Orplid geträumt, „dem Land das ferne leuchtet“, und mit ihm blieb er trotz spärlicher Briefe auch in späteren Jahren eng verbunden[25]. Bauer, Professor am Gymnasium illustre in Stuttgart, fruchtbar als Schriftsteller wie Historiker, zudem ein hochbegabter sensibler Musiker, war nach allen Zeugnissen ein Mensch mit besonderem Charme, persönlich anspruchslos, aber von offener, liebenswürdiger Herzlichkeit. David Friedrich Strauß hat in einem reizvollen Essay[26] Mörike als den intensivsten, Waiblinger als den expansivsten und Bauer als den receptivsten des einstigen Tübinger Freundschaftsbundes bezeichnet.

1842 hat Bauer einen für die Zeit sehr typischen, inhaltlich bunt gefächerten Sammelband unter dem Titel „Schwaben wie es war und ist“[27] herausgegeben. Unter den sehr verschiedenartigen Beiträgen findet sich nicht nur eine originelle Skizze

---

22 Vgl. Eduard Mörike, Katalog zur Gedenkausstellung zum 100. Todestag, hg. v. Bernhard *Zeller*, Marbach 1975, S. 320.

23 Später in etwas umgeänderter Form unter dem Titel „Die Herbstfeier“ veröffentlicht.

24 Vgl. Mörikes Schreiben an den Cotta-Verlag vom 9. Mai 1847 und die Antwort des Verlags vom 11. Mai 1847 (Schiller-Nationalmuseum, Cotta-Archiv).

25 Vgl. Ludwig Amandus Bauer, Briefe an Eduard Mörike, hg. v. Bernhard *Zeller* und Hans-Ulrich *Simon*, Marbach 1976.

26 Kleine Schriften 1862, S. 248.

27 Dargestellt in einer freien Folge von Aufsätzen in Schwaben geborener oder doch einheimisch gewordener Schriftsteller, hg. v. Ludwig *Bauer*, erste Abtheilung, Karlsruhe 1842.

über den schwäbischen Nationalcharakter von Hermann Kurz, sondern auch ein größerer Aufsatz Friedrich Notters über die „Schwäbische Dichterschule". In den sechs Kapiteln dieser Studie werden Uhland, Kerner, Schwab, Karl Mayer, Mörike und Gustav Pfizer vorgestellt und wird aus naher persönlicher Sicht und Kenntnis ein einprägsames Bild dieser in sich so eng verflochtenen schwäbischen Literaturszene gezeichnet, die unter Uhlands unangefochtener Autorität eine gewisse Einheit darstellte, auch wenn sich Kerner gegen das Etikett einer schwäbischen „Schule" zur Wehr gesetzt hat.

Justinus Kerner, dem in diesem Zusammenhang eigentlich ein besonderes Kapitel gebührt, der romantische Arzt, Poet und Geisterseher, der in sein Weinsberger Doktorhaus die halbe Welt zu Gast lud, präsentiert 1841 seine gesammelten Poesien[28] und schrieb in den Jahren danach mit dem „Bilderbuch aus meiner Knabenzeit"[29] sein lebendigstes Werk.

Diese schwäbischen Autoren, die dank Cotta's verlegerischer Position und der Qualität seines „Morgenblatts", vor allem solange Gustav Schwab an der Schaltstelle saß, – einen nicht unerheblichen Einfluß auf den gesamten deutschen Literaturbetrieb ausübten, boten natürlich auch ihrerseits Angriffsflächen, zumal wenn man die breiten Heerscharen der hier nicht erwähnten Natur- und Gelegenheitsdichter in das Blickfeld mit einbezieht. Georg Brandes, ein bekannter dänischer Literarhistoriker sprach nicht ganz zu Unrecht von einer „Sonntagnachmittagslyrik mit Goldschnitt"[30] und die wohlgespitzten Pfeile, die Heinrich Heine in die schwäbische Ecke ausschickte[31], trafen ihre Ziele nur zu gut. Aber da sie noch heute so häufig und mit so großem Behagen zitiert werden, könnte zuweilen fast der Eindruck entstehen, die schwäbische Literatur jener Jahre habe nur existiert, um von Heine attakkiert werden zu können. Gustav Pfizer, der seit Schwabs Abgang den poetischen Teil des „Morgenblattes" redigierte, ein gebildeter Bildungslyriker, von Notter als männlichster der schwäbischen Dichter bezeichnet, setzte sich mutig und mit Gründlichkeit zur Wehr[32], um dann allerdings von Heine nur von neuem angeschossen zu werden[33].

In Notters Aufsatz kommen Wilhelm Zimmermann und Hermann Kurz nicht zu Wort, und doch gehören beide zu den Gestalten, die mit ihrem Werk wie mit ihrem persönlichen Schicksal bei aller individueller Eigenart zu sehr zeittypischen Erscheinungen geworden sind. Einer der begabtesten Blaubeurer Seminaristen, Primus omnium der Geniepromotion, war Wilhelm Zimmermann, eine enthusiastische Natur mit barockem Humor. Als Lyriker, Erzähler und Dramatiker ist er hervorge-

---

[28] Die Dichtungen, 2 Bde, Tübingen 1841.

[29] Erinnerungen aus den Jahren 1786–1804, Braunschweig 1849.

[30] Die Literatur des 19. Jahrhunderts in ihren Hauptströmungen Bd. 6, zit. nach: Helga *Buck* (wie Anm. 10) S. 268.

[31] Vgl. Die Romantische Schule in Deutschland, Hamburg 1836.

[32] Heines Schriften und Tendenz, in: Deutsche Vierteljahrsschrift Bd. 1, 1838.

[33] Vgl. Der Schwabenspiegel 1838.

treten[34], früh schon mit radikaler linken Tendenz. Die politischen Aktivitäten in den Jahren 1848 und 1849 brachten ihn um seine Professorenstelle, wirtschaftliche Not zwang ihn zurück in den Kirchendienst, und in kleinen Pfarreien schrieb er in den späten Jahren seine zahlreichen populären Geschichtswerke. Seine größte Leistung ist eine dreibändige Geschichte des Bauernkriegs[35], verfaßt nach handschriftlichen und gedruckten Quellen, erschienen hier in Stuttgart in den Jahren 1841–43.

Als literarische Potenz ihm weit überlegen, aber auch ein Schriftsteller des linksliberalen Flügels, war Hermann Kurz aus Reutlingen, der zu den großen realistischen Erzählern des Jahrhunderts gehört. Auch er schrieb Verse schon im Seminar, Polenlieder in Maulbronn, war ein stürmischer Stiftler, das blaue Genie genannt, ein eigenwilliger, starker Kopf, doch ohne jede Neigung zum pfarrherrlichen Amt. Von ihm erschien in dem bereits so viel bemühten Jahr 1843 der bis heute lesenswerte „vaterländische Roman" „Heinrich Roller oder Schillers Heimatjahre"[36], ein breit angelegtes Gemälde der Zeit.

Der „Sonnenwirt"[37] ist neben einigen vortrefflichen Novellen das zweite seiner großen, im Dokumentarischen fast überquellenden Erzählwerke. Aber er mußte sich als Übersetzer, als politischer Publizist und Redakteur mühsam durchschlagen und fand erst in späteren Jahren als Tübinger Bibliothekar einen existenzsichernden Brotberuf[38].

Die stärkste, wenn auch schillerndste und umstrittenste Figur auf dem Parkett der politischen Lyrik war zu jener Zeit Georg Herwegh[39]. In Stuttgart 1817 geboren, wenige Jahre nach Kurz ebenfalls Seminarist in Maulbronn und für knappe Zeit auch Stiftler, war er, auch wenn er nicht der heimischen Ehrbarkeit entstammte, doch mit den württembergischen Jugendweihen abgesegnet. Dann allerdings brach er aus: Vom Tübinger Stift relegiert, aus der Stuttgarter Garnison desertiert und aus dem Lande mit 22 Jahren emigriert, das sind die Stationen seiner Jugendgeschichte. Um besondere Heldentaten handelte es sich, wie eine neubelebte Herwegh-Forschung östlicher Ideologie vor wenigen Jahrzehnten noch glaubhaft machen wollte, nicht. Auffassungen dieser Art hat Gerhard Taddey mit aller Klarheit in einer grundlegenden, auf exakten Quellenforschungen beruhenden Studie, zurechtgerückt[40].

Da dem Flüchtling die Rückkehr in die Heimat verschlossen blieb, versuchte er sich von der Schweiz aus als Publizist und schrieb vornehmlich für die in Konstanz

---

[34] Vgl. *Krauß*, Schwäbische Literaturgeschichte (wie Anm. 2) S. 205 ff.

[35] Allgemeine Geschichte des Großen Bauernkrieges in drei Bänden.

[36] Drei Teile, Stuttgart 1843.

[37] Frankfurt/Main 1854.

[38] Vgl. „Ich bin zwischen die Zeiten gefallen", Hermann Kurz, Schriftsteller des Realismus, Redakteur der Revolution, Übersetzer und Literarhistoriker, Katalog und Ausstellung zum 175. Geburtstag, hg. v. der Stadt Reutlingen, Reutlingen 1988.

[39] Vgl. Bernhard *Zeller*, Politik und Dichtung. Bemerkungen zur Literatur des deutschen Südwestens – aus Anlaß des 100. Geburtstages von Theodor Heuss, in: Zeitschrift für Württ. Landesgeschichte 44, 1985, S. 232 ff.

[40] Herwegh und Württemberg. Ideologisches Wunschbild und Wirklichkeit, in: Zeitschrift für Württ. Landesgeschichte 29, 1970, S. 189 ff. (Dort auch Nachweis der entsprechenden Literatur.)

erscheinende „Deutsche Volkshalle“ literaturkritische Aufsätze, erstaunlich gewandt formulierte Artikel – 61 an der Zahl in dreiviertel Jahren[41] –, die von einem breiten Bildungshorizont, ungewöhnlicher Belesenheit und hohem schriftstellerischem Talent zeugen. Wenig später lernte er in Zürich Julius Fröbel und August Adolf Ludwig Follen kennen und entwickelt sich hier zum politischen Dichter.

1841 erscheinen als erste Veröffentlichung des neuen literarischen Comptoirs Zürich – Winterthur Herweghs „Gedichte eines Lebendigen“, eine Sammlung politischer Lyrik, die großes Aufsehen erregte und in kürzester Zeit zu einem Bestseller wurde, der es rasch zu sieben Auflagen brachte. Bis Juli 1844 waren 15634 Exemplare verkauft[42]. 1843 folgte ein zweiter Teil der „Gedichte eines Lebendigen“ und gleichzeitig der erste Teil des von Herwegh herausgegebenen Sammelbandes „Einundzwanzig Bogen aus der Schweiz“[43], der zu einer der wichtigsten Kampfschriften des Vormärz wurde. Wie kam es zu diesem beispiellosen Erfolg? Doch nicht nur, weil die Thesen der Gedichte allgemeiner Stimmung entsprachen?

Herwegh meisterte Sprache und Rhythmus des politischen Tendenzgedichtes mit einer so agitatorischen, ja provozierenden Gewalt wie kaum einer vor oder neben ihm. Das Pathos seiner unmittelbar auf emotionale Wirkung berechneten Verse besaß mitreißende Kraft.

„Wir haben lang genug geliebt,
Wir wollen endlich hassen!“

heißt es, nicht gerade christlich, in seinem „Lied vom Hasse“[44]

„Reißt die Kreuze aus der Erden!
Alle sollen Schwerter werden, ...“

so beginnt das Gedicht „Aufruf“[45], und heute noch bekannt ist das „Reiterlied“[46]

„Die bange Nacht ist nun herum,
wir reiten still, wir reiten stumm,
Und reiten ins Verderben...“

In schroffem Gegensatz zu Freiligrath[47] ruft Herwegh zu aktiver Parteinahme auf.

„Der Menschheit gilt's ein Opfer darzubringen,
Der Menschheit, auf dem Altar der Partei[48]!“

und dann:

---

41 Herwegh, hg. Mommsen (wie Anm. 11) S. 162.

42 „Freiheit überall, um jeden Preis.“ Georg Herwegh 1817–1875, Bilder und Texte zu Leben und Werk. Bearb. von Heidemarie *Vahl* und Inge *Fellrath*, Stuttgart 1992, S. 30.

43 Erster Teil, Zürich – Winterthur, Literarisches Comptoir 1843.

44 Georg Herwegh, Werke, hg. v. Hermann *Tardel*, Tl. 1, Berlin, Leipzig, Wien o. J., S. 47.

45 Ebd., S. 38.

46 Ebd., S. 30.

47 Vgl. Ferdinand Freiligrath („Der Dichter steht auf einer höhern Warte/Als auf den Zinnen der Partei!“), in: Morgenblatt für gebildete Leser 35, 1841, Nr. 286, 1141 f.

48 Herwegh, Werke (wie Anm. 44) Tl. 1, S. 121 f. Vgl. Der deutsche Vormärz, hg. von Jost *Hermand*, Stuttgart 1867, S. 365.

„Für eures Volkes Zukunft nehmt Partei!"

„Für die Freiheit eine Gasse" soll, der Legende nach, einst Arnold Winkelried ausgerufen haben, als er 1386 in der Schlacht bei Sempach gegen die lanzenstarrende Front der Ritter stürmte. Max von Schenkendorf hat diese zündenden Worte seinem Gedicht „Schill. Eine Geisterstimme" vorausgestellt, dann finden sie sich bei Theodor Körner in dem Aufruf „Frisch auf mein Volk! Die Flammenzeichen rauchen", und nun wurden sie zur Überschrift für ein Gedicht Herweghs[49] und zur sich wiederholenden Schlußzeile der einzelnen Strophen. Die letzte lautet:

„Wenn alle Welt den Mut verlor,
Die Fehde zu beginnen,
Tritt du, mein Volk, den Völkern vor,
Laß du dein Herzblut rinnen!
Gib uns den Mann, der das Panier
Der neuen Zeit erfasse,
Und durch Europa brechen wir
Der Freiheit eine Gasse!"

Herweghs weitere Lebensgeschichte, die zudem nicht mehr nach Württemberg zurückführt, ist hier im einzelnen nicht zu schildern. Nicht ganz zu unrecht zählte man ihn zu den „champagnertrinkenden Revolutionsliteraten"[50]. Aber zu dem beispiellosen Ruhm gesellten sich Spott und Verachtung, und luxuriöser Extravaganz folgte die nackte Not.

Herweghs Reise durch Preußen im Sommer 1842 wurde jedoch zum Triumphzug, auch wenn sie mit einer Ausweisung endete. In Paris wurde dank des Vermögens seiner republikanisch gesinnten Frau ein eigener Salon geführt, doch dann, im Frühjahr 1848, lief der Wille zu eigener politischer Aktion in einer Tragikomödie auf Grund. Vergeblich hatte Karl Marx gewarnt.

An der Spitze einer „deutschen demokratischen Union" setzte Herwegh über den Rhein, um Heckers Aufstand in Baden zu unterstützen und um in Deutschland die Republik auszurufen. Aber eine Kompanie Infanterie, ausgerechnet von jenem Regiment, dem er einst entlaufen war, trieb den bunten Haufen der Revolutionäre bei Dossenbach auseinander. In Bauernkleidern vermummt, retteten sich Herwegh und seine Frau mühsam über die Schweizer Grenze[51].

„Dem Volke nur sei zugewandt
Jauchzt ihm voran zur Schlacht"[52]

so hatte er einst den deutschen Dichtern zugerufen. Nun aber ließ sich seine Fluchtgeschichte – mit hämischer Phantasie angereichert und karikiert – niemand

---

49 Herwegh, Werke, S. 42 f. – Vgl. Geflügelte Worte. Der Zitatenschatz des deutschen Volkes, gesammelt und erläutert von Georg Büchmann, 29. Aufl., Berlin 1942, S. 228.

50 Golo *Mann*, Deutsche Geschichte des 19. und 20. Jahrhunderts (wie Anm. 3) S. 239.

51 Vgl. „Freiheit überall, um jeden Preis." (wie Anm. 42) S. 108.

52 Herwegh, Werke (wie Anm. 44) Tl. 1, S. 50.

entgehen; selbst Mörike – im Briefe an Hartlaub[53] – amüsiert sich darüber. Nichts ist ja gefährlicher für den Mann, der öffentliches Wirken erstrebt, als sich der Lächerlichkeit preisgegeben zu sehen.

Den Erfolg seiner frühen Gedichte zu wiederholen, gelang Herwegh nicht mehr, aber von Lasalle aufgefordert, dichtete er 1863 das Bundeslied des Allgemeinen Deutschen Arbeitervereins[54], das Hans von Bülow vertonte. Lasalle hat es mehrfach vorgetragen, und in jener Proklamation, mit der im Jahre 1919 der Spartakusbund zum Massenstreik aufrief, wurden daraus erneut die berühmt gewordenen Verse zitiert:

„Mann der Arbeit, aufgewacht!
Und erkenne deine Macht!
Alle Räder stehen still,
Wenn dein starker Arm es will.“

Wie anders verlief dagegen das Leben jenes Mannes, der im 19. Jahrhundert als Protagonist politischen Dichtertums galt und dem eine ganz ungewöhnliche Popularität zuteil geworden war: Ludwig Uhland. Aber ist nicht auch er als *praktischer* Politiker, der er übrigens gar nicht sein wollte, gescheitert? Das Frankfurter Parlament verdankt ihm zwar einige wenige große Reden, die als sprachliche Meisterstükke zurecht noch heute bewundert werden, doch den Niedergang des mit so großen Hoffnungen begonnenen Werkes vermochte auch er nicht zu verhindern. Als moralischer Charakter aber gab Uhland die politische Sache, auch als sie verloren war, nicht preis, sondern hielt, der Pflicht getreu, aus bis zum kläglichen, zum bitteren Ende.

So schritt er an jenem 18. Juni 1849, hier in Stuttgart, an der Spitze der letzten Unentwegten des Rumpfparlaments den zu Pferd anrückenden Soldaten entgegen. Es kommt nicht zu Tätlichkeiten, wie gelegentlich behauptet wurde, die Sache wird viel einfacher abgetan. Die Worte jener Letzten, die sich mit dem *Worte* erklären wollten, ersticken im Wirbel der Trommeln[55].

Zwei Wochen später erhielt Uhland einen Brief aus Hamburg, unterschrieben von 31 Frauen und Jungfrauen. In ihm steht zu lesen: „... wir können ... es aussprechen: daß im Hinblick auf Ihr treues festes Wirken, ein glühendes Dankgefühl, eine hohe Begeisterung unsere Seele durchdringt. ... Der deutsche Dichter steht mit weißen Locken, aber in jugendlicher Kraft unter den treuen Söhnen der Nation! ...“[56]

Wenn von schwäbischen Dichtern um 1840 die Rede ist, dann muß auch des Dichters gedacht werden, der zu jener Zeit in Erz gegossen auf den Sockel erhoben

[53] 24. März 1848, vgl. auch die Briefe vom 5. Mai 1848 und 20.–25. Juli 1848, Nachlaß Hartlaub, Württ. Landesbibliothek, Stuttgart. – Siehe auch Justinus Kerner, „Herweghs Herweg und Heimweg“, in: Sämtliche poetische Werke in 4 Bänden, hg. v. Josef *Gaismaier*, Leipzig o. J., Bd. 2, S. 25.

[54] Herwegh, Werke (wie Anm. 44) Tl. 3, S. 89.

[55] Vgl. Otto *Elben*, Lebenserinnerungen 1823–1899, Stuttgart 1931, S. 123. (Darstellungen aus der württ. Geschichte, 22. Bd.).

[56] Brief vom 4. Juli 1849, Uhland-Nachlaß, Schiller-Nationalmuseum Marbach.

wurde, ist an Friedrich Schiller zu erinnern. Mit Reden und Gesang wurde seit 1825 Jahr für Jahr Schillers Todestag vom Stuttgarter Liederkranz festlich begangen. Gustav Schwab hatte den ersten Prolog gedichtet, Wolfganz Menzel die erste Ansprache formuliert[57].

Seit 1827 wurde für ein Denkmal gesammelt, seit 1837 mit einem sog. Schilleralbum[58] dafür geworben (bei nicht wenigen der gereimten Texte des Bandes ist der Zweck rühmlicher als ihre Qualität). Endlich, am 8. Mai 1839, war es soweit; die Konkurrenz Marbach, wo man seit Jahren auch ein Denkmal erstrebte, war gebannt, nachdem der zuständige Innenminister den zuständigen Oberamtmann zurückgepfiffen hatte. Mörike war vom Vorstand des Schillervereins gebeten worden, eine Kantate[59] zu dichten, der Komponist Peter Joseph Lindpaintner hatte sie vertont, und der Liederkranz brachte sie wirkungsvoll zu Gehör. Es wurde ein großes Fest mit Tausenden, die begeistert waren. Unter dem Geläute aller Glocken – die Stuttgarter Geistlichkeit hatte schließlich doch zugestimmt – wurde der Mantel, der das Standbild verhüllte, von Karl Schiller, dem letzten Enkel des Dichters, langsam herabgezogen, die königliche Hofkapelle spielte, die Chöre sangen, und Thorwaldsens Werk fand allgemeine Bewunderung.

Zwei Jahre später hat sich Mörike nochmals um eine Gelegenheitsdichtung öffentlichen Charakters bemüht. Zum 60. Geburtstag und 25. Regierungsjubiläum Wilhelms I., Ereignisse, die in Stuttgart mit einem vielbewunderten Festzug gefeiert wurden, hatte er zu Ehren des Monarchen ein „Dramatisches Spiel“ gedichtet mit dem Titel „Das Fest im Gebirge“. Es fand allerdings bei den Veranstaltern keinen Anklang, Mörike zog es zurück und untersagte die Drucklegung[60]. So blieb es bis heute unveröffentlicht.

Gedichte fanden im 19. Jahrhundert, viel stärker als heute, gesteigerten Ausdruck in ihrer Vertonung. Nicht nur bei literarischen Festlichkeiten, auch bei den großen jährlichen Sängerfesten – 1843 fand ein solches in Tübingen statt – vereinten sich Tausende von Sängern, und selbst bei den großen Turnfesten wurde gedichtet und wurde gesungen. „Deutsche Freiheit lebet nur im Liede“ heißt es 1846 in einem Auswanderungslied Hoffmann von Fallerslebens[61].

Diese Feste hatten natürlich, wie Dieter Langewiesche[62] kürzlich überzeugend dargelegt hat, ihren politischen Untergrund, denn in ihnen fanden die Gefühle und

---

[57] Denkwürdigkeiten a. a. O., S. 205.

[58] Schillers Album, Stuttgart Cotta 1837. Vgl. Friedrich Schillers Leben, Werk und Wirkung, Katalog zu einer Ausstellung zum Gedächtnis der 200. Wiederkehr seines Geburtstages, hg. v. Bernhard *Zeller*, Marbach 1959, S. 176.

[59] Zu Mörikes „Cantate“, die 1853 und 1866 nochmals aufgeführt wurde, vgl. Eduard Mörike, Katalog (wie Anm. 22) S. 437f.

[60] Vgl. Mörike-Katalog S. 257.

[61] Zit. nach: „Freiheit lebet nur im Liede“. Das politische Lied in Deutschland. Katalog zu einer Ausstellung des Bundesarchivs in Verbindung mit dem deutschen Volkslied-Archiv in Freiburg i. Br., Koblenz 1992, S. 71.

[62] Die schwäbische Sängerbewegung in der Gesellschaft des 19. Jahrhunderts – ein Beitrag zur kulturellen Nationsbildung, in: Zeitschrift für Württ. Landesgeschichte 52, 1993, S. 257ff.

Stimmungen, die Wünsche und Hoffnungen jenen Ausdruck, den das politische Leben nicht zu bieten vermochte. Im Reiche der vaterländischen Kunst glaubte man die Freiheit verwirklicht und die ersehnte Einheit der Deutschen bestätigt zu finden. Aus diesem Grunde – um zuletzt noch einige Jahre vorauszublicken – wurde die Feier von Schillers 100. Geburtstag im Jahre 1859 zu einem der größten nationalen Feste der Deutschen in diesem an nationalen Erlebnissen Jahrzehnte hindurch so armen Jahrhundert. Im Fest für den Dichter, der als Symbol der Freiheit galt und der in seiner Kunst durch die Sprache die Nation vereinte, sah man in der Idee verwirklicht, was in der realen Welt unerreichbar schien.

Der Württembergische Geschichts- und Altertumsverein wurde gegründet im Bewußtsein, daß die Gegenwart der Vergangenheit bedarf und es zu ihren Aufgaben gehört, Erinnerungen zu wahren, Überlieferung zu sichern und sich mit der eigenen Geschichte auseinanderzusetzen. Längst ist die damalige Gegenwart Geschichte, ist sie Gegenstand des geschichtlichen Interesses unserer Gegenwart geworden.

Die Besinnung auf diese Gründungszeit ist daher sehr zurecht Thema des wissenschaftlichen Kolloquiums, das morgen stattfinden wird. Gleichsam zur Einführung in diese Thematik habe ich – zwangsläufig nur in flüchtiger Skizze und mit aphoristischer Kürze – einige der schwäbischen Dichter jener Zeit vorzustellen versucht, wird doch, wie ich meine, in der erstaunlichen Fülle und Vielfalt ihrer Stimmen ein Stück Geschichtlichkeit unseres Landes lebendig und wird durch sie als Zeugen ein ganz unmittelbarer Zugang erschlossen zu jenem Jahrzehnt vor der Jahrhundertmitte, das an äußeren Erfolgen, an großen Ereignissen und Taten arm und doch so reich an Ideen, Plänen und Hoffnungen war.

Württembergs Politische Kultur zwischen deutscher Nation und Königreich im Spiegel der Jubiläen der 1840er Jahre[1]

Von Bernhard Mann

Ein Symposion zu einem Jubiläum mit der historischen Betrachtung von Jubiläen zu beginnen, das mag Sie an den Einzug der Clowns in die Manege erinnern und an ihre komischen Bemühungen, es den Salti der Artisten – mit Purzelbäumen gleichzutun. Erlauben Sie mir trotzdem, Ihnen heute, zum Auftakt dieses Jubiläums-Symposions, die „Politische Kultur Württembergs zwischen deutscher Nation und Königreich" gleichsam „im Spiegel", in den „Jubiläen der 1840er Jahre" vorzuführen. Ich hoffe, zeigen zu können, daß mit dem heutigen Anlaß sehr wohl zu tun hat, was zunächst nur wie ein witziger Einfall erscheint, daß sich die Gründung des Württembergischen Geschichts- und Altertumsvereins 1843 ebenso als Teil der „Politischen Kultur" Württembergs in den 1840er Jahren begreifen läßt, wie schon die Zeitgenossen die damaligen Jubiläen als ein Stück „Politischer Kultur" – ausdrücklich übrigens[2] – begriffen haben.

Nicht erst in unserer Zeit, gerade auch in den 1830er und 1840er Jahren jagen sich Anlässe und Feiern, und die meisten damals haben eine irgendwie politische Seite.

---

[1] Um die Anmerkungen ergänzte Fassung des Vortrags vom 9. Oktober 1993 beim Symposion zum 150jährigen Bestehen des Württembergischen Geschichts- und Altertumsvereins im Hauptstaatsarchiv Stuttgart.

[2] *Erinnerungen an den Festzug der Württemberger zu Stuttgart am 28. September 1841 und an die Grundsteinlegung des Monumentes (am 28. September 1842) zur Feier der fünfundzwanzigjährigen Regierung Sr. Maj. des Königs Wilhelm. Enthaltend summarische Zusammenstellung aller im Zuge gewesenen Personen, Stände, Gewerbe, Liederkränze, so wie die Namen der Landwirthe und Gründer des Festzuges, des Comités, der Festordner, Veteranen, Jungfrauen, Abgeordneten aller einzelnen Städte, Orten, die Beschreibung der Jubiläumssäule und deren Grundsteinlegung. Nach Akten und zuverlässigen Quellen bearbeitet.* Stuttgart: Beck und Fränkel in Komm., 1842. 42 S. Exemplare befinden sich in der Württ.Landesbibliothek Stuttgart unter der Signatur w. G.oct.850 und im HStA Stuttgart Bestand E 14, Bü 26, Unterfasz.2. Im folgenden zitiert: *Erinnerungen.* Dort S. 4: *Die Haltung eines Volkes, da, wo es sich selbst vertritt, ist der Maßstab seiner politischen Kultur.* Auf diesen frühen Beleg des Ausdrucks *Politische Kultur* aufmerksam gemacht zu haben, ist das Verdienst von Manfred *Hettling*: Reform ohne Revolution. Bürgertum, Bürokratie und kommunale Selbstverwaltung in Württemberg von 1800 bis 1850. 1990. S. 12. Zum Verfasser der *Erinnerungen*, angeblich einem Bayer, vgl. HStA Stuttgart E 14, Bü 26, Unterfasz.2; sein Name war nicht eindeutig zu lesen.

Daß im Deutschland der Metternich-Zeit weder das Jubiläum von Luthers Reformation 1517 noch das der Augsburger Konfession 1530, weder Friedrich Schiller noch die Erfindung der Buchdruckerkunst ohne politische Hintergedanken gefeiert werden können, leuchtet ein: immer geht es um die Freiheit des Geistes und des Wortes, des geschriebenen und gedruckten zumal, und das Licht, das mit dem Geist untrennbar verbunden ist, soll die Finsternis vertreiben, in der „Fürst Mitternacht" in Wien die Deutschen und alle anderen Nationen zu halten versucht.

Nicht alle diese Feste und Feiern sind historische Gedenktage, Jubiläen, und ihre politischen Zwecke sind nicht überall gleich deutlich sichtbar. Das spektakulärste politische Fest der frühen Dreißiger, das „Hambacher Fest" von 1832, braucht keinen historischen Anlaß, und das große Stuttgarter Schillerfest von 1839 hat keinen. 1840 feiert Preußen nicht so sehr den Regierungsantritt Friedrichs des Großen vor hundert Jahren als vielmehr die Krönung Friedrich Wilhelms IV. in diesem. Daß auch diese Krönungsfeier „politischer" wird als bei solchem Anlaß üblich, das heißt, daß die liberale Opposition die zwischen Fürst und Volk angenommene und beschworene Harmonie stört mit der Erinnerung an die uneingelösten Verfassungsversprechen im Jahrzehnt der von ihr so genannten Freiheitskriege, das hat gewiß mit der jüngsten Geschichte Preußens zu tun, aber diese wird nicht „historisch" gesehen, sondern ist ganz „gegenwärtige Vergangenheit", „Gegenwartsgeschichte".

Nicht nur aktuelle Anlässe wie ein Thronwechsel, auch sozusagen zeithistorische Gedenktage werden unmittelbar zu politischen Zwecken genutzt. Im August 1843 feiert „ganz Baden" das 25jährige Bestehen seiner Verfassung von 1818 in einer ganzen Reihe von lokalen oder regionalen Feiern[3]. Diese Verfassungsfeier ist Sache der noch vereinigten liberalen und demokratischen Opposition des Landes; das „offizielle Baden" hält sich ganz zurück, von einer Feier in Karlsruhe wird nichts berichtet. In festlichen Zügen werden die Redner – meist Landtagsabgeordnete – eingeholt, nach den Reden sitzt man oft noch lange beim politischen Zweckessen zusammen, wo dann auch noch Trinksprüche ausgebracht und Lieder gesungen werden.

In Württemberg sucht man eine entsprechende Feier ein Jahr später, 1844, vergeblich. Die *Württembergischen Jahrbücher* für 1844 führen nur eine einzige, übrigens schmale und knochentrockene Publikation zu diesem Anlaß auf[4], und die Hauptzeitung des Landes, der *Schwäbische Merkur* der Familie Elben, berichtet in seiner

---

[3] Karl *Mathy* (Hg.): Die Verfassungsfeier in Baden am 22. August 1843. 1843. Dazu jetzt Paul *Nolte*: Bürgerideal, Gemeinde und Republik. „Klassischer Republikanismus" im frühen deutschen Liberalismus. In: Historische Zeitschrift 254 (1992) S. 609–656; näher Paul *Nolte*: Die badischen Verfassungsfeste im Vormärz. Liberalismus, Verfassungskultur und soziale Ordnung in den Gemeinden. In: Manfred *Hettling* und Paul *Nolte* (Hgg.): Bürgerliche Feste. Symbolische Formen politischen Handelns im 19. Jahrhundert. 1993. S. 63–94.

[4] F(riedrich) L(udwig) *Gmelin*: Die Wirksamkeit der Würtemb. Verfassung vom 25. September 1819. 1844.

Schwäbischen Kronik[5] lediglich von einer Verfassungsfeier im fernen Ulm und einem Empfang des *Ständischen Ausschusses*, der Repräsentanz der Volksvertretung, durch den König. Waren etwa die Württemberger weniger stolz auf ihre, im Unterschied zur oktroyierten badischen nach vierjährigem Kampf mit dem Monarchen *vereinbarte* Verfassung als das Nachbarvolk? Fanden sie es genierlich, mit einer württembergischen Feier hinterdrein zu kommen „wie die alte Fasnet"? Oder haben etwa ihr ja gar nicht so sehr liberaler Monarch und seine gar nicht so sehr liberale Regierung, erschreckt durch die aus Baden vernommenen Töne, solche Feiern zu verhindern gewußt?

Ich habe das nicht klären können, möchte aber die Antwort doch anderswo suchen. Auch Württemberg hat seine Verfassung gefeiert, die geschriebene wie die ungeschriebene, allerdings schon zwei Jahre vor den Badenern, 1841, anläßlich des 25jährigen Regierungsjubiläums von König Wilhelm I. (1781/1816–1864). Und da war der literarische und publizistische Ertrag – für den Historiker wertvollste, aber sehr genau zu lesende Quellen – fast überwältigend, überwältigend wie die Feier gewesen sein muß nach allem, was wir über sie in Erfahrung bringen können. Zwar Eduard Mörikes dann doch nicht aufgeführtes Opernlibretto *Das Fest im Gebirge* blieb ungedruckt[6], aber vieles andere wurde gedruckt, Lyrisches und Panegyrisches, Historisches und Berichtendes, Wissenschaftliches und das Gegenteil davon[7].

Die gerade im ersten Vortrag eines Symposions gewissenhaft einzuhaltende Zeitvorgabe verbietet mir, hier auf alle Einzelheiten einzugehen. Ich beschränke mich auf eine genauere Darstellung und Analyse nur des Herzstücks der Feierlichkeiten, des *Festzugs der Württemberger am 28. September 1841*, ein für alle Beteiligten, die im Zuge mitziehenden wie die Zuschauer, gewiß unvergeßliches Erlebnis, das für sie, für die anderen und für die Nachwelt präsent gehalten wurde in einer billigeren[8] und einer aufwendigen Publikation, von der sich Exemplare im Besitz des Hauptstaatsarchivs Stuttgart und der Universitätsbibliothek Tübingen befinden; einige andere werden noch heute von ihren privaten Besitzern stolz gezeigt[9].

Für die unmittelbar Beteiligten, d.h. die im Festzug Mitziehenden, war es wohl weniger ein optisches als ein akustisches, um nicht zu sagen betäubendes Erlebnis:

---

5 Nr. 266 v. 28.9. 1844, S. 1061 und Nr. 267 v. 30.9. 1844, S. 1065 – dazu die Ankündigung im Anzeigenteil von Nr. 263 v. 25.9. 1844, S. 1051.

6 Über diese unaufgeführt und ungedruckt gebliebene Auftragsarbeit vgl. bis zum Erscheinen von Band 7 der Historisch-kritischen Gesamtausgabe von *Mörikes* „Werken und Briefen", der den Text des Singspiels enthalten soll, deren Bd. 13: Briefe 1839–1841, hg. v. Hans-Ulrich *Simon*, 1988, bes. S. 201f, 202, 227, 269, 537 und 572.

7 Vgl. die – allerdings nicht vollständige – Bibliographie in den WJb (1841) S. 420ff.

8 Vgl. Anm. 2.

9 *Vaterländisches Gedenkbuch*. Bildliche Darstellung des Festzugs der Württemberger. 9 Lieferungen. 1843. Das Exemplar des HStA Stuttgart (Signatur J 302 Nr. 50) enthält 9 Rollen mit handkolorierten Lithographien, jeweils 290 X 25 cm, die zusammen allerdings nur etwa die Hälfte des im übrigen genau so wie in der beschreibenden Publikation gereihten Festzugs abbilden; ein vollständigeres Exemplar ist mir nicht bekannt, so daß ich annehme, die Publikation sei auf der Hälfte des Weges stecken geblieben.

von dem Augenblick an, als die Spitze des Zuges, vom Charlottenplatz über die Esslinger, Hauptstätter- und Tübinger Straße zum Haupteingang der Legionskaserne und von dort die Königsstraße herabkommend den äußeren Schloßplatz erreicht hatte, läuteten unaufhörlich alle Glocken und wurden die Kanonen *gelöst* – fast zwei Stunden lang, bis die zweitausend Sängerinnen und Sänger von mehr als 70 Sängergesellschaften und Liederkränzen des Landes[10] im inneren Hof des Neuen Schlosses Aufstellung genommen hatten, um das eigens für den Tag gedichtete und komponierte Festlied *Welchen König darf man loben?*[11] anzustimmen.

Es ist nicht zu beschreiben, wie schön der Festzug war. Da war alles in verschwenderischer Fülle, was man an Lieblichkeit und Zierlichkeit, dann wieder an Pracht und Geschmack nur auffinden kann – man hätte hundert Augen haben mögen, um das alles genau zu sehen. [...] *Das Oberland brachte seine Schäfereien, seinen Flachs und Hanf, das Unterland sein Obst und seinen Wein, sogar einen ganzen Weinberg; der Schwarzwald schickte eine seiner größten Eichen, die Salinen ihr Salz und die Bergknappen und Hüttenleute ihr Metall* – und so geht es weiter, im gedruckten Bericht mehr als eine engbedruckte Seite lang, bis zu den *500 Jungfrauen, die, immer acht und acht neben einander, wie eine Schar seliger Geister aussahen, alle weiß gekleidet, eine weiße Rose im Haar und einen Kranz in der Hand, gefolgt von der schönsten, die einen Palmzweig trug, und zwei Kindern, die hohe Lilienstengel trugen*[12]. Dem Zug war anzusehen, daß die *ersten Künstler* des Landes an seiner Inszenierung beteiligt worden waren[13].

Wo schon die Zeitgenossen mit der Beschreibung Mühe hatten, muß sich der spätere Historiker erst recht auf eine schlichte Aufzählung beschränken. Doch ist sie wichtig, weil dieser Festzug mindestens implizit ein „Programm" realisierte, dessen Rekonstruktion für unser Thema bedeutsam werden wird. Auf die Stuttgarter Bürgergarde zu Pferd mit Herolden und Trompetern, 77 Mann und Pferde stark, und die Fahnen des Landes, der vier Kreise, der sieben „Guten" und 15 weiterer Städte[14] folgten als dritte Abteilung 64 Veteranen aus den Kriegen der napoleonischen Ära unter den Fahnen und Standarten der von König Wilhelm als Kronprinz

---

[10] Sie sind aufgezählt in *Erinnerungen* (wie Anm. 2) S. 32 f.

[11] Ein Text- und Notenblatt in HStA Stuttgart (E 14, Bü 26, Unterfasz. 2, Nr. 7). Der Dichter des Textes war nicht zu ermitteln, als Komponist ist L. *Hetsch* genannt, wohl Mörikes Freund Louis Hetsch (1806–1872), der seit 1836 als *Universitätsmusikdirektor* in Heidelberg wirkte und als Komponist verschiedener Mörike-Lieder fortlebt. Vgl. A. *Bopp*: Ein Liederbuch aus Schwaben. 1918. S. 18 f.

[12] *Erinnerungen* (wie Anm. 2) S. 14 f.

[13] Hofbaumeister Johann Michael Knapp (1793–1856), von dem auch die 1842 errichtete *Jubiläumssäule* auf dem Stuttgarter Schloßplatz herrührt, *die beiden Heideloff*, also wohl Karl Alexander H. (1789–1865) und sein jüngerer Bruder Manfred (1793–1850), und andere mehr. *Erinnerungen* S. 15.

[14] Die *Guten Städte* Stuttgart, Tübingen, Ludwigsburg, Ellwangen, Ulm, Heilbronn und Reutlingen und die Städte Esslingen, Vaihingen, Calw, Neuenbürg, Wildbad, Nürtingen, Rottenburg, Gmünd, Hall, Heidenheim, Biberach, Göppingen, Kirchheim und Ravensburg.

befehligten württembergischen Einheiten, je einer aus jedem Oberamt[15]. Die Fähigkeit, Kriege zu führen, war Voraussetzung für die Anerkennung als „souveräner Staat", die Teilnahme an den *Befreiungskriegen* (wie die monarchische Seite sie nannte) die Grundlage für Württembergs ungeschmälerten Eintritt in den an ihrem Ende gegründeten *Deutschen Bund* von 1815.

Hinter den Veteranen und in reizendem Kontrast zu ihnen die Töchter des Landes oder seiner Führungsschicht, *zweihundert Jungfrauen aus den Oberamtsbezirken und der Residenzstadt, nebst zwölf Zöglingen des K. Katharinenstifts*[16]. Den Mädchen folgten, ebenfalls in der vierten Abteilung des Festzugs, 185 von jedem der 64 bzw. 65 Oberämtern des Landes Abgeordnete, ausnahmslos Kommunalbeamte und Honoratioren, *sodann die geistlichen und weltlichen Behörden der Residenzstadt in Amtskleidung, erstere ohne Unterschied der Konfession.* [...] *Der Stadtrat und der Bürger-Ausschuß brachten eine Darstellung des Gemeinde-Verwaltungs-Ediktes*[17], der wichtigsten Verfassungsgrundlage einer doch weitgehenden kommunalen Selbstverwaltung im Königreich Württemberg[18].

In der nun folgenden, größten Abteilung stellten sich, 2431 Menschen mit 472 Pferden und 13 Wagen, Land- und Forstwirtschaft dar – *wie sich in einem von der Vorsehung so gesegneten Lande von selbst ergab, eine der reichsten, mannigfaltigsten, anziehendsten Darstellungen, zugleich die vollständigste Repräsentation des Bodens, den wir bewohnen, der Söhne und Töchter Schwabens*[19]. Es reihte sich an die große Gruppe der Gewerbe[20], darunter der älteste Mann im ganzen Zug, der 102jährige Bäcker Merz von Dürrwangen, vor dem sich der Monarch *mit dem innigsten Wohlwollen* verneigte. Die siebte Abteilung vereinigte Handel, graphisches Gewerbe und eine Abordnung der Post mit zwölf blasenden Postillionen – dabei zwei große Festwagen *in Gestalt eines Schiffes von der Stadt Friedrichshafen, die Dampfschiffahrt auf dem Bodensee, und von der Stadt Ulm, die Donau-Schifffahrt darstellend*[21], gefolgt von den *Künsten und Wissenschaften*, darunter nicht

---

15 *Erinnerungen* S. 16–20 mit Namen, Stand, Wohnort und häufig auch genauerer Angabe des Rangs, des Truppenteils, der Feldzüge und Auszeichnungen der Veteranen.

16 *Erinnerungen* S. 20; S. 20–24 die Namen der Mädchen und der Stand der Väter. Die genaue Zahl ist der Abrechnung über vom König aus seinem Privatvermögen verehrte 262 Broschen für 245 Mädchen aus Stuttgart und dem Lande, drei Mädchen, die beim Aufzug der *Künstler* beteiligt waren, die zwölf Zöglinge des Katharinenstifts und zwei *Gouvernantinnen* zu entnehmen (HStA Stuttgart E 14 Bü 26 Unterfasz. 2 Nr. 17).

17 *Erinnerungen* S. 29.

18 Vgl. dazu die oben Anm. 2 zitierte Arbeit von Manfred *Hettling*, vor allem aber Raimund *Waibel*: Stadt und Verwaltung. Das Bild des Ulmer Gemeinwesens im 19. Jahrhundert. In: Hans Eugen *Specker* (Hg.): Ulm im 19. Jahrhundert. Aspekte aus dem Leben der Stadt. 1990. S. 279–354, und jetzt Raimund *Waibel*: Frühliberalismus und Gemeindewahlen in Württemberg (1817–1855). Das Beispiel Stuttgart (Veröffentlichungen der Kommission für geschichtliche Landeskunde in Baden-Württemberg B 125). 1992.

19 *Erinnerungen* S. 30.

20 2007 Menschen mit 73 Pferden und acht Wagen, ebd.

21 *Erinnerungen* S. 31.

weniger als 344 Dozenten, Studenten und Bedienstete der Landesuniversität[22], daneben Advokaten, Ärzte, Pharmazeuten, Polytechniker, Architekten, Maler, Künstler überhaupt, insgesamt nochmals mehr als tausend Menschen in Achterreihen. Hinter diesen als neunte Abteilung *Wohltätigkeit und Geistlichkeit* – viele *Geistliche aller Konfessionen, nicht geschieden, nicht nach Rangordnung, sondern alle in brüderlicher Eintracht untereinander*[23].

Schließlich, für uns besonders interessant, die zehnte Abteilung, die *K. Hofbeamte, Staatsdiener aller Branchen*, Mitglieder des ständischen Ausschusses – die Quellen sagen nichts darüber, ob vollzählig –, Ständemitglieder und ständische Beamte umfaßte, in der vor allem *die Verfassungs-Urkunde in Urschrift auf einem rotsamtenen, mit Gold verzierten Kissen* abwechselnd getragen wurde von drei Stadträten aus den drei *Residenzstädten* Stuttgart, Ludwigsburg und Tübingen, wie alle Abteilungen begleitet von einer Abteilung *Bürger-Militär*, hier von Heilbronn[24]. Es folgten die Liederkränze, mehr als 2000 Personen stark, dann, als zwölfte und letzte Abteilung, die Schützen-Gesellschaften von Stuttgart, Esslingen, Geislingen, Winnenden, Nürtingen und Neuffen und das Schützen-Bataillon des Stuttgarter Bürgermilitärs. Insgesamt zählt der Bericht 10.390 Festzugsteilnehmer, darunter 640 Reiter, spricht von 23 Festwagen mit 76 Pferden und acht Stück Vieh und behauptet, daß alles in allem mehr als 200 000 Menschen anwesend gewesen seien – das wäre das Fünffache der damaligen Einwohnerzahl Stuttgarts[25].

Ich sprach vorhin von einem eher betäubenden akustischen Erlebnis, für die Festzugsteilnehmer gewiß, für die Zuschauer wahrscheinlich auch. Artikulierter waren – außer einer kurzen Rede der Oberamtsvertreter im Innern des Schlosses, also nur in eingeschränkter Öffentlichkeit – lediglich das von den Liederkränzen gesungene, zum Tag gedichtete und komponierte *Festlied*, kurze Dankworte des Stuttgarter Stadtschultheißen unmittelbar im Anschluß daran und der zum Schluß der Feier gesungene, angeblich im Programm nicht vorgesehene Choral *Nun danket alle Gott.*[26]. Das entsprach ebenso absolutistisch-barocker Tradition wie das Feuerwerk auf der *Prag* am Abend dieses Tages[27], das dann freilich aufgenommen wurde

---

[22] Nach dem Bericht der *Schwäb. Kronik* vom 3. 10. 1841, S. 1073 f., gingen die Schüler der Oberklassen des Gymnasiums *in altdeutschem schwarzem Samtrock, mit weißen Beinkleidern, umgelegtem Hemdkragen, schwarzsamtnem Barett mit weißer Feder*, die Studenten ebenfalls in schwarzen Samtröcken und rotsamtenen Mützen mit goldener Troddel, die Dozenten unter ihrem Rektor Ferdinand Christian Baur erstmals in Talar und Barett. An den Farben Schwarz-Rot-Gold scheint niemand Anstoß genommen zu haben.

[23] Ebd. Die *Schwäb. Kronik* vom 3. 10. 1841, S. 1073 f., berichtet, daß vorneweg drei evangelische Prälaten und der Rottenburger Domdekan mit zwei Domkapitularen gegangen seien, dahinter ganz gemischt mehrere hundert Geistliche beider Konfessionen.

[24] *Erinnerungen* S. 32.

[25] Stuttgart hatte um 1840 etwa 40 000 Einwohner – vgl. *Württembergisches Städtebuch*, hg. v. Erich Kaiser. 1962. S. 229.

[26] WJb (1841) Heft 2, S. 268; die *Erinnerungen* sprechen (S. 35) vom Tedeum *Herr Gott, dich loben wir.*.

[27] *Schwäbische Kronik* Nr. 266 v. 30. 9. 1841, S. 1062: *das Feuerwerk begann mit einem Chinesi-*

von einer Kette von doch wohl eher „volkstümlichen" Höhenfeuern, die – von Berg zu Berg springend – dem Land und den Nachbarn nochmals den Anlaß vor Augen führten[28]. Eine Amnestie für wegen politischer Vergehen Verurteilte, die der König anläßlich seines Regierungsjubiläums erließ[29], wurde, offenbar von Mitgliedern des Landtags improvisiert, noch im Festzug gefeiert[30]. Das Land stellte sich als Einheit in Einigkeit dar; alle Teile des Volkes – und selbst die Frauen – hatten in ihr ihren Platz und ihre Funktion; die wichtigsten Elemente der realen wie der geschriebenen sozialen und politischen Verfassung von der Landwirtschaft und den Gewerben über die Organe der Wohltätigkeit und die Träger der Bildung bis zur bewaffneten Macht wurden hier allen Beteiligten vor Augen gestellt.

Auch wenn die Festlichkeiten nicht auf Stuttgart beschränkt blieben – die *Kronik* berichtet u.a. von Festzügen in Buchau, Crailsheim, Schwäbisch Hall und Wangen im Allgäu, von Kinderfesten in Waldsee, Buchau, Eningen, Tuttlingen und anderswo und von Festlichkeiten in vielen anderen, auch kleinen Orten im ganzen Land[31] ist wenig wahrscheinlich, daß alle Württemberger aus ganz vollem Herzen in den allgemeinen Festjubel mit einstimmten – die Standesherren vermutlich so wenig wie „die Linke", und die Kirchen vielleicht auch nur unter Vorbehalt. Die Kirchen waren wohl das kleinste Problem. Es wäre gewiß schwierig gewesen, an dem ohnehin sehr ausgefüllten 28. September auch noch Gottesdienste abzuhalten. Also fanden sie schon am Vortag, dem *Geburtsfest des Königs*, statt; die eigentlichen Jubiläums-Gottesdienste waren für den 31. Oktober vorgesehen, den tatsächlichen Jahrestag des Regierungsantritts von 1816, einem Sonntag (so daß niemand, der das nicht wollte, des Reformationstages gedenken mußte ...). Mindestens in den evangelischen Kirchen sollte über die vom König selbst gewählten Verse 10 bis 12 des 85.

---

schen Garten und setzte sich fort, *bis die Reihe an die größeren architektonischen Ausführungen kam. Der Tempel des Ruhmes leuchtete in reinstem weißen Lichte. Eine Festung mit Zinnen, Türmen und Mauern ward sichtbar und wurde hart beschossen. Den Sturm begleitete das weithin hörbare Rasseln der Trommeln und der Donner der Kanonen. Entzündete Pulvertürme flogen in die Höhe, und die aufgesteckte weiße Fahne bezeichnete den Fall der Veste. Eine vollständige Beleuchtung derselben folgte, und Donnerschläge, Girandolkasten und Kanonensalven verkündeten den Sieg und den Schluß des Feuerwerkes.* Vgl. dazu auch Arthur *Lotz*: Das Feuerwerk. Seine Geschichte und Bibliographie.Beiträge zur Kunst- und Kulturgeschichte der Feste und des Theaterwesens in sieben Jahrhunderten. 1941.

28 WJb (1841) Heft 2, S. 269. Lege ich in die Formulierung der *Württembergischen Jahrbücher* zu viel hinein, wenn mir auffällt, daß die Feuer *von Oberschwaben den Tirolern und Vorarlbergern, vom Hegäu* [!] *den Schweizern, vom Kniebis den Elsässern und von den Höhen der Tauber den Franken* – und nicht etwa Badenern und Bayern – *verkündeten, welch frohes Fest die Württemberger feiern*?.

29 *Regierungs-Blatt* für das Königreich Württemberg Nr. 43 v. 25. 9. 1841. S. 429–431; auch *Schwäb. Kronik* v. 27. 9. 1841, S. 1053; dazu die Würdigung am 30. 9. 1841, S. 1061 f.

30 In der Vierten Abteilung des Zuges war auf einer großen weißen Fahne zu lesen: *Heil ihm! Die Kerker öffnet Er, Und schenkt dem Flüchtling Wiederkehr.* (*Schwäb. Kron.* v. 30. 9. 1841, S. 1063.)

31 *Schwäb. Kronik* vom 8. 10. 1841, S. 1093 f.

Psalms gepredigt werden[32]. Die Katholiken wollten sich dem anschließen[33], und selbst in den Synagogen konnte es mit einem Psalmwort keine Schwierigkeiten geben. Im Festzug des 28. September jedenfalls sollten sich (wir haben das gesehen) die Geistlichkeit als eine große Einheit geben, weder nach Rang noch nach Bekenntnis geschieden. Es sollte also – ein wenig an der Wirklichkeit vorbei – Friede zwischen den Konfessionen und ein volles Einverständnis auch zwischen dem Staat und der katholischen Kirche demonstriert werden[34].

Was die Standesherren angeht, so zeigt noch die Vorbereitung des Verfassungsjubiläums von 1869, daß hier Vorsicht angezeigt war[35]; ein Mitgehen im Festzug wäre den Standesgenossen des Königs ein Menschenalter nach den Mediatisierungen erst recht noch kaum zuzumuten gewesen. Nur der Präsident der *Kammer der Standesherren* und die übrigen dem *Ständischen Ausschuß* angehörenden Standesherren konnten sich dieser amtlichen Pflicht nicht entziehen, die anderen schlossen sich der Landtags-Deputation an, die dem König unmittelbar im Anschluß an den Festzug im Schloß die *Jubiläums-Stiftung* des Landes übergaben[36].

Der Beobachter, das Blatt der Linken, ignoriert das Jubiläum im redaktionellen Teil und bringt nur einige Annoncen der *Bürgergesellschaft* und anderer, die Mittagstisch oder zusätzliche Festprogramme anboten. Am 28. September selbst erschien das Blatt ausdrücklich nicht. Dafür erschien im Oktober, angeblich aus einer Hamburger Zeitung abgedruckt, in mehr als einem Dutzend Fortsetzungen eine geradezu kabarettistische Artikelfolge unter dem Titel *Das publicistische Jubiläum*, in der, wer wollte, Anzügliches genug finden konnte[37]. Der Zensor wollte offenbar

---

[32] HStA Stuttgart E 14, Bü 26, Unterfasz.2 Nr. 8. Die Verse lauten: *Doch ist ja seine Hilfe nahe denen, die ihn fürchten, daß in unserm Lande Ehre wohne, Daß Güte und Treue einander begegnen, Gerechtigkeit und Friede sich küssen, Daß Treue auf der Erde wachse, und Gerechtigkeit vom Himmel schaue..*

[33] Ebd.

[34] *Eine Stimme vom Lande*, vermutlich von einem Pfarrer verfaßt, in *Schwäb. Kronik* v. 9. und 10. 10. 1841, S. 1097 und 1101f., jubelt S. 1102: *Alte Scheidewände sind vollends gefallen. Keinen Unterschied in der Liebe zu Fürst und Vaterland macht der Name Alt- oder Neu-Württemberg. Der Katholik wird, wie der gemeinsame und gemischte Zug der beiderseitigen Geistlichen passend versinnbildlichte, bei uns auch ferner friedlich neben dem Protestanten wohnen, und den Samen irgend einer Zwietracht unter uns auszustreuen wird Fremden nie gelingen.* – Das war das Pfeifen des Kindes im dunkeln Walde; zur Realität des Verhältnisses von Staat und katholischer Kirche in Württemberg um 1840 vgl. etwa Peter *Blickle*: Katholizismus, Aristokratie und Bürokratie im Württemberg des Vormärz. In: Historisches Jahrbuch 88 (1968) S. 369–406.

[35] HStA Stuttgart E 14, Bü 524 Nr. 6.

[36] *Schwäbische Kronik* v. 2. 10. 1841, S. 1069. Hier reihten sich, wie die veröffentlichen Stifterlisten zeigen, die Standesherren duchaus ein und beteiligten sich – standesgemäß – mit Beiträgen der höchsten Kategorie, meist 500 fl. *Schwäb. Kronik* v. 4. 8. 1841, S. 838; v. 24. 8. 1841, S. 918f.; v. 12. 9. 1841 und vom 18. 9. 1841, ohne Paginierung.

[37] *Beobachter* Nr. 196–209 v. 6. bis 24. 10. 1841, S. 781–834 passim. Der lange Artikel war angeblich aus dem *Hamburger Telegraphen* übernommen – einer Zeitung, deren Existenz ich bezweifle. Gert *Hagelweide*: Deutsche Zeitungsbestände in Bibliotheken und Archiven. 1974, erwähnt für 1839 nur eine Zeitung *Telegraph*, die von 1837 bis 1849 in Frankfurt an der Oder erschien, für Hamburg keine, deren Name auch nur entfernt an „*Telegraph*" anklingt.

nicht, vielleicht nur deshalb, weil das hier persiflierte Jubiläum so tückisch auf duodez-staatliche Verhältnisse heruntertransponiert war, daß man sich im großen Württemberg nicht getroffen fühlen durfte oder wollte[38].

Den loyaleren Bedenken *der* Württemberger, die – dem puritanischen Geist des Landes gemäß – das viele Geld lieber nützlichen Zwecken zugewendet sehen wollten, kam man dadurch entgegen, daß nicht nur für eine dauerhaftere *Jubiläumssäule* auf dem Stuttgarter Schloßplatz, sondern vor allem auch für eine *Jubiläumsstiftung* Geld gesammelt und vom Landtag bewilligt wurde. Auf diese beiden Aspekte unseres Themas kann ich, so reizvoll das wäre, hier nicht weiter eingehen[39].

Unser Thema ist die „Politische Kultur" Württembergs, also, um es ganz vereinfacht, aber für den Zweck wohl ausreichend zu umschreiben, die Art und Weise, wie das Stück „Politik" gespielt wird, das ja durch seinen gedruckten Text, die *Verfassungsurkunde*, nur zum kleineren Teil festgelegt ist. Auch dieses Spiel folgt Regeln, aber keinen ein für allemal unveränderlichen, es kennt Improvisationen, ja Regelverstöße, die, wenn öfter wiederholt, zur Tradition und neuen Regel werden. Wer mitspielen möchte, kann sich nicht darauf beschränken, seine Rolle nach dem Textbuch zu memorieren; er muß sich dem Ensemble anpassen, im Guten wie im Bösen, er muß dessen Regeln lernen und verinnerlichen. Das ist – ganz wertfrei – „Politische Kultur". Deren Veränderungen und ihren mutmaßlichen Gründen nachzugehen, das ist eines der reizvollsten Geschäfte des Historikers. Feste als Manifestationen der „Kultur", auch der *Alltagskultur*, sind immer wieder, und in den letzten Jahren wieder häufiger zum Gegenstand der Kulturhistorie geworden[40]. An politischen Festen wird man also auch „Politische Kultur" studieren können. Nimmt man insbesondere Gedenktage, Jubiläen in den Blick, dann begegnet man darüberhinaus dem, was neuerdings *Geschichtskultur* genannt wird[41] – ein weiteres großes und noch wenig beackertes Forschungsfeld.

Was läßt sich unter diesen Aspekten von unsern Jubiläen und ganz besonders vom württembergischen Jubiläum von 1841 sagen? Zunächst einmal: dieses Fest ist eines von vielen, auch württembergischen Festen. Sie alle zusammen müßte man ganz

---

38 Auch sonst findet der aufmerksame Leser, wie im *Beobachter* fast regelmäßig, den einen oder anderen eher spitzen Artikel – und im Jubel der anderen ist das Schweigen des linken Blattes beredt genug.

39 Zur Jubiläumssäule vgl. die Akten im HStA Stuttgart (E 14, Bü 26), die spätere Publikation von [Albert Eugen] *Adam* und *v. Leibbrand*: Die Jubiläumssäule in Stuttgart. 1893, und Max *Bach*: Stuttgarter Kunst 1794–1860. 1900. S. 273–285. Zur Jubiläumsstiftung die Akten in HStA Stuttgart E 14, Bü 1485 und die Berichte der *Schwäbischen Kronik* 1841, bes. S. 493, 605, 609, 661, 681, 837, 838, 849, 918f, 1069; dazu die Spenderlisten oben Anm. 36.

40 Werner K. *Blessing*: Fest und Vergnügen der „kleinen Leute". Wandlungen vom 18. bis zum 20. Jahrhundert. In: Richard *Van Dülmen* und Norbert *Schindler* (Hgg.): Volkskultur. Zur Wiederbelebung des vergessenen Alltags (16.-20. Jahrhundert). 1984. S. 352–379. – Dieter *Düding*, Peter *Friedemann* und Paul *Münch* (Hgg.): Öffentliche Festkultur. 1988. – Michael *Maurer*: Feste und Feiern als historischer Forschungsgegenstand. In: Historische Zeitschrift 253 (1991) S. 101–130. – Dazu neuestens der oben Anm. 3 zitierte Sammelband von *Hettling* und *Nolte*.

41 Wolfgang *Hardtwig*: Geschichtskultur und Wissenschaft. 1990. S. bes. S. 7–11.

systematisch vergleichend und typologisierend betrachten, um genauer angeben zu können, was an „1841" typisch, was ganz eigenartig war. Ich will dafür nur einige wenige, aber große Feste zwischen 1839 und 1844 im deutschen Südwesten skizzieren, das Schillerfest von 1839 und das Gutenbergfest von 1840 kurz darstellen, die badischen Verfassungsfeiern von 1843 (und die württembergische Nichtfeier von 1844), von denen „1841" sozusagen eingerahmt wird, aber nur eben erwähnen.

Vorab ist an die banale Tatsache zu erinnern, daß alle diese Feste ganz wesentlich mitbestimmt sind durch die allgemeinen politischen Rahmenbedingungen in Metternichs Deutschland. Sie lassen sich begreifen als mehr oder minder offener Kampf zwischen dem spätabsolutistischen Arkanprinzip des nun vollends bürokratischen Staates und dem Anspruch vor allem des Bürgertums auf „Öffentlichkeit" auch von Regierung und Verwaltung, als möglicher oder tatsächlicher Konflikt zwischen einzelstaatlichem Selbständigkeitsanspruch der Regierenden (und auch eines in seiner Größe schwer bestimmbaren Teils der Regierten) und nationalstaatlichen Hoffnungen, als Wechselspiel schließlich zwischen kulturnationalem Bewußtsein und einzel- oder nationalstaatlichem Wollen. Daß das 1838 geprägte und bald „geflügelte" Wort vom *beschränkten Untertanenverstand*[42] so einschlug, zeigt, wie sensibel der Bereich „Öffentlichkeit" war. Selbst in Wien sah man ein, daß es nicht genügte, im Sinne der „Karlsbader Beschlüsse" und der Bundes-"Maßregeln" von 1832 unliebsame politische Öffentlichkeit zu unterdrücken, sondern daß man auch selbst aktiv Öffentlichkeitsarbeit betreiben mußte. Metternichs *Wiener Jahrbücher*[43] zeigen das ebenso wie das zähe und letztlich vergebliche Unternehmen von Leopold Rankes *Historisch-Politischer Zeitschrift*[44] oder die von Otto-Heinrich Elias herausgearbeiteten Bemühungen König Wilhelms von Württemberg um publizistische Unterstützung seiner zugleich partikularstaatlichen wie nationalen Politik[45]. Ohne Zustimmung der Regierten ist auf einige Dauer nicht zu regieren – dies gilt auch und gerade für diese Jahre!

Festen und Feiern kam in dieser Konfiguration von Bedingungen besondere Bedeutung zu. Als menschliches Urbedürfnis waren sie von oben allenfalls zu manipulieren und zu kanalisieren, aber nicht zu unterdrücken. Als „Ausnahmezustand" waren sie einerseits sehr problematisch, aber sie boten andererseits doch auch Möglichkeiten, die der politische „Alltag" nicht bot. Alles kam darauf an, wer sie wie nutzte.

„Baden 1843" scheint eindeutig: die *Verfassungsfeier* des 22. August – Karl Mathy

---

[42] Georg *Büchmann*: Geflügelte Worte. ^{32}1972. S. 710 – mit Hinweis auf einen früheren „württembergischen" Beleg!

[43] Silvester *Lechner*: Gelehrte Kritik und Restauration. Metternichs Wissenschafts- Pressepolitik und die Wiener ‚Jahrbücher der Literatur' (1818–1849). 1977.

[44] Walther Peter *Fuchs*: Ranke und die Öffentlichkeit. In: Geschichte in Wissenschaft und Unterricht 27 (1976) S. 9–24.

[45] Otto-Heinrich *Elias*: „Der alte Eisenkopf". König Wilhelm I. und sein außenpolitisches Konzept. In: Beiträge zur Landeskunde Nr. 6, Dezember 1985. S. 1–8 – mit weiterer Literatur! Vgl. auch unten Anm. 65 und 66.

faßt in seinem Festbuch mit Recht alle lokalen Feiern in eine einzige zusammen – war eine von der Regierung nur eben und ungern genug geduldete Veranstaltung der liberalen und demokratischen Opposition, die sie zur Artikulation ihrer Forderungen auf Einhaltung der Verfassung und vor allem auf Wiederherstellung ihres nach ihrer Auffassung wichtigsten Punktes, des Rechtes auf Öffentlichkeit, der Pressefreiheit, nutzte. Sie war ein badisches, aber im Selbstbewußtsein der Veranstalter auch gesamtnationales Fest: die badischen Liberalen betrachteten sich mit einem gewissen Recht als Vorhut des deutschen Liberalismus, ohne doch ihren badischen Patriotismus zu leugnen.

Gesamtnational und württembergisch zugleich war auch das Stuttgarter Schillerfest von 1839[46]. Veranstaltet wurde es vom Bürgertum, nicht von der Regierung. Die Liederkränze hatten seit einem Jahrzehnt in ganz Deutschland um Beiträge für ein Schiller-Denkmal geworben, das – von Bertel Thorwaldsen entworfen – 1839 in der Mitte Stuttgarts, umrahmt von Altem Schloß, Stiftskirche und Regierungsgebäuden enthüllt wurde. Die Festrede hielt Gustav Schwab, gewiß kein Oppositioneller oder gar Radikaler, sondern immerhin Bruder eines *Geheimen Rats*, jedenfalls beamteter Bildungsbürger, der 1842 zum Pfarrer an der Stuttgarter Leonhardskirche und 1845 zum Mitglied des *Oberstudienrats* und des Konsistoriums berufen werden wird. Schiller war nicht zu feiern, ohne daß man auch der Freiheit gedachte, als deren klassischer Dichter er galt, zum mindesten der geistigen Freiheit. Schwabs Rede wurde in der Folge denn auch zum Anlaß einer heftigen Kontroverse, in der die in Württemberg starken Pietisten gegen einen unchristlichen Geniekult, zelebriert von einem evangelischen Pfarrer, der Schwab immerhin war, polemisierten[47]. Halten wir also fest: auch innerkirchliche Spannungen, besonders die zwischen Pietismus und „kritischer Theologie“, bestimmten die damalige „Politische Kultur“ Württembergs (wie anderer Länder)[48].

Regierungsnäher, aber von der Regierung keineswegs völlig vereinnahmt war das nächste größere Fest in Stuttgart, das Gutenberg-Jubiläum am 24. und 25. Juni 1840[49]. Was auf den ersten Blick aussieht wie eine Leistungsschau des Stuttgarter Graphischen Gewerbes (und das tatsächlich a u c h war), ist bei genauerem Hinsehen durchaus als „politisches“ Fest zu erkennen. Von Stuttgart als Zentralpunkt von Cottas vielfältigen Verlagsaktivitäten und Ort mehrerer anderer bedeutender Verla-

---

46 C. *Reinhold* [d. i. Reinhold *Köstlin*]: Das Schillerfest in Stuttgart. In: Hallische Jahrbücher für deutsche Wissenschaft und Kunst 2 (1839) 1. Halbjahr. Nr. 138–143 vom 10. bis 15. 6. 1839, Spalte 1097–1140. Dazu Eugen *Munz*: Dem Dichter ein Denkmal. Schillerverehrung in Marbach 1812–1876. 1976, und zuletzt Rainer *Noltenius*: Dichterfeiern in Deutschland. 1984. S. 71–73.

47 Dazu *Köstlin* (wie vorige Anm.).

48 Erinnert sei nur an „Das Leben Jesu, kritisch bearbeitet“ von David Friedrich *Strauß*, 1840 schon in 4. Auflage, und die durch dieses Buch ausgelöste Kontroverse, auch an den Sturz der Zürcher Regierung im September 1839 infolge der Berufung von Strauß als Professor für Dogmatik und Kirchengeschichte nach Zürich im Februar des Jahres.

49 *Das vierte Säcularfest der Erfindung der Buchdruckerkunst, begangen zu Stuttgart am 24. und 25. Juni 1840.* 1840. (Im folgenden zitiert: *Säcularfest 1840.*) Dazu die Berichte der *Schwäb. Kronik* von 1840, bes. S. 293, 633, 681, 685, 689, 693 und 697 (Reutlingen!).

ge, mit seinen (bei rund 40 000 Einwohnern!) 28 Buchhandlungen und 25 Buchdrukkereien konnte man sehr wohl von *einem Hauptsitze des Deutschen Buchhandels*[50] sprechen; auf jeden Fall war dieser Wirtschaftszweig für das Land von besonderer Wichtigkeit. Das allein schon könnte das wohlwollende Interesse von König und Regierung an diesem Fest erklären. Sie überließen klüglich die Organisation den Stuttgarter Buchhändlern und deren Komitee, dem sie *die gesamte Leitung des Festes auch in polizeilicher Hinsicht in die Hände* gaben.[51]. Auch hier marschierte ein großer Festzug durch die Stadt, am Neuen Schloß vorbei, auf dessen Balkon der König und seine Familie sozusagen die Parade abnahmen, mit drei *Lebehochs* gefeiert. Dann zog man unter dem andauernden Geläut aller Glocken zur Stiftskirche, wo Hofprediger Grüneisen über den Text Johannes 1, Vers 14,[52] predigte, und weiter zum Marktplatz, wo der Literaturpapst in Cottas Diensten, Wolfgang Menzel, eine zweite Ansprache hielt, die unmittelbar zu einem öffentlichen Schaudrukken überleitete. Übrigens befand sich unter den im Festzug mitgeführten Prachtausgaben verschiedener Drucke auch *das kostbare Gut der württembergischen Verfassungs-Urkunde* von 1819[53], die beim anschließenden Festbankett von Stadtschultheiß Gutbrod (vor mehr als 800 Teilnehmern) in einem Trinkspruch nochmals gefeiert wurde. Ihm schloß sich ein zweiter *mit stürmischem Beifall* aufgenommener Trinkspruch mit dem Wunsch auf Befreiung ihres Paragraphen 28, der Presse- und Buchhandelsfreiheit, von *jeder Fessel*, an[54]. Aus einem nur sehr allgemeinen Bekenntnis zum befreienden Wirken des gedruckten Wortes, das hier in Stuttgart nicht – wie anderwärts geschehen – mit einer offenen Warnung vor seinem Mißbrauch verbunden wurde[55], war zuletzt ein im engeren Sinne „politisches" Bekenntnis zu einer Grundforderung des Liberalismus geworden, das – wie gern oder ungern auch immer – von der Regierung toleriert wurde[56].

---

[50] *Säcularfest 1840* S. 6.

[51] Sie bewiesen damit *ein Vertrauen, welches, von dem wahren Verhältnisse zwischen Regierung und Bürgern zeugend, der Feier mittelbar und unmittelbar den wesentlichsten Vorschub leistete, und in der ganzen Haltung desselben* [!] *die beste Erwiderung fand. Säcularfest 1840* S. 8f.

[52] *Das Wort ward Fleisch und wohnete unter uns, und wir sahen seine Herrlichkeit...*; der Wortlaut der Ansprache in *Säcularfest 1840* S. 27–32.

[53] *Säcularfest 1840* S. 19.

[54] *Säcularfest 1840* S. 43.

[55] Jürgen *Steen*: Vormärzliche Gutenbergfeste (1837 und 1840). In: *Düding, Friedemann, Münch* (wie Anm. 40) S. 147–165, bes. S. 154–156.

[56] *Der Beobachter*, der auch in diesen Jahren Belege genug für eine andauernde kleinliche Zensurpraxis enthält, dürfte zwar anderer Meinung gewesen sein, der Festbericht jedenfalls wollte als Ergebnis festhalten, *daß das Fest des befreiten Wortes auch im Schwabenlande würdig begangen worden sei, dem Geiste des Landes gemäß, in welchem von uralter Zeit her so oft das Kleinod des Glaubens seine Zuflucht gefunden, wo die Wissenschaft stets mit heiligem Ernste gepflegt wurde, wo Künste und Gewerbe namentlich in unseren Tagen ein so blühendes Gedeihen gewinnen. – Es war ein Volksfest gewesen, nicht wie anderwärts überwacht von den Maßregeln ängstlicher Bevormundung, sondern gehoben und geschützt durch die Eintracht und das Anstandsgefühl der Teilnehmer selbst, die damit nur das ehrenvolle Vertrauen einer auf ihr Volk bauenden Regierung erwiderten. Säcularfest 1840* S. 47.

Im heutigen Vergleich mag das Stuttgarter Gutenbergfest von 1840 geradezu als Generalprobe für „1841" erscheinen. Zwar so aus der Mitte des Bürgertums hervorgegangen ist die Idee, das 25jährige Regierungsjubiläum des Königs groß zu feiern, vielleicht doch nicht, auch wenn die Quellen die Stuttgarter Gewerbetreibenden einerseits, einen Landwirt und den Leonberger Landwirtschaftlichen Verein andererseits als Urheber bezeichnen[57], an die sich alles andere angeschlossen habe. Der Vorsitzende des schließlich aus mehreren Komitees zusammengefügten *Festcomités*, Karl v. Gärttner[58], dürfte von kaum einem Zeitgenossen als bloßer Privatmann angesehen worden sein: seit 1813 in unmittelbarer Nähe erst König Friedrichs, dann Wilhelms tätig, seit 1824 Direktor der Hofdomänenkammer, der Privatvermögenskuratel des Königs, der Hofbankintendanz, seit 1832 Mitglied des Geheimen Rats, also der zentralen Regierungsinstanz noch über den Ministern (die ihm angehörten), seit 1839 Präsident der Zentralstelle der Landwirtschaftlichen Vereine und auf jeden Fall „vieljähriger besonderer Vertrauensmann des Königs"[59] – Gärttner als Person und seine Funktionen garantierten, daß hier nichts geschehen konnte, was der König nicht wollte oder nicht wissen durfte. Wir werden also dieses Fest als eine Manifestation von Wilhelms Auffassung seiner Stellung in der „Politischen Kultur" seines „Reiches" interpretieren dürfen. Auch wenn verdächtig oft die Freiwilligkeit des ganzen Unternehmens hervorgehoben wird, die „Amtshilfe" nicht nur der als halbstaatlich zu bezeichnenden Landwirtschaftsvereine, sondern auch der staatlichen Oberämter wird reichlich in Anspruch genommen[60]. Daß die Stuttgarter Stadtbehörden beteiligt waren – der *Stadtdirektor* (auch er ein v. Gärttner!) gehörte dem Komitee ganz natürlich ebenso an wie der Stuttgarter und der Cannstatter Stadtschultheiß – verstand sich ohnehin: Stuttgart hatte den größten Nutzen zu erwarten, aber auch die meiste praktische Arbeit zu leisten.

Auf der anderen Seite war das Komitee offen für Wünsche und Anregungen „von unten". Vergleicht man den gedruckten und zwischen Mitte und Ende Juli an die

---

[57] Die Darstellung der WJb (1841) Heft 2, S. 265f. wird durch die Akten (Akten Linden 1848–1864, HStA Stuttgart E 146 alt, Bü 1967/I, Unterfasz. 9) ergänzt, aber nicht desavouiert.

[58] Alfred *Dehlinger*: Karl (Gottlob Christian) Gärttner. Finanzminister. 1788–1861. In: *Schwäbische Lebensbilder* 5 (1950) S. 214–227.

[59] *Dehlinger* S. 216.

[60] Ein undatiertes, wohl kaum früher als vier Wochen vor dem 15. August 1841 versandtes Rundschreiben *Das Comité für den Festzug bei der Regierungs-Jubelfeyer an* ... [die Oberämter], dem von dem unten Anm. 61 zitierten *Plan für den Festzug* ... je 30 Exemplare beigelegt waren, drückt sich so aus: *Um der Teilnahme von Seite der* [Oberamts-] *Bezirke, die natürlich überall nur eine freiwillige sein soll* [Hervorhebung im Original], *nunmehr eine entschiedenere Richtung, innerhalb der Grundzüge des Planes, sodann nicht nur die angemessenen Grenzen, sondern auch einen gewissen Grad von Einklang, so weit solcher wünschenswert ist, zu geben, müssen wir zunächst auf die näher vorbereitenden Einleitungen rechnen, welche wir die K. Oberämter zu treffen, mit Vorwissen des K. Ministeriums des Innern, ersuchen, und bei welchem dieselben vornehmlich auch mit den landwirtschaftlichen Vereinen kommunizieren würden, die ihr warmes Interesse für den Festzug bereits vielfach an den Tag gelegt haben. Auf die ganze Geneigtheit der Oberämter, durch Vereinigung ihrer Bemühungen mit den unserigen, dieser seltenen Volksfeier ein schönes Gelingen zu sichern, glauben wir im voraus zählen zu dürfen.* (HStA Stuttgart E 14, Bü 26, Unterfasz. 2).

Oberämter und andere versandten vorläufigen *Plan für den Festzug* ... mit dem vom 11. September 1841 datierten, *Der Festzug der Württemberger* überschriebenen definitiven Plan[61], dann findet man eine ganze Reihe teils unscheinbarer, teils größerer Veränderungen. Nicht weniger als fünf Städte haben ihre Teilnahme in der zweiten Abteilung des Festzugs als *eine der größeren Städte* durchgesetzt, nur eine – Tuttlingen (aus welchen Gründen auch immer) – verzichtet. Zu den *200 Jungfrauen* sind noch zwölf aus dem *Königlichen Katharinenstift* in Stuttgart gestoßen. Was wichtiger ist: in dieser selben vierten Abteilung präsentieren nun *Stadtrat und Bürgerausschuß* von Stuttgart *eine Darstellung des Gemeinde-Verwaltungs-Ediktes*, wovon der erste Plan noch schweigt. Auch die feierliche Präsentation der originalen *Verfassungs-Urkunde* war nicht oder so nicht vorgesehen gewesen! Schließlich war die endgültige Zusammensetzung und Form der beiden größten Abteilungen des Festzugs, *Land- und Forstwirtschaft*[62] einerseits, Gewerbe andererseits, ganz offensichtlich auf Wunsch der teilnehmenden Organisationen, Korporationen und Betriebe sehr verfeinert worden, erkennbar mit dem Ziel, lokale Repräsentanz mit der Präsentation einer möglichst breiten Palette von landwirtschaftlichen und gewerblichen Produkten des Landes zu verbinden[63]. Trachtenträger demonstrierten folkloristische Vielfalt, die Württemberg als ein weites und großes Reich erscheinen ließ – einem Mitglied des vorläufigen Komitees zum Trotz, das gemeint hatte, *es werde sich wohl schwerlich eine unterscheidende Tracht im Lande finden lassen, sie sei fast überall gleich, nämlich gemischt, und ohne einen bestimmten Charakter*[64].

Kurzum, mit ihrem Festzug zu Ehren König Wilhelms ehrten *die Württemberger* auch sich selbst, ihr Land und seine Verfassung. Württemberg war ein monarchischer und ein bürokratischer Staat. Aber Monarch, Regierung und Verwaltung

---

61 *Plan für den Festzug, der zur Feier der fünfundzwanzigjährigen Regierung Seiner Majestät des Königs Wilhelm stattfinden wird*, o.Dat., versandt mit dem in der vorigen Anm. zitierten Rundschreiben des Komitees an die Oberämter; *Der Festzug der Württemberger zur Feier der fünfundzwanzigjährigen Regierung seiner Majestät des Königs Wilhelm, wird in Stuttgart am Dienstag, den 28. September 1841 in folgender Ordnung statt finden*, d.d. 11. September 1841; beide in HStA Stuttgart E 14 Bü 26 Unterfasz.2. Der definitive Plan war auch im Buchhandel zu haben und ist in mehreren Bibliotheken unter diesem Titel zu finden.

62 Zunächst war nur von *Landwirtschaft* die Rede gewesen!

63 Da sah man *Handelsgewächse* der Oberämter Brackenheim, Heilbronn, Neckarsulm, Öhringen und Weinsberg, den Flachsbau von Calw, das *Filderkraut*, eine starke Repräsentation Rottenburgs, das nicht nur seine Brauerei, sondern auch seinen Weinbau zur Schau stellte, und anderes mehr. Auch der Zug der Gewerbe konnte an eine „Industrieausstellung" denken lassen. Einzelne Fabrikunternehmungen waren ebenso vertreten wie ganze Branchen, etwa die *Granaten-Bohrerinnen* im Oberamt Balingen, also die Frauen, die die Granaten für die damals beliebten „Granat-Nuster" [Granatketten] durchbohrten. Ebenso führten in der siebten Abteilung *Handel* (und Verkehr) Friedrichshafen und Ulm mit großen Schiffwagen die Bodensee- und die Donauschiffahrt vor, zeigten sich *Handlung und Gewerbe von Tübingen, in besonderem Aufzuge* wie nochmals *Buchhändler, Buchdrucker und Schriftgießer von Stuttgart und vom Lande. Der Festzug der Württemberger* passim.

64 Pfarrer Hasenauer nach dem Protokoll der Komitee-Sitzung vom 17. Dezember 1840, HStA Stuttgart E 146 alt, Bü 1967/I, Unterfasz. 9 .

hatten, das läßt sich wenigstens der Geschichte des *Festzugs der Württemberger* entnehmen, verstanden, seine sehr verschiedenen Teile, Unter- und Oberland, Evangelische und Katholiken, *Volk* und Gebildete, zu einer Einheit zu integrieren, die im Monarchen wie in der Verfassung ihre Symbole fand.

Daß von „Deutschland" an diesem Tage kaum die Rede war, ist weniger selbstverständlich als die Demonstration württembergischer Harmonie. Immerhin war, von Anfang an vorgesehen, auch der von Preußen dominierte *Deutsche Zollverein* (ebenso wie der *Welthandel*) emblematisch dargestellt. Dem Frankfurter *Bundestag*, dessen Präsidialmacht Metternichs Österreich war, einen Platz einzuräumen, daran war offenbar nicht gedacht – obwohl ja nur er *das ganze Deutschland* repräsentierte.

Aber das Fest hatte sehr wohl auch eine „deutsche Seite", die in einem publizistischen Nachspiel sichtbar wird. Auch wenn es von der württembergischen Öffentlichkeit schwerlich wahrgenommen worden sein dürfte[65], für unser Thema ist es doch wichtig. Mitte November 1841 übersandte der wohlbekannte Dr. Lindner[66], seinerzeit Verfasser des *Manuskripts aus Süddeutschland*[67], das König Wilhelms deutschlandpolitisches Programm enthalten hatte, dem Kabinettssekretär des Königs eine Nummer der *Leipziger Allgemeinen Zeitung*. Sie enthielt einen von ihm geschriebenen Artikel mit allerdings interessantem Inhalt.

Die Stuttgarter Jubelfeier, so wird einleitend gesagt, dürfte für alle Staaten des Deutschen Bundes *eine lehrreiche Beziehung darbieten*. Denn das Fest habe neben seinem *malerischen und poetischen* [...] *auch einen politischen Charakter* gehabt. Lindner führt das in einem historischen Rückblick auf die seit dem Ende des napoleonischen Zeitalters in Deutschland geführten Auseinandersetzungen *über den Wert und die Anwendbarkeit der repräsentativen Verfassung, über die den*

---

[65] Dies gilt vermutlich auch für ein Flugblatt, das sich in den Akten findet. Dr. Lindner, König Wilhelm schon seit längerem als Propagandist seiner politischen Absichten behilflich, übersandte diesem Mitte Oktober ein zweiseitiges Blättchen mit dem Titel *Auszug aus dem Privatschreiben eines Fremden*, das als einziges bei seinen Bemühungen, in Brockhaus' *Leipziger Allgemeinen Zeitung* einen resümierenden Artikel über den 28. September in Stuttgart unterzubringen, herausgekommen sei (HStA Stuttgart E 14 Bü 26/2, Nr. 18). Das *Privatschreiben* hielt dieses Fest für *in hohem Grade der Beachtung aller deutschen Stämme wert, als belehrendes Beispiel wahrer inniger Übereinstimmung zwischen einem edlen hochherzigen Fürsten und seinem biederen glücklichen Volke*. Dieses Volk habe seinem König *die Früchte der Arbeit des Landes, die Zeichen seines Gedeihens, die Symbole seiner politischen Würde vorgelegt*, es sei *ein constitutionelles Volk*, das *den Wert einer guten Regierung als mündiges Volk* anerkenne. Ihm gegenüber ein König, *der sich freudig und gerührt der Liebe seines Volkes hingibt, und, in seinem sechzigsten Jahre noch kräftig, blühend und schön, die Bürgschaft auf dem Antlitz trägt, daß er noch lange für das Wohl seiner Württemberger zu wirken, Kraft und Entschluß in sich bewahren werde*, ein deutscher König, *dem das ruhmwürdige Resultat eines sorgenvollen Lebens vor Augen gestellt* worden sei. Das Bild einer harmonischen Ehe also und einer musterhaften konstitutionellen Regierung!
Der König habe, so schreibt der Kabinettsekretär dem Verfasser, von dem *Privatschreiben* Kenntnis genommen und *wohlgefällig Sich darüber geäußert*. (Ebd.)

[66] Otto-Heinrich *Elias*: Friedrich Georg Ludwig Lindner. Arzt, Geheimagent, Publizist. 1772–1845. In: Lebensbilder aus Schwaben und Franken 15 (1983) S. 155–202.

[67] George *Erichson* (Hg.) [d. i. Friedrich Georg Ludwig *Lindner*]: Manuscript aus Süd-Deutschland. Angeblich London: James Griphi. 1820. ^{2}1821.

Völkern zu gewährende Freiheit, über die Frage, ob bei Einführung der Institutionen zur Sicherung allgemeiner Rechte dem monarchischen Prinzip allein die Entscheidung gebühre, näher aus und kommt zu dem Schluß:

> *Die in Württemberg in Übereinstimmung mit der Verfassung befolgten Regierungsgrundsätze* [...] *haben sich vor jedem ungeblendeten Auge als heilbringend ausgewiesen. Das monarchische Prinzip hat hier nicht an Würde und Kraft verloren, vielmehr, indem es dem Schutze der Rechte und allgemeinen Interessen des Volkes seine Tätigkeit zuwandte, hat es seine erhabene Natur beurkundet in Belebung, Ausbildung und Erziehung des demokratischen Prinzips. Darum steht ihm dieses nicht feindlich gegenüber, sondern ist mit ihm durch Vertrauen, Anerkennung der schützenden Weisheit des Königs, durch Dankbarkeit und Liebe unauflöslich verbunden und im Wesen vereint*[68].

Wie der Kabinettssekretär dem Einsender mitteilte, hat König Wilhelm von dem Artikel in der 1837 gegründeten Zeitung des liberalen Leipziger Verlegers Heinrich Brockhaus zustimmend Kenntnis genommen. Auch seine Württemberger würden ihm in ihrer Mehrheit zugestimmt haben, wenigstens 1841 noch. Doch das wechselseitige Vertrauen hatte Grenzen, die sieben Jahre später sichtbar werden sollten. Die Württemberger waren auf ihr Land immer noch stolz und wollten möglichst viele seiner Errungenschaften in das zu gründende Deutsche Reich einbringen. Sie waren bereit, weiterhin das konstitutionell-monarchische Regierungssystem mitzutragen – sofern auch die andere Seite sich aufrichtig und ohne Hintergedanken an den konstitutionellen *Vertrag* hielt. Die ihnen in dem Artikel attestierte *Mündigkeit* war für die Württemberger keine hohle Phrase. Deshalb wehrten sie sich jetzt energisch gegen jede Bevormundung und nahmen ihrem König sein unehrliches Taktieren 1848/49 übel. Politischer Festtag und politischer Alltag waren nicht das gleiche. Aber wer die Zeichen der „Politischen Kultur“ zu deuten versucht, wird auch unter dem Festtagskleid eines Volkes sein wahres Wesen erkennen können.

---

[68] *Leipziger Allgemeine Zeitung* Nr. 313 v. 9. 11. 1841, S. 3677. – Das Zeitungsblatt wurde von Lindner zurückerbeten und befindet sich nicht bei den Akten. Ich danke Stephan Seeger, M. A., für die Besorgung einer Kopie in Leipzig.

Die Außenpolitik König Wilhelms I. von Württemberg

Von Otto-Heinrich Elias

König Wilhelm I. von Württemberg ist für seine Innenpolitik überwiegend gelobt und für seine Außenpolitik fast nur getadelt worden. Solange die meisten Historiker die Geschichte des 19. Jahrhunderts in Mitteleuropa nur als den mit naturgesetzhafter Folgerichtigkeit sich entwickelnden – und sich schließlich kriegerisch entladenden – Konflikt zwischen Preußen und Österreich interpretierten, solange mußte ihnen eine eigenständige Politik „zwischen den Fronten" bestenfalls als reaktionäres Abenteurertum erscheinen. Für die dediziert borussische Historiographie war Wilhelm sogar mehr als ein Intrigant, er war ein bösartiger, ein moralisch verwerflicher Mensch, ja – vom kleindeutschen Standpunkt aus gesehen – ein Vaterlandsverräter[1]. Fast meint man, es sei von einem ganz anderen Menschen die Rede als von dem nüchternen, praktischen, bei seinen Württembergen hochgeachteten, in Maßen sogar beliebten Regenten[2].

Schon zu seinen Lebzeiten wurde die deutsche Politik des Königs kaum verstanden, geschweige denn einigermaßen gerecht beurteilt. Ein kluger Beobachter wie Robert von Mohl setzte die Formel in die Welt, Wilhelm habe sich in jüngeren Jahren mit phantastischen Plänen und Hoffnungen getragen, sei aber später vernünftig geworden[3]. Diese Einschätzung teilten die württembergischen Historiker, die im Kaiserreich in die unangenehme Lage kamen, den noch gar nicht so lange verstorbenen Monarchen gegen die maßlosen Angriffe Treitschkes in Schutz nehmen zu müssen. Gut kleindeutsch gesonnene Bismarckverehrer, die sie waren, übernahmen sie sogar noch Treitschkes Vorwurf des machiavellistischen Verhaltens, machten aber gewissermaßen als mildernden Umstand geltend, Wilhelms Außenpolitik habe

[1] Noch schärfer als in seiner Deutschen Geschichte im neunzehnten Jahrhundert, in deren 3. Band Wilhelm herbe Kritik erfährt, urteilte Heinrich *von Treitschke* in seinem Essay über Karl August von Wangenheim, in: Historische und politische Aufsätze. Erster Band: Charaktere, 1886; der Vorwurf des Vaterlandsverrats ebd. S. 219 f.

[2] Das österreichische Gegenstück zu Treitschke lieferte Heinrich *Ritter von Srbik* in: Deutsche Einheit. Idee und Wirklichkeit vom Heiligen Reich bis Königgrätz, Bd. 3,1, 1942, zit. nach [2]1963, S. 188, mit seiner Charakteristik, Wilhelm sei „herzenskalt, mißtrauisch, undankbar und rücksichtslos, unaufrichtig und ein Meister des doppelten Spiels und der krummen Wege." Daneben sieht er freilich auch positive Eigenschaften des Königs.

[3] Robert *von Mohl*: Lebenserinnerungen 1799–1875, 1–2, 1902, hier: 2 S. 17. Mohl sieht bei Wilhelm nur dynastisches Interesse am Werk, im Gegensatz zu *nationaldeutscher Politik*.

ohnehin keinerlei Chance auf Verwirklichung gehabt[4]. Hier wird das moralische Verdikt immerhin auf die politische Ebene zurückgeführt.

Erst in neuerer Zeit wird die sogenannte „Triaspolitik" König Wilhelms, der Versuch, im Umfeld der beiden deutschen Großmächte einen eigenständigen dritten Weg zu finden, positiver bewertet, nämlich als eine aus ihrer Zeit heraus zu verstehende und auch verständliche, durchaus realistische Konzeption zur Ordnung der deutschen Dinge, als eine von mehreren deutschen Möglichkeiten vor der Gründung des Bismarckreiches[5]. Hier wird eine modernere Anschauungsweise wirksam: Betrachtet man die Geschichte als offenen Prozeß, beurteilt man sie nicht nur vom Ergebnis her, dann wird der Blick frei für die Vielschichtigkeit historischer Situationen. Das „Rankesche Postulat", die Forderung, daß der Historiker lediglich darstellen solle, „wie es eigentlich gewesen", wird dadurch nicht aufgehoben, sondern lediglich erweitert. Der Berliner Althistoriker Alexander *Demandt* hat in seinem Traktat über „Ungeschehene Geschichte" festgestellt: „Es ist nicht nötig, daß die ohnedies unumgänglichen Mutmaßungen über Ungeschehenes immer mit dem schlechten Gewissen des Unzulässigen und Unvertretbaren vorgebracht werden. Indem wir die jeweilige Vorgeschichte, die begleitende Realgeschichte und allgemeine Erfahrungsregeln heranziehen, kommen wir in vielen Fällen zu einsehbaren Wahrscheinlichkeitsannahmen"[6] und – so wird man hinzufügen dürfen – zu ausgewogenen Urteilen! Es geht – um das klar herauszustellen – nicht darum, jeden beliebigen Standpunkt gedanklich durchzuspielen, sondern darum, einer großen politischen Konzeption, die aus erheblichen Gründen nicht zum Zuge gekommen ist, Gerechtigkeit widerfahren zu lassen.

Die Konzeption

König Wilhelm hat außergewöhnlich lange regiert; seine Regierungszeit umfaßt so viele qualitativ bedeutsame Ereignisse und Entwicklungen, daß es in der Tat schwer fallen mußte, seine Außenpolitik unter einheitlichen Prinzipien zu sehen. Eine Periodisierung bietet sich an. David Friedrich *Strauß* unterschied in seiner

[4] Eugen *Schneider*: Württembergische Geschichte, 1896, ND 1986, S. 551. – Ein Brief Gustav Rümelins an Heinrich von Treitschke. Mitgeteilt von Eugen *Schneider*. In: Württembergische Vierteljahrshefte für Landesgeschichte 14 (1905) S. 64–70; Curt *Albrecht*: Die Triaspolitik des Frhr. K. Aug. v. Wangenheim (Darstellungen aus der Württembergischen Geschichte 14) 1914.

[5] Karl Georg *Faber*: Deutsche Geschichte im 19. Jahrhundert. Restauration und Revolution. Von 1815 bis 1851. Handbuch der Deutschen Geschichte 3/1, 2. Teil. 1979; Peter *Burg*: Die deutsche Trias in Idee und Wirklichkeit. Vom Alten Reich zum Deutschen Zollverein (Veröffentlichungen des Instituts für europäische Geschichte Mainz 136) 1989.

[6] Alexander *Demandt*: Ungeschehene Geschichte. Ein Traktat über die Frage: Was wäre geschehen, wenn...? [2]1986, S. 64. – Zustimmend Gerd *Tellenbach*: „Ungeschehene Geschichte" und ihre heuristische Funktion. In: Historische Zeitschrift 258 (1994) S. 297–316.

Lebensbeschreibung des Königs drei ungefähr gleich lange Abschnitte, und zwar nach dem jeweils maßgeblichen Mann der Innenpolitik: Ära Maucler, Ära Schlayer und Ära Linden[7].Die Einschnitte zwischen diesen werden dabei von der Julirevolution 1830 und der Revolution von 1848/49 markiert. Unter außenpolitischem Gesichtspunkt kann man – unter Vernachlässigung einiger weniger lange amtierender Minister – ebenfalls drei Phasen unterscheiden: Ära Wintzingerode (bis 1823), Ära Beroldingen (1823–1848), Ära Hügel (ab 1855)[8]. Besonderes Interesse verdienen vor allem die erste und die dritte Periode; die lange Zwischenzeit von 1823 bis 1848 ist die Amtszeit des Außenministers Joseph von Beroldingen, der Robert von Mohl zufolge *politisch eine völlige Null* war[9]. Auch Bernhard *Mann* spricht in seinem Beitrag im „Handbuch der baden-württembergischen Geschichte" nur für die Regierung König Friedrichs und analog für die erste Regierungsphase Wilhelms vom „Primat der Außenpolitik", dann wieder für die Zeit ab 1848[10]. Daraus folgt, daß gerade die Zeit, der diese Tagung gilt, außenpolitisch weniger hervortritt und daß dieser Beitrag infolgedessen einen weiteren zeitlichen Rahmen beanspruchen muß, als eigentlich dem Tagungsthema entspricht.

In der ersten Periode entstand die Konzeption der persönlichen Außenpolitik König Wilhelms, und zwar unter maßgeblicher Beteiligung von Königin Katharina. Ohne den Einfluß der Schwester des Zaren Alexander, ohne die besonderen Bindungen des württembergischen Königshauses an die Romanows ist der Anspruch, die deutschen, ja die europäischen Angelegenheiten mitzugestalten, gar nicht zu denken[11]. Es gab demzufolge stets einen Unterschied zwischen der offiziellen Politik des Königreichs und den persönlichen Ambitionen des Monarchen. In Württem-

---

7 David Friedrich *Strauß*: König Wilhelm von Württemberg 1864. In: Gesammelte Schriften, Bd. 1, 1876. – Paul Friedrich Theodor Eugen Freiherr von Maucler (1783–1859), 1818–1848 Justizminister (später Präsident des Geheimen Rates); Johannes (von) Schlayer (1792–1860), 1832–1848 Innen- und Kultusminister; Joseph Freiherr von Linden (1804–1895), Innenminister 1850–1864.

8 Heinrich Levin Graf von Wintzingerode (1778–1856); Joseph Graf von Beroldingen (1780–1868); Karl Eugen Freiherr von Hügel (1805–1870). – Wilhelm war im Grunde sein eigener Außenminister. *Hoffmann* unterscheidet die bloßen Handlanger (darunter Linden, der 1850/51 und 1854/55 das Außenamt bekleidete) von Männern wie Hügel, die den König „mit der äußersten Behutsamkeit wenigstens etwas zu leiten oder zu beeinflussen" verstanden. Hierzu wird man auch Wintzingerode rechnen dürfen. Konstantin von Neurath, Außenminister 1851 bis 1854, konnte sich schon seiner Eigenständigkeit wegen nicht halten. Vgl. Peter *Hoffmann*: Die diplomatischen Beziehungen zwischen Württemberg und Bayern im Krimkrieg und bis zum Beginn der Italienischen Krise (Veröffentlichungen der Kommission für geschichtliche Landeskunde in Baden Württemberg B 23) 1963. S. 18–24.

9 *Mohl* (wie Anm. 3) 2 S. 24. Beroldingen war der Schwager des *Vicekönigs* Maucler (Mohl ebd.).

10 Bernhard *Mann*: Württemberg 1800 bis 1866. In: Handbuch der baden-württembergischen Geschichte Bd. 3: Vom Ende des Alten Reiches bis zum Ende der Monarchien. 1992. S. 235–331, hier: 280, 293, 326.

11 Otto-Heinrich *Elias*: Bemerkungen zur Biographie Königin Katharinas von Württemberg. In: Aus südwestdeutscher Geschichte, Festschrift für Hans-Martin Maurer. 1994. S. 595–615; vgl. ferner Ders.: „Der alte Eisenkopf". König Wilhelm I. und sein außenpolitisches Konzept. In: Beiträge zur Landeskunde Nr. 6 (1985) S. 1–8, eine Vorstudie zu dem vorliegenden Beitrag. – Zu

bergs offizieller auswärtiger Politik, vor allem in der deutschen Politik, überwogen defensive Züge; ein wichtiges Motiv war die Furcht vor Bevormundung und Überfremdung. Beispiele dafür bieten die Zollvereinspolitik und die Verkehrspolitik, in denen Württemberg nach anfänglicher Initiative mehr reagierte als agierte: Württemberg hatte keine Industrien, die Märkte erobern mußten, es war eher Objekt auswärtiger Marktstrategien[12].

Ganz anders war die persönliche Perspektive des jungen Königspaares. Merkwürdigerweise nie zitiert wird die Beobachtung Varnhagen von Enses, damals preußischer Geschäftsträger in Karlsruhe, vom Januar 1818, *daß es dem Könige, und mehr noch seiner Gemahlin, eigentlich in Württemberg zu enge sei, daß sie das Land nur als den festen Grund betrachteten, von welchem aus zu weiteren Dingen zu gelangen*[13]. Varnhagens Bericht war das Ergebnis intensiver Besprechungen im Januar 1818 in Stuttgart, die zum Zweck hatten, ihn in württembergische Dienste zu ziehen, als Diplomat und sicher auch als Verfasser politischer Denkschriften. Varnhagen verzichtete damals und empfahl stattdessen einen guten Bekannten seiner Frau Rahel, den Kurländer Friedrich Ludwig Lindner, der dann nur wenig später die theoretische Grundlage der spezifisch wilhelminischen Außenpolitik ausformuliert hat.

Es war dem König und mehr noch seiner Gemahlin zu eng in Württemberg. Damit ist das Leitmotiv der wilhelminischen Außenpolitik angeschlagen, und es ist wesentlich, daß hier auch die Königin erwähnt wird. Es verhält sich sicher nicht so, daß Königin Katharina ihre sozialen Reformen sozusagen als Kompensation ausgeführt hätte, weil sie nach ihrer Heirat aus der Welt der großen Politik habe ausscheiden müssen[14], sondern die beispielhafte, sehr öffentlichkeitswirksame Lösung gravierender innenpolitischer Probleme war vielmehr die Voraussetzung und die Basis außenpolititscher Ambitionen. Das gilt auch für den Anteil des Königs am württembergischen Reformkurs, für die Verfassung, für die Pressefreiheit, für die Sanierung des Staatshaushalts. Innenpolitik und Außenpolitik erscheinen unter diesem Blickwinkel als zwei Seiten ein- und derselben Münze.

Welches waren nun also die Ziele der persönlichen Politik des königlichen Paares? Das waren

1. die Vergrößerung Württembergs durch Mediatisierung Badens und Hohenzollerns und, wenn möglich, der Erwerb des Elsaß;
2. die Neustrukturierung des Deutschen Bundes durch Schaffung größerer staatlicher Einheiten im Bereich des „Dritten Deutschland", also im nichtpreußischen

---

Wilhelm auch Karl-Johannes *Grauer*: Wilhelm I. König von Württemberg. Ein Bild seines Lebens und seiner Zeit. 1960.

[12] Willy A. *Boelcke*: Wirtschaftsgeschichte Baden-Württembergs von den Römern bis heute. 1987. S. 211 ff. und öfter.

[13] [Karl August] *Varnhagen von Ense*: Denkwürdigkeiten des eigenen Lebens. Die Karlsruher Jahre 1816–1819. Hg. von Hermann *Haering*. 1924. S. 119.

[14] Hans *Schumann*: Königin Katharina von Württemberg [1993]. S. 45.

und nichtösterreichischen Deutschland, sowie die Einrichtung eines Direktoriums aus nur wenigen, politisch aufgewerteten Bundesfürsten;

3. innerhalb dieses neu zu etablierenden Systems Vermehrung des Einflusses des württembergischen Monarchen als Bundesfeldherr, deutscher König oder gar Kaiser.

Diese drei Punkte ergänzen sich natürlich. Es handelt sich um das Konzept, das „dritte" oder „reine" Deutschland gegen die Vorherrschaft der beiden deutschen Großmächte zu organisieren – die sogenannte Triasidee –, und zwar unter württembergischer Führung. Dieses Konzept muß dem württembergischen Landeshistoriker, dessen Blick von der Innenpolitik geprägt wird, als schockierend, ja fast als unsinnig erscheinen: Zu groß ist der Unterschied zwischen den Ressourcen des kleinen Königreichs und der Weite des Anspruchs.

Begibt sich der Historiker nicht auf das Gebiet unsachgemäßer Spekulation, wenn er sich auf derartige Visionen einläßt? Er kann wohl gar nicht anders vorgehen, wenn er gerecht urteilen will. Der Verfasser folgt hier Alexander *Demandts* Feststellung: „Die Geschichtswissenschaft muß spekulieren, wenn sie sich um Verständnis bemüht; sie tut es, sobald sie Urteile fällt, sie kann es, indem sie Gründe findet; und sie darf es, weil jede Tatsache über sich hinausweist."[15] In diesem Sinne ist selbst die Frage: „Hätte König Wilhelm wirklich deutscher Kaiser werden können?" weder anstößig noch methodisch unzulässig.

Wilhelm war alles andere als ein Phantast, er hatte gute, nachvollziehbare Gründe für seine Sicht der Dinge. Es gibt historische Situationen, die den Zeitgenossen zukunftsoffener, möglichkeitsträchtiger erscheinen als andere. König Wilhelm hatte als Kind die Französische Revolution erlebt, als junger Mann die Napoleonischen Kriege. In weniger als drei Jahrzehnten hatten sich ungeheure Veränderungen vollzogen. Alles schien möglich geworden zu sein[16]. Für konservativ Gesonnene bildete der Wiener Kongreß den Abschluß dieser Epoche. Wir wissen, daß damals die deutschen Verhältnisse für Jahrzehnte festgeschrieben wurden. Die Zeitgenossen wußten das nicht. Im Gegenteil: die Wahrscheinlichkeit, daß die in Wien installierte Ordnung sehr bald wieder zusammenbrechen würde, durfte als sehr hoch angesetzt werden. In anonymen Flugschriften, die damals in der Umgebung des Königs entstanden und die von ihm selbst inspiriert waren, wurde eine zweite europäische Revolution und eine Phase der Bürgerkriege prophezeit. Ein zupackender Politiker, ein Mann mit Feldherrnerfahrung, heißt es weiter, wird auftreten und die deutschen Verhältnisse neu ordnen[17]. Das war natürlich pro domo geschrieben

---

[15] *Demandt* (wie Anm. 6) S. 15.

[16] Zur mentalitätsverändernden Wirkung der Französischen Revolution und des Auftretens Napoleons in den unterenn Schichten Werner K. *Blessing*: Umbruchkrise und ‚Verstörung'. Die ‚Napoleonische' Erschütterung und ihre sozialpsychologische Bedeutung (Bayern als Beispiel). In: Zeitschrift für bayerische Landesgeschichte 42 (1979) S. 75–106. Um wieviel stärker mußte sich der Blickwinkel der politisch maßgebenden Kreise verändert haben!

[17] Manuscript aus Süddeutschland. Hg. von George Erichson. London 1820. – Über die gegenwärtige Lage von Europa, ein Bericht Sr. H. dem Prinzen von … vorgelegt von Freiherr von X. Hg.

und wurde auch so verstanden. Die Mächte der Heiligen Allianz, gegen deren System diese Schriften gerichtet waren – unter Mißbrauch der Pressefreiheit, wie es sofort hieß –, haben scharf reagiert, wovon noch die Rede sein wird.

Aber war diese Sicht denn eigentlich so falsch? Europa hat noch in der ersten Jahrhunderthälfte drei Revolutionswellen erlebt: die erste von 1818 bis 1823, die durch Intervention der Kongreßmächte niedergeworfen wurde, die zweite 1830 in Frankreich und in Polen, und die dritte 1848/49. Diese dritte Revolutionswelle führte in Frankreich zu einer Restauration des Bonapartismus und in der Folge zu zwei bonapartistischen Revisionskriegen gegen Rußland und gegen Österreich, schließlich – sechs Jahre nach Wilhelms Tod – zum deutschen Einigungskrieg gegen Frankreich. Am Ende stand tatsächlich die Proklamation eines deutschen Kaiserreichs, aber es war der Preuße, der gekrönt wurde, nicht der Württemberger. Straßburg wurde tatsächlich eine deutsche Stadt, aber keine württembergische. Einer Phase des akzelerierten Geschichtsablaufs von 1789 bis 1815 folgten Jahrzehnte der retardierten Entwicklung, ehe die Verhältnisse wieder für zwei Jahrzehnte in Fluß gerieten. König Wilhelm hatte um 1820 vieles richtig vorhergesehen, aber er hat die Wellenbewegung der Geschichte, die Abfolge von Ebbe und Flut, falsch eingeschätzt.

Es ist weiterhin zu verweisen auf die dynastische Basis der Konzeption. Württemberg war ein kleines Land; es machte nach seiner Einwohnerzahl nur ein Einundzwanzigstel des Deutschen Bundes, innerhalb des „Dritten Deutschland" nur ein Neuntel aus. Bayern hätte eine viel bessere Voraussetzung gehabt, Führungsland des „Dritten Deutschland" zu werden. Aber diese Betrachtungsweise berücksichtigt nicht das Gewicht dynastischer Verbindungen. Württemberg war mit dem russischen Zarenhaus mehrfach verwandtschaftlich verbunden, und die Ehe Wilhelms mit der Zarenschwester Katharina war in besonderem Maße eine politische Ehe. Zwischen dem Zaren Alexander und Katharina bestand ein besonderes Vertrauensverhältnis. Wenn die Königin 1818 ganz offen davon sprach, sie rechne mit politischen Veränderungen in Deutschland zugunsten Württembergs[18], dann stand dahinter die Rückendeckung des Russischen Reiches. Als Katharina im Januar 1819 überraschend starb, änderte sich diese Voraussetzung sofort. Wir haben hier einen jener historischen Zufälle vor uns, die den Verlauf der Geschichte beeinflussen und deren Nichteintreten – nach Alexander *Demandt* – eine andere Entwicklung hätte bewirken können[19]. Rußland war immer – mehr oder weniger ausgeprägt – der „Pate" Württembergs; die Heiratsverbindung wurde später durch Karl und Olga wiederholt, aber die ursprünglichen Voraussetzungen hatten sich verändert.

---

von Carl Heinrich Kollmanner. Der Autor war in beiden Fällen Lindner. Vgl. Otto-Heinrich *Elias*: Das Bild des Kaisers. Literarischer und politischer Bonapartismus in Württemberg. In: Baden und Württemberg im Zeitalter Napoleons (Ausstellungskatalog). Bd. 2: Aufsätze. 1987. S. 717–741.

[18] Gegenüber Varnhagen (wie Anm. 13).

[19] „Die Frage nach unterbliebenen Ereignissen setzt uns auf die Fährte von gescheiterten Plänen, verschütteten Ansätzen, unerfüllten Hoffnungen. Selbst kleine und kleinste Einzelheiten werden interessant, wenn wir ihr Potential für die Zukunft bedenken." *Demandt* (wie Anm. 6) S. 17.

Daneben bestand die verwandtschaftliche Verbindung des württembergischen Königshauses mit den Napoleoniden, begründet durch die Ehe der Schwester König Wilhelms, die ebenfalls Katharina hieß,mit Napoleons Bruder Jerôme. Diese Verwandtschaft bedeutete jahrzehntelang mehr Belastung als Vorteil; trotzdem wurde sie unter der Hand gepflegt. König Wilhelm hielt einen erneuten Sturz der Bourbonen in Frankreich und eine Restauration der Dynastie Bonaparte jederzeit für möglich, denn er sah im Auftreten Napoleons, obwohl er ihn bekämpft und zu seinem Sturz beigetragen hatte, mehr als einen historischen Zufall. Offenbar hatte der Empereur die Zeichen der Zeit besser erkannt als die alten Dynastien, die ihre Throne auf nichts als ihr Erbrecht und ihr Gottesgnadentum gründeten. Der Zeitgeist selbst schien eine zusätzliche, säkulare Legitimation politischer Herrschaft einzufordern; den Trägern dieser Legitimation verhieß er einen Erfolg, der ans Wunderbare grenzte.

Man muß davon ausgehen, daß bei dem jungen Königspaar ein theoretisch begründetes Sendungsbewußtsein wirksam war. Katharina war eine ausgezeichnete Kennerin der Schriften Pestalozzis, viele ihrer sozialen Unternehmungen wirken wie direkte Umsetzungen pestalozzischer Gedanken. Derselbe Pestalozzi hatte 1815 auf Aufforderung des Zaren Alexander eine politische Denkschrift verfaßt, in der er eine Standortbestimmung der Gegenwart vornahm und die Lehren aus der Revolution und dem Auftreten Napoleons zog. Er entwarf darin das Bild eines modernen Fürsten, der in christlichem Geist den in der Zeit liegenden Auftrag erfüllt und die Funktion eines charismatischen Retters wahrnimmt. Da Napoleon an dieser Aufgabe gescheitert ist, kann er nur die negative Folie dieses Monarchentums neuer Art abgeben[20]. Die Übereinstimmungen mit den Stuttgarter Schriften Lindners sind evident, allerdings fügt Lindner die politische Analyse und die geopolitische Ausformung der Triasidee hinzu.

Es gab also eine weltanschauliche Begründung des außenpolitischen Konzepts. Nach Katharinas Tod, deren Theoriebedürfnis ganz sicher ausgeprägter war als das ihres Gatten, verblaßte dieser Ansatz, aber die praktisch-politischen Schlußfolgerungen blieben weiterhin wirksam. Der außenpolitischen Konzeption König Wilhelms lag demnach ein Weltbild zugrunde, das Karl *Popper* als „Historizismus" bezeichnet hat, nämlich die Auffassung, daß die geschichtliche Entwicklung berechenbaren Gesetzmäßigkeiten folgt und daß deshalb Analogieschlüsse von vergangenen Ereignissen auf die Gegenwart möglich sind: „Solche Ähnlichkeiten hat man beispielsweise zwischen Griechenland vor Alexander dem Großen und Süddeutschland vor Bismarck feststellen wollen."[21] Popper lehnt derartige Theoreme ab, sofern

---

[20] Johann Heinrich *Pestalozzi*: An die Unschuld, den Ernst und den Edelmuth meines Zeitalters und meines Vaterlandes. Ein Wort der Zeit. Iferten 1815. Sämtliche Werke, kritische Ausgabe Bd. 24A. Bearb. von Emanuel *Dejung*. Zürich 1977. Vgl. Adalbert *Rang*: Der politische Pestalozzi (Frankfurter Beiträge zur Soziologie Bd. 18) 1967. S. 141–158.

[21] Karl R. *Popper*: Das Elend des Historizismus. ⁵1979, S. 18. – Da Popper keine Quelle angibt, kann auch nicht behauptet werden, daß er sich hier auf die Stuttgarter Schriften Lindners bezieht.

sie naturwissenschaftliche Evidenz beanspruchen. Infolgedessen können nicht verwirklichte politische Konzeptionen auch nicht als falsifizierbar im Sinne der Popperschen Erkenntnistheorie gelten. Sie sind und bleiben virtuelle Geschichte.

Die Realität

König Wilhelm hat seine Ziele sein Leben lang beständig verfolgt. Da ist zunächst die Vorstellung, das Elsaß könne württembergisch werden. Schon als Chef eines Armeecorps im Feldzug 1814 erhoffte sich Wilhelm eine selbständige Herrschaft im Elsaß, auf dem Wiener Kongreß erst recht[22]. Hardenbergs Europaplan wollte Baden nach Norden verschieben und Kehl zur württembergischen Stadt machen, was den Zugang nach Straßburg eröffnet hätte[23]. Allerdings blieb Baden unversehrt, unter anderem wegen seiner nicht minder engen verwandtschaftlichen Verbindungen zum Zarenhaus. Das Elsaß hätte Wilhelm nur als Beute in einem weiteren siegreichen Krieg gegen Frankreich zufallen können. Daß er im Kriegsfall den Posten des Bundesfeldherrn beanspruchte, wurde bereits erwähnt[24]. Er hatte als einziger deutscher Fürst im Feldzug gegen Napoleon eine Truppe im Kampf geführt und dabei nach dem Urteil kompetenter Beobachter erhebliche militärische Fähigkeiten bewiesen. Einen Krieg gegen Frankreich hat Wilhelm immer für möglich gehalten, so in der Rhein- und Orientkrise von 1840. Als er 1855 mit Bismarck diese Option durchsprach, soll er gesagt haben: *Geben Sie uns Straßburg und wir werden einig sein auf alle Eventualitäten*[25]. Dafür hätte er sich vielleicht sogar mit einem preu-

Möglich wäre es. Der studierte Mediziner Lindner war jedenfalls „Holist" im Sinne Poppers und versuchte die Übertragung naturwissenschaftlicher Methoden auf die Politik. Er behauptet unter anderem, dem Auftreten „großer Männer" in Krisenzeiten liege eine quasi naturwissenschaftliche Gesetzmäßigkeit zugrunde. Seine Schrift „Über den Begriff des Organismus als allgemein herrschend in den drei Naturreichen, wie in der Geschichte und Politik", Stuttgart 1834, ist leider verschollen.

[22] *Schneider* (wie Anm.4) S. 469.

[23] Friedrich *Metz*: Ländergrenzen im Südwesten (Forschungen zur deutschen Landeskunde Bd. 60) 1951, S. 38, Karte 36a.

[24] Daß König Wilhelm mit dieser Funktion nicht nur militärische, sondern auch politische Hoffnungen verband, ergibt sich aus einer Expertise, die er sich 1831 von dem württembergischen Generalleutnant Bangold, einem seiner engsten Vertrauten, anfertigen ließ. Bangold hatte wie Lindner Medizin studiert und den Grad eines Dr. med. erworben, ehe er Offizier wurde. *Treitschke* sah in ihm den Typus des revolutionären Putschgenerals. – Die rechtlichen Kautelen der Bundeskriegsverfassung, so gutachtete Bangold, könnten natürlich keine Gültigkeit haben, wenn *ein gekröntes Haupt* Bundesfeldherr würde. Ein solcher Mann erwürbe sich leicht *die größten Ansprüche auf die Dankbarkeit und Zuneigung der deutschen Völker*; zudem seien für ihn Interessenkonflikte denkbar bei *einer durch den Gang der Ereignisse vielleicht nötig werdenden Veränderung in dem politischen Systeme*. Mit anderen Worten: Ein königlicher Bundesfeldherr könne möglicherweise für einen größeren politischen Bereich zuständig werden als nur für sein eigenes Königreich. HStASt Militärarchiv, Nachlaß Bangold.

[25] Reichstagsrede Bismarcks am 2. Mai 1871 (zit. nach Schwäbischer Merkur 6. Mai 1871). – In

ßisch dominierten Kleindeutschland abgefunden, aber als es dann so weit war, konnte sich sein Nachfolger den Eintritt ins Deutsche Reich nicht mehr so hoch abkaufen lassen. Das Elsaß wurde Reichsland. Ob sich die Elsässer unter württembergischer Herrschaft wohler gefühlt hätten, darf man bezweifeln, aber als Teil einer aus Württemberg, Baden und dem Elsaß zusammengefügten südwestdeutschen Reichsprovinz wäre die Integration vielleicht besser gelungen.

König Wilhelm hat sich aber stets auch die gegenteilige Option offen gehalten: die Rheinbundkonstellation. Sie war im Grunde immanenter Teil der Triaspolitik, denn das „Dritte Deutschland“ hatte seine politischen Wurzeln im Rheinbund. Im Frieden war Wilhelm zwar nicht Bundesfeldherr, aber immerhin Chef eines Armeecorps, dem die Armeen von Baden, Hessen-Darmstadt und Württemberg, nicht aber Bayerns, angehörten. Bei Manövern konnte er sich bereits als Befehlshaber eines alemannischen Kontingents fühlen. In der durch die Julirevolution und den Sturz der Bourbonen in Frankreich ausgelösten Krisensituation versuchte er dann, auch Bayern zu einem System der bewaffneten Neutralität unter seiner Führung zu gewinnen; dies hätte ihm die Möglichkeit einer selbständigen Politik zwischen den Fronten eröffnet[26]. Auch in der Orientkrise des Jahres 1840 hat Wilhelm den Bundesfeldherrnposten angestrebt. Im französisch-österreichischen Krieg 1859 hielt er die Neutralitätspolitik gegen die öffentliche Meinung Württembergs und die seines gesamten Ministeriums durch, hielt er Napoleon III. eine Art Rheinbundgenossenschaft, weil ihm in dieser Situation die Schwächung Österreichs ins politische Konzept paßte[27]. Er dachte eben nicht national[28], sondern in Kräftekonstellationen, nie ein-, sondern mehrdimensional, stets in Alternativen. Er war kein Prinzipienpolitiker, sondern „nur“ ein Pragmatiker, der sich die in der Zeit liegenden Strömungen zunutze machen wollte. Daß Wilhelm sich das „Dritte Deutschland“ sehr wohl auch als Mitglied einer gegen Frankreich gerichteten Koalition vorstellen konnte, ist bereits deutlich geworden.

Zentrale Bedeutung in Wilhelms politischem Denken hatte die B u n d e s r e -

---

den unmittelbar nach der Unterredung formulierten Berichten kommt der Satz nicht vor. Auch Wilhelms Ausspruch: *Das württembergische Hemd ist mir näher als der Rock des Bundes* hat Bismarck erst später zu Protokoll gegeben. Für das angeführte Zitat gelten dieselben Vorbehalte, wie sie *Hoffmann* (wie Anm. 8) S. 13 formuliert hat; der Sache nach könnten sie durchaus gefallen sein.

26 Einschlägige Quellen in: Gesandtschaftsberichte aus München 1814–1848. Bearb. von Anton *Chroust*. Abt. I–III, 1935–1951, unter anderem: III,2 S. 173 ff. Es gibt aber keine Hinweise darauf, daß er jemals ein Bündnis mit Frankreich gegen andere deutsche Staaten eingegangen wäre. Sein Ausspruch: *Ich bin lieber der Bundesgenosse Frankreichs als der Vasall Preußens*, der vor allem die kleindeutschen Historiker gegen ihn aufgebracht hat, bezeichnet wie viele seiner Äußerungen eine theoretische Position.

27 Peter *Hoffmann*: Die Politik Württembergs und Bayerns während des Italienischen Einheitskrieges 1859. In: ZWLG 29 (1970) S. 213–293.

28 Wenn Wilhelm sich in nationalem Sinn äußerte, geschah es aus taktischen Gründen. Der Begriff *reines Deutschland* (Deutschland ohne fremdstämmige Einwohner), der in Lindners Schriften eine Rolle spielt, ist nicht ethnisch zu verstehen, sondern politisch.

form. Im Deutschen Bund machten das Kaisertum Österreich und das Königtum Preußen nach der Einwohnerzahl zusammen mehr als die Hälfte aus. Der Gedanke, die 39 anderen Mittel- und Kleinstaaten oder Städte zu einem Interessenverband zusammenzuschließen, der dann als dritte Einheit größer als jede der beiden Vormächte gewesen wäre, ist seinerzeit von vielen Politikern erwogen worden und hat viele Gestalten angenommen. Im Grunde war die Triaskonzeption eine Variante des Gleichgewichtsgedankens. Die Pentarchie, das auf dem Wiener Kongreß etablierte System der fünf Großmächte, wäre dabei um eine sechste, westliche Großmacht erweitert worden. Das Mittel dazu sah Wilhelm in einer Wiederaufnahme der Napoleonischen Flurbereinigung, also in der Bildung von vier oder fünf größeren Mittelstaaten, deren Kristallisationskerne die bereits bestehenden Königreiche Bayern, Hannover, Sachsen und Württemberg bilden sollten. Ausformuliert wurde diese Konzeption im „Manuscript aus Süddeutschland", 1848 dann sehr viel kürzer und mit Variationen in einer Schrift eines seiner Vertrauten, des Generalleutnants Konrad Bangold, die an die Adresse der Paulskirche gerichtet war[29], zuletzt in seinem Politischen Testament[30].

In Bangolds Text ist das Anliegen des Königs klarer dargestellt als in den einer anderen politischen Situation entstammenden Schriften Lindners. Während es bei diesem lediglich sybillinisch heißt, in *den Stürmen der Zeit* werde man sich in Deutschland nicht mehr so viele kleine Höfe leisten können, die deutschen Fürsten täten gut daran, die *also vereinigten Fasces* einem Retter anzuvertrauen[31], läßt Bangold die Katze aus dem Sack: Es geht um die Depossedierung der meisten deutschen Fürsten und freien Städte. Der Deutsche Bund soll auf vierzehn Glieder reduziert werden, und zwar auf die sieben Königreiche Preußen, Österreich [!], Bayern, Schwaben, Hessen, Sachsen und Hannover, ferner auf die sechs Großherzogtümer Weimar, Coburg, Oldenburg, Mecklenburg, Holstein-Schleswig-Lauenburg und Luxemburg, schließlich auf die freie Stadt Frankfurt als den Sitz der Nationalversammlung. Das Königreich Schwaben besteht aus Württemberg, Baden und den beiden Hohenzollern; Baden hat schon wegen seiner *ganz zweckwidrigen, hektisch schwächlichen, unverhältnißmäßigen Längenausdehnung* den Untergang verdient[32]. Militärmacht steht nur den Königreichen zu, nicht aber den Großherzogtümern, die ohnehin *nur aus Gründen der äußeren Politik* verschont bleiben. Da sich die Denkschrift an die Nationalversammlung wendet, bedient sie sich ungeniert des Arguments der Volkssouveränität: *Streng genommen besteht das Regierungsrecht einer Dynastie nur so lange, als von Seiten des Volkes ein Bedürfnis, von derselben regiert zu werden, vorhanden ist.* Den abtretenden Fürsten bleibt außer

---

[29] Dr. Jos. Konr. *von Bangold*: Die materielle Begründung des Deutschen Bundesstaates durch die organische Gestaltung der Staatengebiete. 1848.

[30] HStASt Hausarchiv G 268 Bü 24; nachträglich datiert [1848], inhaltlichen Kriterien zufolge wohl von 1863.

[31] Manuscript aus Süddeutschland (wie Anm. 17) S. 261.

[32] *Bangold* (wie Anm. 29) S. 23 ff., das weitere S. 12, 27.

einer vom *frommen, treuen Biedersinn des deutschen Volkes* festzusetzenden Apanage der Dank des Vaterlandes: *Wer wie Marcus Curtius sich selbst zum Sühneopfer weiht, um das Vaterland von dem Untergang zu erretten, der wird gewiß in dem dankbaren Andenken der Mit- und Nachwelt ewig leben.*

Die Leitung dieses verschlankten Deutschen Bundes sollte in derartigen Plänen einem Direktorium der Könige zufallen, je nach den Umständen erweitert durch die Monarchen von Preußen und Österreich. Der König wollte auf eine Art Kurfürstenkollegium hinaus, an dem Preußen und Österreich für ihre deutschsprachigen Gebiete beteiligt werden konnten, aber nicht mußten. In diesem Kreis hätte ein Fürst mit der Feldherrnerfahrung und den guten internationalen Verbindungen König Wilhelms auch dann eine maßgebliche Rolle gespielt, wenn etwa Österreich der Ehrenvorsitz eingeräumt worden wäre. Wilhelm wollte also kein von Wien oder Berlin aus beherrschtes Deutschland, er wollte die Dezentralisierung der Macht, ein *konföderiertes Deutschland* mehrerer Länder, die er sich wenn nicht gleich groß, so doch wirtschaftlich und politisch ungefähr gleichgewichtig vorstellte. Sein Deutschlandkonzept war ein föderalistisches, es kam unseren heutigen Vorstellungen eines funktionierenden Bundesstaates ziemlich nahe[33].

Der erste Versuch, diese Vorstellungen umzusetzen, führte 1824 zur sogenannten „Demütigung Württembergs“, bei der die Großmächte einschließlich Frankreichs durch Abbruch der diplomatischen Beziehungen die Ablösung des württembergischen Bundestagsgesandten Wangenheim und des Außenministers Wintzingerode erzwangen[34]. Passiert war vorher eigentlich gar nichts, außer einigen anonymen Flugschriften und dem allerdings penetranten, gegen Österreich gerichteten Auftreten Wangenheims im Bundestag. Einen offiziellen württembergischen Antrag auf Bundesreform hat es damals nicht gegeben, allerdings die ziemlich offene Spekulation auf in Deutschland ausbrechende Unruhen.

Der zweite Anstoß war der Bangoldplan, wieder nur eine inoffizielle Denkschrift. König Wilhelm hat im Sommer 1848 in Frankfurt politische Gespräche mit dem Reichsverweser Erzherzog Johann und dem Präsidenten der Nationalversammlung Gagern geführt und dabei seine Vorstellungen über die Bundesreform vorgetragen[35]. Auf Antrag des württembergischen Ministers Römer hat die Nationalversammlung tatsächlich darüber beraten[36]. Der König hätte also keine Bedenken

---

33 Daß die heutige Anzahl und unterschiedliche Größe der Bundesländer auch nicht dem Idealzustand entspricht, ist communis opinio, aber – damals wie heute – aus Gründen der politischen Schwerkraft nicht zu ändern. Meinrad *Schaab* / *Gregor Richter*: Baden-Württemberg und der Föderalismus in der Bundesrepublik Deutschland (1949–1989). (Veröffentlichungen zur Verfassungsgeschichte von Baden-Württemberg seit 1945) Bd. 11. 1991, S. 39 (Diskussionsbeitrag des Staatssekretärs a. D. Prof. Dr. Ernst).

34 Alfons *Drexler*: Die Demütigung Württembergs durch die Großmächte. Diss. Masch. Wien 1927.

35 Veit *Valentin*: Geschichte der deutschen Revolution 1848–1849. Bd. 1–2. 1931, hier: 2 S. 298. – Über den Aufenthalt des Königs in Frankfurt gibt es eigenhändige Aufzeichnungen im Hausarchiv (HStASt G 268 Bü 24), die freilich, wie fast alles von Wilhelms Hand, kaum zu entziffern sind.

36 Ebd.

gehabt, die Verwirklichung seiner Konzeption einer Revolutionsregierung zu überlassen. Aber schon im Herbst 1848 betrieb er hinter dem Rücken seiner Minister mit den Königen von Preußen und Bayern den Plan, in der Nähe von Frankfurt unauffällig eine Armee von 40.000 Mann zusammenzuziehen, angeblich zum Schutze des Reichsverwesers, in Wahrheit aber, um unter seinem Kommando die Übernahme der Macht durch ein dreiköpfiges Fürstendirektorium einzuleiten[37]. Eine Bundesreform nach der Methode des 18. Brumaire gehörte eben auch zu König Wilhelms Optionen.

Andererseits hätte er gegen eine Wahl zum deutschen Kaiser gewiß nichts einzuwenden gehabt. Der russische Gesandte in Stuttgart, der spätere Kanzler Gortschakow, berichtete, Wilhelm sei im März 1848 drauf und dran gewesen, nach Frankfurt zu reisen, um sich dem Vorparlament als Kandidat zu präsentieren[38]. Als dann später die Wahl auf den Preußenkönig fiel, sprach er sich freilich gegen ein derartiges demokratisches Kaisertum aus, wohl auch deshalb, weil er selbst als Reichsoberhaupt nur zweite Wahl war[39]. Römer schrieb im April 1849: *Euer Majestät gelten unter den deutschen Fürsten als der einzige wahre Repräsentant der Idee der neuen Zeit [...]. Lehnt wider Erwarten der König von Preußen ab, so wird in der Nationalversammlung die Rede davon sein, Eure Majestät an die Spitze Deutschlands zu stellen*[40]. Als nur wenig später das Rumpfparlament nach Stuttgart flüchtete, spielte vage der Gedanke mit, Wilhelm zum Reichsstatthalter zu machen, aber der dachte natürlich gar nicht daran, sich an die Spitze einer untergehenden Sache zu stellen.

Wäre der König wirklich ein Politiker mit Charisma, ein „deutscher Bonaparte" gewesen, dann hätte er vielleicht, so oder so, auf den Schild gehoben oder im Staatsstreich, die deutsche Revolution zu einem überzeugenden Ende geführt. Beide Großmächte, Preußen und Österreich, hatten sich vor der deutschen Öffentlichkeit als unfähig kompromittiert; sie hätten in dieser Situation eine außergewöhnliche Lösung hinnehmen müssen, zumal wenn dieses Mal Zar Nikolaus dem Schwiegervater seiner Tochter die politische und militärische Rückendeckung nicht versagt hätte. Vielleicht hätte Wilhelm wirklich das Zeug nicht nur zum Militärdiktator, sondern auch zum deutschen Kaiser gehabt; daß er einer der klügsten unter den deutschen Bundesfürsten war, haben ihm ja selbst seine Gegner bescheinigt. Aber

---

[37] Mehrere Dokumente zu diesem Plan, über den König Wilhelm durch seinen Geheimagenten Klindworth mit dem preußischen König verhandelte, in: Revolutionsbriefe 1848. Ungedrucktes aus dem Nachlaß König Friedrich Wilhelms IV. von Preußen. Hg. von Karl *Haenchen*. 1930, S. 230–336.

[38] *Valentin* (wie Anm. 32) 1 S. 466. – Dieser Autor hat als einziger die in Rußland befindlichen Gesandtenberichte aus Stuttgart auswerten dürfen. Daraus ergeben sich zum Teil erhebliche Unterschiede zum sonstigen Wissensstand. Die Erschließung dieser Quellengattung sollte baldmöglichst wieder aufgenommen werden.

[39] Ebd. 2 S. 427.

[40] Ebd. 2 S. 496.

ihm fehlte letztlich das nötige Maß an Entschiedenheit und an Risikobereitschaft[41]. Er war eher der Typ des Rechners, nicht des Spielers, des Taktikers, nicht des Strategen.

König Wilhelm kann trotzdem als der eigentliche Gewinner der Revolution bezeichnet werden. Die Ereignisse von 1848/49 hatten die von der Heiligen Allianz geschaffene Kräftekonstellation endgültig zerstört, aber die deutsche Frage war nicht gelöst worden. Dem Württemberger war es erspart geblieben, einen Habsburger oder einen Hohenzollern als Reichsoberhaupt anerkennen zu müssen. Mehr und mehr zeichnete sich ab, daß der Antagonismus der beiden deutschen Vormächte nur gewaltsam aufzulösen war. Erst unter dieser Voraussetzung entfaltete der Triasgedanke seine volle Virulenz, freilich reduziert zu einer Strategie des Züngleins an der Waage. Erst jetzt konnte ein kleines Land wie Württemberg, gestützt auf seine internationalen Beziehungen, wirklich in die große Politik eingreifen.

Die letzte Regierungsphase König Wilhelms ist gekennzeichnet durch eine Politik wechselnder Bündnisse, die ihm den Vorwurf eines „Meisters der Falschheit" eingetragen hat. Sie war freilich politisch gesehen von großer Konsequenz. Man hat gesagt, Wilhelm habe es immer mit einem Stärkeren gehalten[42]. Man kann es noch genauer sagen: Er ging immer mit dem Zweitstärksten gegen den Stärksten. Seine Politik war die klassische Politik des Kleinen oder, wie man sich damals ausdrückte, des Mindermächtigen, aber jetzt mit veränderter Zielsetzung: War es nicht gelungen, Württemberg größer zu machen, so kam es nunmehr vorrangig darauf an, Österreich und Preußen zu schwächen. Das war s e i n Weg der Bundesreform.

Eine Station dieser Politik war 1850 die Bregenzer Übereinkunft mit Bayern und Österreich, auf der der König eigenhändig einen Feldzugsplan gegen Preußen skizzierte, welcher dann durch die Punktation von Olmütz hinfällig wurde. Mit einer Zangenbewegung sollten die vereinigten süddeutschen Heere Berlin umfassen und die zahlenmäßig überlegenen Preußen schlagen[43]. Eine weitere Station war 1857 die Entrevue von Stuttgart, das von König Wilhelm veranstaltete Treffen zwischen dem Zaren Alexander II. und Napoleon III. Hier wurden die Weichen gestellt für die Niederlage Österreichs bei Solferino. König Wilhelm trug, wie bereits erwähnt, durch Neutralität das seine dazu bei. Die Demütigung Österreichs

---

[41] Bezeichnend ist wohl seine Haltung gegenüber dem Stuttgarter „Märzministerium" Römer. Am 9. März äußerte er zu Gortschakow resigniert: *Je ne puis pas monter à cheval contre des idées*, und tags darauf: *Man kann wohl eine Stadt, nicht aber ein Land mit der Macht der Bajonette niederhalten.* Sechs Wochen später war die Stimmung umgeschlagen: *Härte ist nicht in meinem Charakter, aber heute muß ich zugeben, daß es im Interesse der Gesellschaft selbst ist, durch den Terror vor der Auflösung bewahrt zu werden.* Alles zur Mitteilung an den Zaren: *Valentin* 1 S. 352, 506.

[42] *Hoffmann* (wie Anm. 8) S. 127.

[43] HStASt Hausarchiv G 268 Bü 24: *Bregentz d. 11ten Oct. 1859, Unterredung mit dem König von Baiern.* [...] *Wenn es zum Krieg kommen sollte 2 Armeen mit 230,000 Mann, eine Ostarmee und eine Westarmee, die Preusen 250,000 Mann, Marsch auf Berlin, Strasen wie Baden.* [...]

paßte nicht nur in sein Konzept, sondern machte Wien erst wieder für ihn bündnisfähig – wiederum gegen Preußen.

An der Bundesreformbewegung der 50er und 60er Jahre, dem sogenannten Würzburger Bund, der mit dem Namen des sächsischen Ministers Beust verbunden ist, war König Wilhelm aktiv beteiligt, vor allem hinter den Kulissen. Ein preußischer Diplomat in Stuttgart hielt ihn für den eigentlichen Spiritus rector dieser wiederbelebten Triasbewegung[44]. 1863 wurde mit der Frankfurter Reformakte tatsächlich ein sechsstimmiges Bundesdirektorium als echte Exekutivgewalt geschaffen. Außer Österreich und Preußen (das der Reform nicht zustimmte) hatte nur Bayern volles Stimmrecht, Württemberg mußte sich mit Hannover und Sachsen in die vierte Stimme teilen. Das war nun gewiß nicht das, was Wilhelm für Württemberg angestrebt hatte, aber als strukturelle Reform des Deutschen Bundes war es der entscheidende Durchbruch. Der 82jährige Monarch konnte sich als Sieger fühlen. Es lag völlig in der Logik seiner Politik, Preußen durch Bundesexekution zur Annahme der Frankfurter Bundesreform zu zwingen und damit kleinzukriegen. Den preußischen Verfassungskonflikt deutete er als Zeichen des Niedergangs: *Bei einer kriegerischen oder revolutionären Verwicklung werde dann nach Meinung des Königs von Württemberg das isolierte und innerlich zersetzte Preußen genötigt sein, in den inzwischen entstandenen neuen deutschen Bund einzutreten und dessen Herrschaft anzuerkennen. Das werde das Aufgehen Preußens in Deutschland sein*[45]. Dieser Krieg fand 1866 statt, zwei Jahre nach dem Tod König Wilhelms, und endete mit einer Niederlage Österreichs und der mit ihm verbündeten süddeutschen Staaten. Die deutsche Trias war damit am Ende. Als spekulativer Kopf hatte der König bereits auch diesen Feldzug durchdacht, freilich unter der Voraussetzung, daß er auf der Seite der Sieger stünde. 1828, in einer preußenfreundlichen Phase, sagte er zu dem preußischen General Gerlach: *Wenn man Österreich angreift, muß man Böhmen anfassen, dann fällt die ganze Dekoration zusammen.*[46] Genauso ist es gekommen.

König Wilhelms außenpolitische Konzeption – und eine große Konzeption ist es gewesen, am Anfang sogar eine Vision – ist zwar unterlegen, aber sie war kein Irrtum. Gerade weil er nicht primär national dachte, sondern eher international, hat er womöglich die bessere nationale Politik gemacht[47]. Ein konföderiertes Deutschland, wie König Wilhelm es anstrebte, wäre gewiß ein kompliziertes und mit vielen Schwierigkeiten behaftetes Gebilde geworden; es hätte an Parteiungen aller Art gelitten und wäre Einmischungsversuchen der nichtdeutschen Großmächte ausgesetzt gewesen. Es hätte in vielen Punkten seiner Vorstufe, dem Deutschen Bund, geglichen, sich aber in anderen vorteilhaft von ihm unterschieden; der schwerstwie-

---

[44] Legationsrat von Zschock an Duncker, 12. April [1862]. In: Max *Duncker*: Politischer Briefwechsel aus seinem Nachlaß. Hg. von Johannes *Schultze* (Deutsche Geschichtsquellen des 19. Jahrhunderts Bd. 12) 1923, ND 1967, S. 328–332.

[45] Ebd. S. 332 Anm.

[46] Leopold *von Gerlach*: Denkwürdigkeiten 1–2, 1891–1892, hier: 1 S. 47.

[47] Vgl. Peter *Burgs* (wie Anm. 5) nachdenkliches Resümee S. 358.

gende Konstruktionsfehler des Bundes, die Präponderanz zweier Großmächte, wäre ja weitgehend behoben gewesen. Ein föderal organisiertes Deutschland wäre aber vielleicht nicht der Gefahr der außenpolitischen Selbstisolierung und der Versuchung eines militärischen Alleingangs erlegen, die das Deutsche Reich und das mit ihm verbündete Österreich-Ungarn in die Katastrophe des Ersten Weltkrieges geführt haben. Der Politiker Wilhelm von Württemberg (alias Bangold) konnte sich sehr wohl derartige Konstellationen vorstellen: *Es gehört keineswegs zu den Unmöglichkeiten, daß Deutschland vom Osten und von Westen her zugleich mit Krieg überzogen werde, und daß uns bei einem so ungleichen Kampfe die erforderlichen außerordentlichen Streitkräfte ermangeln, um uns des überlegenen umfassenden Angriffs zu erwehren. Dann könnte es geschehen, daß wir von beiden Seiten durch die Übermacht bis in die Mitte von Deutschland zusammengedrängt und genöthigt werden, die Finalentscheidung des Krieges auf den Würfelwurf einer Hauptschlacht zu setzen. Und wenn diese einen unglücklichen Ausgang hätte, dann bliebe dem deutschen Heerführer nichts anderes übrig als das Verzweiflungswort: „Finis Germaniae!"*[48]

Für Wilhelm kann cum grano salis gelten, was *Tellenbach* für Bismarck in Anspruch nimmt: „Daß es bei seiner Beweglichkeit und Erfindungsgabe zu einer Isolation des deutschen Reiches wie vor 1914 gekommen wäre, ist doch wohl ganz unwahrscheinlich."[49] Was schließlich den Vorwurf anbetrifft, ein „Meister der Falschheit" gewesen zu sein, muß man König Wilhelm durchaus in Schutz nehmen. Als Mindermächtiger im Spiel der Großen ging es ohne einen Schuß Machiavellismus eben nicht ab. Er konnte sich keine Konsequenz der Mittel leisten, gerade weil er in seinen Zielen konsequent war.

---

[48] *Bangold* (wie Anm. 29) S. 30f.
[49] *Tellenbach* (wie Anm. 6) S. 301.

Tendenzen industriellen Wachstums in Württemberg in der ersten Hälfte des 19. Jahrhunderts

Kritische Anmerkungen zum Forschungsstand

Von Gert Kollmer – v. Oheimb-Loup

I. Einleitung

Verstärkt hat die Wirtschaftsgeschichtsschreibung die Erkenntnis gewonnen, daß ein Fortschreiten der Forschung nur mit Hilfe regionaler Untersuchungen möglich ist[1]. Einzelne Studien haben gezeigt, daß die global für Deutschland getroffenen Feststellungen zu pauschal sind und erst durch intensive regionale Untersuchungen verifiziert werden können.

Zu beobachten ist jedoch, daß die Landesgeschichte mit einigen sensiblen wirtschaftshistorischen Schlüsselthemen sehr großzügig umgeht. Vage Vermutungen, das Beibehalten alter Klischees, die sich ohne Anwendung eines wirtschaftswissenschaftlichen Instrumentariums meist vor 1960 in die Landesgeschichte eingeschlichen haben, wurden und werden bis heute übernommen. Dazu gehört auch die Behauptung, Steinbeis sei der Schöpfer der württembergischen Industrie[2] oder Württemberg sei innerhalb der deutschen Staaten sehr spät industrialisiert worden, woraus auch gleich abgeleitet wird, daß der technische Fortschritt, wenn überhaupt, dann nur zögerlich Eingang fand[3].

Zentral ist dabei die Frage nach dem Beginn der industriellen Aufstiegsperiode in

---

1 Rainer *Fremdling*, Toni *Pierenkemper*, Richard H. *Tilly:* Regionale Differenzierung in Deutschland als Schwerpunkt wirtschaftshistorischer Forschung. In: Industrialisierung und Raum. Studien zur regionalen Differenzierung in Deutschland des 19. Jahrhunderts. Hg. v. Rainer *Fremdling*, Richard H. *Tilly* (Historisch-Sozialwissenschaftliche Forschungen 7) 1979. S. 9. Ferner Hubert *Kiesewetter:* Erklärungshypothesen zur regionalen Industrialisierung in Deutschland im 19. Jahrhundert. In: Vierteljahrschrift für Sozial- und Wirtschaftsgeschichte 67 (1980). S. 311. Hans *Pohl:* Einführung. In: Gewerbe- und Industrielandschaften vom Spätmittelalter bis ins 20. Jahrhundert. Hg. v. Hans *Pohl* (Vierteljahrschrift für Sozial- und Wirtschaftsgeschichte, Beiheft 78). 1986. S. 9.

2 Vgl. dazu z. B. Alfred *Dehlinger:* Württembergs Staatswesen in seiner geschichtlichen Entwicklung bis heute. Bd. 2. 1953. S. 664. Ferner Paul *Siebertz:* Ferdinand von Steinbeis. Ein Wegbereiter der Wirtschaft. 1952.

3 Klaus *Megerle:* Württemberg im Industrialisierungsprozeß Deutschlands. Ein Beitrag zur regionalen Differenzierung der Industrialisierung (Geschichte und Theorie der Politik. Unterreihe A: Geschichte, Bd. 7). 1982. S. 107.

Württemberg, die von vielen Autoren mit dem von Rostow in die Volkswirtschaftslehre eingeführten Terminus „take-off" beschrieben wird[4]. Der häufige und leichtfertige Umgang mit diesem Begriff hat eine ganz einfache Erklärung: er läßt viel Fachkompetenz vermuten. Dort, wo er Anwendung findet, wird der wirtschaftliche Aufschwung des Landes zwischen ca. 1855 bis 1875 festgelegt[5]. Für die moderne Volkswirtschaftslehre ist Industrialisierung, also der Übergang von der handarbeitsorientierten zur maschinenorientierten Tätigkeit, untrennbar mit wirtschaftlichem Wachstum verbunden. Ziel des Beitrags soll es sein, Determinanten industriellen Wachstums aufzuzeigen und zu untersuchen, um daraus einige Überlegungen zur Datierung des industriellen Wachstumsprozesses Württembergs abzuleiten.

II. Determinanten wirtschaftlichen Wachstums

Grundlegende Übereinstimmung innerhalb der Volkswirtschaftstheorie besteht in der Benennung entscheidender Determinanten wirtschaftlichen Wachstums wie Bevölkerungsvermehrung, Kapitalbildung und Investitionstätigkeit sowie technischer Fortschritt. Die führende deutsche Wirtschaftsgeschichtsschreibung weist darauf hin, daß Industrialisierung kein kurzfristiger Vorgang, sondern ein langwieriger Prozeß war, der vorindustrielle und industrielle Produktionsweise über Jahrzehnte parallel bestehen ließ[6]. Dabei macht sie auf zwei Voraussetzungen aufmerksam: Das politische Wollen der Industrialisierung, d.h. die Schaffung notwendiger wirtschaftspolitischer Rahmenbedingungen, und der Wille des Unternehmers, industrielle Produktions- und Organisationsmethoden zu übernehmen[7].

Eine vollständige Wachstumstheorie berührt zwei Problemkreise: die Untersuchung der Determinanten und der Einfluß dieser auf die abhängige Variable, das Volkseinkommen[8]. Im Zusammenhang mit industriellem Wachstum wird häufig

---

[4] Walt Whitmann *Rostow:* Studien wirtschaftlichen Wachstums. Eine Alternative zur marxistischen Entwicklungstheorie. 1960. S. 18ff.

[5] Vgl. dazu Dieter *Langewiesche:* Liberalismus und Demokratie in Württemberg zwischen Revolution und Reichsgründung (Beiträge zur Geschichte des Parlamentarismus und der politischen Parteien 52). 1974. Kapitel IV, Abschnitt 1. Wolf Rüdiger *Ott:* Grundlageninvestitionen in Württemberg. Maßnahmen zur Verbesserung der materiellen Infrastruktur in der Zeit vom Beginn des 19. Jahrhunderts bis zum Ende des Ersten Weltkrieges. Diss. Heidelberg 1971. S. 16f.

[6] Vgl. dazu Friedrich Wilhelm *Henning:* Die Industrialisierung in Deutschland 1800 bis 1914. [5]1979. S. 112. Ferner Hansjörg *Siegenthaler:* Industrielle Revolution. In: Handwörterbuch der Wirtschaftswissenschaft Bd. 4. 1978. S. 143ff. Dazu die stringente Darstellung Volker *Hentschels* zu Adolf M. *Birke*, Lothar *Kettenacker* (Hg.): Wettlauf in die Moderne. England und Deutschland seit der industriellen Revolution (Prinz-Albert-Studien 6). 1988. In: Vierteljahrschrift für Sozial- und Wirtschaftsgeschichte 77. Bd. (1990). Heft 4. S. 581ff.

[7] Vgl. Knut *Borchardt:* Grundriß der deutschen Wirtschaftsgeschichte. In: Kompendium der Volkswirtschaftslehre Bd. 1. Hg. v. Werner *Ehrlicher*, Ingeborg *Esenwein-Rothe*, Harald *Jürgensen* u.a. Bd. 1. 1967. S. 530.

[8] Vgl. Klaus *Rose:* Grundlagen der Wachstumstheorie. Eine Einführung. 1971. S. 12.

Rostow zitiert und diskutiert, der auch den Begriff des „take-off" prägte. Hinsichtlich des Wachstumsprozesses entwickelte er eine Stufentheorie. An erster Stelle steht die traditionelle Gesellschaft, der eine Volkswirtschaft ohne nennenswerte Investitionen entspricht. Die zweite Stufe nennt er Anlaufphase, bei der sich die Ständegesellschaft auflöst und zu einer erhöhten sozialen und wirtschaftlichen Mobilität führt. Die daran sich anschließende Aufstiegsperiode wird als take-off bezeichnet. Um sie zu kennzeichnen, nennt er drei Indikatoren:

1. Herausbildung führender Sektoren mit Wachstumsraten, so daß das Pro-Kopf-Volkseinkommen erhöht wird.
2. Die Zunahme der Nettoinvestitionen von 5% und weniger auf 10% und mehr des Nettosozialproduktes.
3. Die Schaffung eines politischen, sozialen und institutionellen Rahmens als Grundlage für kontinuierliches Wachstum.

Rostow verbindet diese drei Indikatoren mit einem Sprung von einem flachen zu einem steiler verlaufenden Wachstumspfad und bezeichnet dies als „take-off"[9].

Wirtschaftswissenschaftler wie Kuznet, Gerschenkorn und Mottek üben, gemessen an den Quellen und den daraus abzuleitenden Ergebnissen, Kritik an der Rostowschen Stufentheorie. Sie erkennen die Schwierigkeit, für diesen Zeitraum eine Sozialproduktschätzung durchzuführen, und räumen ein, daß die kritische Phase starken und langdauernden industriellen Aufschwungs durchaus von nur sehr bescheidener Erhöhung des Sozialproduktes je Einwohner begleitet sein konnte. Ihrer Meinung nach bringen die Schätzungen des gesamtwirtschaftlichen Wachstums die frühen Industrialisierungsprozesse zu wenig sensibel zum Ausdruck[10]. Da die Quellenlage keine auch nur annähernd gesicherte Schätzung zur Veränderung des Nettosozialproduktes in der ersten Hälfte des 19. Jahrhunderts zuläßt[11], beschränke ich mich deshalb auf die Betrachtung der Wachstumsdeterminanten, um damit einen Trend andeuten zu können.

Fassen wir zusammen: Industrieller Aufstieg läßt sich anhand folgender Determinanten erkennen:

1. Schaffung wirtschaftspolitischer Rahmenbedingungen,
2. Herausbildung einer Unternehmerschaft, die den komplexen Anforderungen zur Führung eines Industrieunternehmens entspricht,
3. Bevölkerungsvermehrung und das Entstehen einer lohnabhängigen Arbeiterschaft,
4. Verstärkte Kapitalbildung und Investitionstätigkeit,
5. Einsatz technischen Fortschritts im Produktionsprozeß.

---

[9] Vgl. *Rostow* (wie Anm. 4).

[10] Vgl. *Siegenthaler* (wie Anm. 6).

[11] Vgl. Hans *Loreth:* Das Wachstum der württembergischen Wirtschaft von 1818–1918 (Jahrbücher für Statistik und Landeskunde von Baden-Württemberg. 19. Jg. 1974. Heft 1). 1974. S. 75ff.

III. Überprüfung der Determinanten anhand der Industrialisierung Württembergs

1. *Die wirtschaftspolitischen Rahmenbedingungen*

Wie neueste Untersuchungen zeigen, setzte in den wichtigsten Industriebranchen Württembergs zwischen 1820 und 1827 eine Ausweitung bestehender Nachfrageeffekte durch die landwirtschaftliche Binnenkonjunktur ein. Dieser konjunkturelle Aufwärtstrend ging dem bayerisch-württembergischen Zollverein voraus und ist nicht, wie allgemein in der Landesgeschichte angenommen, ein Ergebnis des bayerisch-württembergischen Zollvereins[12].

Parallel zum Einsetzen dieses Aufwärtstrends sind mehrere wichtige wirtschaftspolitische Maßnahmen auf dem Gebiet des Außenhandels und der Zollpolitik hinzugekommen, die der aufkommenden Industrialisierung des Landes einen neuen wirtschaftspolitischen Rahmen schufen. Dazu gehörten[13]:

1. Das schweizerisch-württembergische Handelsabkommen vom Jahre 1826, das für den Export württembergischer landwirtschaftlicher wie gewerblicher Produkte von großer Wichtigkeit war. Immerhin gingen 40 Prozent des württembergischen Exports in die Schweiz. Der Vertrag räumte besonders günstige Zolltarife für beide Staaten ein, gerade in einer Zeitspanne, als die Zölle in den deutschen Staaten drastisch nach oben gingen.
2. Der allseits bekannte bayerisch-württembergische Zollverein, der den Markt nach Bayern öffnete und zugleich den württembergisch-schweizerischen Handelsvertrag nicht wesentlich veränderte.
3. Das Handels- und Zollabkommen mit dem preußisch-hessischen Zollverein von 1830, das eine zollfreie Verbindungsstraße zwischen Hessen-Darmstadt und Preußen vorsah. Dies war die erste zollbegünstigte geographische Verbindung zwischen Nord und Süd.
4. Der Beitritt Württembergs zum Deutschen Zollverein am 1. 1. 1834, der der heimischen Industrie einen bisher nicht gekannten großen Absatzmarkt zu einheitlichen Zollbedingungen verschaffte und die württembergischen Industrieunternehmer zwang, die bisherige lokale oder regionale Marktenge zu verlassen. Das heißt, daß die staatliche Wirtschaftspolitik die Unternehmerschaft zwang, neue Strategien zu entwickeln, und damit letztendlich einen neuen Typus von Unternehmer schuf.

Es ist bezeichnend für die württembergische Wirtschaftspolitik, daß mit den Zoll-

---

[12] Vgl. dazu demnächst: Gert *Kollmer-v. Oheimb-Loup:* Zollverein und Innovation. Die Reaktion württembergischer Textilindustrieller auf den Deutschen Zollverein 1834–1874. Kap. III.1. Klaus *Schafmeister:* Entstehung und Entwicklung des Systems der politischen Ökonomie bei Friedrich List. Theorie, Politik und Verlauf der wirtschaftlichen Entwicklung in Württemberg 1806–1823 und Pennsylvania 1806–1835. Masch. Diss. Hohenheim 1992. S. 115ff.

[13] Zum Nachfolgenden vgl. *Kollmer-v. Oheimb-Loup* (wie Anm. 12) Kap. III.

und Handelsabkommen mit der Schweiz und Bayern eine neue Gewerbeordnung und eine damit verbundene Lockerung des Zunftzwangs im Jahre 1828 einherging. Die Aufhebung der Zünfte für zunächst 13 Gewerbezweige sowie die Konzessionspflicht für Fabrikgründungen, die jedoch sehr locker gehandhabt wurde, zeigt zwar ein behutsames Vorgehen der Regierung. Aber dies signalisierte auch gleichzeitig die sich anbahnenden und auch von staatlicher Seite gewünschten ökonomisch-strukturellen Veränderungen. Der Staat eröffnete dem privatwirtschaftlichen Unternehmertum den Weg zur Entfaltung industriellen Engagements. Dem Gewerbe und Handwerk wurde vor Augen geführt, daß ein Umdenkungsprozeß auf neue und rationellere Produktionsformen eingeleitet werden mußte[14].

2. *Das Verhalten der Unternehmerschaft*[15]

Der neue Markt, verbunden mit neuen Wettbewerbsbedingungen, schuf die Unternehmung als wirtschaftliches Aktionszentrum mit der herausragenden Instanz des Unternehmers. Beides, staatliche Wirtschaftspolitik wie auch der Umgang mit konkurrierenden Unternehmen, bildete betriebswirtschaftliche Verhaltensweisen und Regeln heraus, wie sie modernem betriebswirtschaftlichem Denken zugrunde liegen. Aus eigener Initiative bei voller Übernahme des Risikos und der Verantwortung mußte der neue Unternehmertypus Innovationen durchführen, die nach Schumpeter als die Durchsetzung neuer Kombinationen wirtschaftlicher Möglichkeiten definiert wird[16]. Damit wird der Entrepreneur der vorindustriellen Zeit zum dynamischen Unternehmer der Industrialisierung, der neue Produktionsmethoden, die Einführung neuer Produkte und Qualitäten oder neue betriebliche Organisationsformen einsetzte und kombinierte. Dazu gehörte auch Ideensuche, Unternehmensanalyse sowie Forschung und Tests. Spätestens seit Beginn des Zollvereins setzte in den industriellen Unternehmen des Landes ein solcher dynamischer Prozeß ein, der sich stets weiterentwickelte. Am sichtbarsten wird dies beim Einsatz technischen Fortschritts im Zusammenhang mit Qualitäts-, Kosten- und Preispolitik der Unternehmen sowie neuer Absatzformen wie der Aufbau von Vertriebsorganisation und Preisabsprachen mit Konkurrenten. Seit den 1830er Jahren sind solche Maßnahmen anhand von unternehmensgeschichtlichen Quellen vermehrt festzustellen und bereits in den 1840er Jahren sind solche unternehmerischen Gestaltungsprozesse in vollem Gange. Als Beispiel für diese neue Unternehmergeneration seien einige Zitate erlaubt. So schrieben die Baumwollspinnereibesitzer Gebr. Hartmann aus Heidenheim im Jahre 1841: „... daß dieselben Geschäfte so wie bisher betrieben

[14] Ebd. Kap. I.1.

[15] Ebd. Kap. VI.

[16] Vgl. Josef Alois *Schumpeter:* Theorie der wirtschaftlichen Entwicklung. Eine Untersuchung über Unternehmergewinn, Kapital, Kredit, Zins und den Konjunkturzyklus. [6]1964. S. 88ff.

wurden, nicht in die Länge bestehen können und nöthigt uns, Mittel und wege zu ergreifen, wodurch die Erhaltung möglich und die Geschäfte zu einem besseren Ertrag gebracht werden können."[17] Ähnlich äußerte sich schon 10 Jahre zuvor Wollwarenfabrikant Johannes Merkel: „Übrigens hoffen wir konkurrieren zu können; wo nicht, so haben wir gleich andere Artikel, zum Beispiel Merinos, wo wir nur die Sachsen, die nicht im Zollverein sind, zu fürchten haben... und was wir in der Zukunft besonders poussieren werden, Strickgarn, das einen schönen Nutzen abwirft." Ferner vermerkte er: „Wie bisher kann es nicht mehr weitergehen, man muß hinaus und muß sich tüchtig regen."[18]

3. Bevölkerungsvermehrung und die Entstehung einer lohnabhängigen Arbeiterschaft

Wenden wir uns der Entwicklung der Bevölkerung und der lohnabhängigen Arbeiterschaft zu. Die Periode zwischen 1817 und 1847 war durch ein überdurchschnittliches Bevölkerungswachstum gekennzeichnet. Die mittlere Bevölkerung wuchs in diesem Zeitraum von 1388000 auf 1730000[19]. Die Anzahl der Beschäftigten in Fabriken – gemeint sind Betriebe mit mehr als 5 Arbeitnehmern – stieg von 9430 im Jahre 1832 auf 32333 im Jahre 1852[20], wobei ein Drittel dieser Steigerung bereits in den ersten vier Jahren zu verzeichnen ist. Dagegen stieg die Zahl der Fabrikarbeiter zwischen 1852 und 1861 nur um 7442 auf 39775. Im Jahresdurchschnitt gesehen nahm die Zahl der Fabrikbeschäftigten zwischen 1832 und 1852 um 0,5 Prozent, zwischen 1852 und 1875 um 0,4 Prozent zu. Die Anzahl der Fabriken wuchs von 324 im Jahre 1832 auf 1498 im Jahre 1852, während bis 1861 nur 186 neue Unternehmen hinzukamen[21].

Allein diese Zahlen deuten darauf hin, daß eine erste größere Industrialisierungswelle bereits zwischen 1830 und 1850 stattfand. Vor allem in den Städten ist infolge des starken Bevölkerungszuwachses eine hohe Überbesetzung vieler Handwerkszweige bereits seit den 1830er Jahren festzustellen. Als Ausweichmöglichkeit blieb die Auswanderung, die für die Mehrzahl allein schon wegen fehlender Geldmittel keine Alternative darstellte. Hier eröffnete die Möglichkeit zur Fabrikarbeit ein Unterkommen. Dies galt zunächst in ganz besonderem Maße für jugendliche Arbeiter, von denen in der Folgezeit die meisten nie mehr den Sprung in einen sozial

---

[17] Schreiben von Paul, Eduard und Carl Hartmann an ihre Eltern vom Jahre 1841, Wirtschaftsarchiv Baden-Württemberg B 46, Bü 113.

[18] Schreiben von Johannes Merkel an Christian Friedrich Schöllkopf in Ravensburg vom 1.2. 1831, Wirtschaftsarchiv Baden-Württemberg B 44, Bü 824.

[19] Vgl. *Loreth* (wie Anm. 11) S. 14.

[20] Vgl. *Megerle* (wie Anm. 3) S. 113.

[21] Ebd. S. 93ff.

höheren Beruf schafften und somit den Kern der männlichen Fabrikarbeiterschaft bildeten. Sie hatten auch nicht wie die erwachsenen und schon längere Zeit im Handwerk tätigen Handwerker die Angst eines möglichen Prestigeverlustes durch die Arbeit in der Fabrik. Die finanzielle Not der Handwerkerschaft nahm seit den 1830er Jahren so eklatant zu, daß in den Städten ausreichend Arbeitskräfte zur Verfügung standen, die bereit waren, eine Tätigkeit in der Fabrik zu übernehmen. Mit höherem Technologisierungsgrad der Industrie verstärkten sich die Rationalisierungseffekte und erforderten um so mehr niedrig bezahlte Arbeitskräfte wie Jugendliche, ungelernte Arbeiter sowie Frauen in den Fabriken. Dieses Arbeitskräftepotential war zunächst vor allem in den Handwerkerschichten der Städte vorhanden, die wenigstens als Nebenerwerb der Frauen, Kinder und Jugendlichen den verarmten Handwerkern zur Erhöhung des Familieneinkommens beitrugen. Darüber hinaus begann die Wanderung vom platten Lande in die Industrieorte seit den 1840er Jahren. Denn auch dort offenbarte die anhaltende Bevölkerungszunahme und die Realteilung die Existenzgrenze ländlicher Gebiete[22].

4. *Kapitalbildung und Investitionstätigkeit*

Zu den zentralen Fragen der Industrialisierung gehört die Frage nach der Herkunft des Investitionskapitals. Die Unternehmer hatten es bis in die 1870er Jahre hinein nicht immer leicht gehabt, sich das notwendige Kapital zu beschaffen. Eine nennenswerte staatliche Hilfe bestand im Verzicht auf Versteuerung der Unternehmensgewinne, was einer hohen staatlichen Industriesubvention gleichkam[23]. Was die Frage nach Bankkrediten betrifft, so muß grundsätzlich bedacht werden, daß bis zur Mitte des 19. Jahrhunderts kein ausgebildetes leistungsfähiges Bankensystem für den Bereich der Industriefinanzierung in Württemberg zur Verfügung stand[24].

---

[22] Vgl. dazu Toni *Pierenkemper:* Die Vermarktung von Arbeitskraft in Deutschland: Begriff, Tendenzen und Forschungsprobleme. In: Auswanderer – Wanderarbeiter – Gastarbeiter. Bevölkerung, Arbeitsmarkt und Wanderung in Deutschland seit der Mitte des 19. Jahrhunderts. Hg. v. Klaus J. *Bade*. 1984. S. 148 ff. Ferner Klaus J. *Bade:* Die deutsche überseeische Massenauswanderung im 19. und 20. Jahrhundert: Bestimmungsfaktoren und Entwicklungsbedingungen. In: Auswanderer – Wanderarbeiter – Gastarbeiter. Bevölkerung, Arbeitsmarkt und Wanderung in Deutschland seit der Mitte des 19. Jahrhunderts. Hg. v. Klaus J. *Bade*. 1984. S. 264 f. Ferner Peter *Borscheid:* Textilarbeiterschaft in der Industrialisierung. Soziale Lage und Mobilität in Württemberg (19. Jahrhundert) (Industrielle Welt 25). 1978. S. 229 ff. Wolfgang *von Hippel:* Auswanderung aus Südwestdeutschland. Studien zur württembergischen Auswanderung und Auswanderungspolitik im 18. und 19. Jahrhundert (Industrielle Welt 36). 1984. S. 148 ff.

[23] Vgl. dazu Der Einfluß des Staates auf die Wirtschaft gestern und heute. Eine Ausstellung der IHK Reutlingen im Rahmen des List-Jahres 1989.

[24] Vgl. Harald *Winkel:* Kapitalquellen und Industrialisierungsprozeß. In: Wege in die Welt. Die Industrie im deutschen Südwesten seit Ausgang des 18. Jahrhunderts. Hg. v. Otto *Borst:* 1989. S. 113 ff. *Ders.:* Kapitalquellen und Kapitalverwendung am Vorabend des industriellen Auf-

Trotzdem ist die Kreditvergabe von Privatbanken an die Industrie bisher zu wenig erforscht, um grundlegende Aussagen tätigen zu können[25]. Die seit den 1840er Jahren aufkommenden Sparkassen und Genossenschaftsbanken waren nicht in der Lage, den Investitionsforderungen der Industrie zu entsprechen[26]. Zur Kapitalbeschaffung boten sich folgende Möglichkeiten:

1. Bei Personengesellschaften
   a) durch Verwandte und Freunde
   b) durch erwirtschaftete Gewinne
   c) durch Privatbankenkredite
2. Bei Aktiengesellschaften durch Kapitalerhöhungen.

Die Untersuchungen über die Investitionsfinanzierung von württembergischen Personengesellschaften der Textilindustrie zeigen, daß mittel- und langfristiges Fremdkapital am Investitionsvolumen bei mehr als der Hälfte untersuchter Unternehmen unter 40 Prozent und in vielen Fällen nicht einmal 10 Prozent betrug[27]. Dies deutet sehr stark darauf hin, daß eine hohe Selbstfinanzierungsquote vorherrschte. Bei einer ohnehin dünnen Kapitaldecke der meisten Personengesellschaften zwischen 1830 und 1850 bedeutete dies auch, daß die Unternehmerschaft stark daran interessiert war, die privaten Entnahmen so niedrig wie möglich zu halten, um aus den erwirtschafteten Gewinnen Investitionsvorhaben so weit als möglich aus eigenen Mitteln bestreiten zu können[28]. Ein augenfälliger Beweis für dieses Unternehmerverhalten ist der erst nach 1860 in großzügiger Weise einsetzende Bau von Fabrikantenvillen[29].

Der Bankenbereich spielt dabei keine wesentliche Rolle. Wenn Fremdkapital in Anspruch genommen wurde, bestand dies, von Ausnahmen abgesehen, bei Perso-

---

schwungs in Deutschland. In: Schmollers Jahrbuch Bd. 90 (1970). S. 275 ff. Ferner *Loreth* (wie Anm. 11) S. 110.

[25] Vgl. dazu Gert *Kollmer:* Quellen zur Wirtschaftsgeschichte in Baden-Württemberg. Ein Überblick. In: Zeitschrift für Württembergische Landesgeschichte. 50. Jg. (1991).

[26] Vgl. dazu Josef *Wysocki:* Untersuchungen zur Wirtschafts- und Sozialgeschichte der deutschen Sparkassen im 19. Jahrhundert. 1980. S. 133. *Winkel* (wie Anm. 24) S. 112. Ernst *Klein:* Die Anfänge der Industrialisierung Württembergs in der ersten Hälfte des 19. Jahrhunderts. In: Akademie für Raumforschung und Landesplanung (Hg.): Raumordnung im 19. Jahrhundert. 2. Teil. 1967. S. 106.

[27] Vgl. dazu Gert *Kollmer:* Zur Rolle der Banken in der württembergischen Textilindustrie in der Zeit des Deutschen Kaiserreichs. In: Zeitschrift für Württembergische Landesgeschichte. 47. Jg. (1988). S. 416 und 429.

[28] *Ders.:* Die Finanzierung von Investitionen in der württembergischen Textilindustrie 1830–1919. In: Wirtschafts- und sozialgeschichtliche Forschungen und Probleme, Karl Erich Born zur Vollendung des 65. Lebensjahres zugeeignet von Kollegen, Freunden und Schülern. Hg. v. Hansjoachim *Henning*, Dieter *Lindenlaub* und Eckhard *Wandel*. 1987. S. 94.

[29] *Ders.:* Fabrikantenvillen in Esslingen. Ein Beitrag zur Esslinger Sozialgeschichte des 19. und frühen 20. Jahrhunderts. In: Varia historica. Beiträge zur Landeskunde und Geschichtsdidaktik (Rainer Jooß zum 50.). Hg. v. Gerhard *Hergenröder* und Eberhard *Sieber*. 1988. S. 207 ff.

nengesellschaften aus Krediten innerhalb eines größer gezogenen Verwandtschafts- und Bekanntschaftskreises[30].

Bei Aktiengesellschaften der Textilindustrie, die in dieser Phase der württembergischen Industrialisierung noch nicht die Bedeutung wie nach der Jahrhundertmitte spielten, wurde Kapital meist über Erhöhung des Grundkapitals, d.h. durch Aktionäre, beigebracht. Banken spielten dabei zunächst meist nur eine vermittelnde Rolle. Zudem wurden Investitionsvorhaben zu einem nicht unerheblichen Teil durch geschaffene Rücklagen finanziert[31].

Wie sich die Finanzierung in der Papier- und chemischen Industrie gestaltete, wurde bislang nicht erforscht, so daß wir hier keine Aussagen treffen können.

Unternehmerische Aktivität in Verbindung mit den neuen Märkten führte zu Unternehmensexpansion. Dies drückte sich verschieden aus: in der Erweiterung der Gebäude und im Ankauf von Maschinen mit fortschrittlicher Technik. Dabei sind Neuinvestitionen und Ersatzinvestitionen möglich. Wir wissen, wie z.B. bei den Firmen Blaubeurer Bleiche, Gebr. Hardtmann, Kolb und Schüle, Merkel und Wolf oder Otto gleich nach Gründung des Deutschen Zollvereins mit größeren Investitionsvorhaben begonnen wurde. Andere Firmen folgten nur wenige Jahre darauf nach, wie Meebold oder Neundörfer in Heidenheim. Eine Erhöhung der Investitionen in den 1830er und 1840er Jahren um mehrere hundert Prozent ist in der Textilbranche überall zu beobachten. Auch kleinere Firmen vergrößerten ihren Maschinenbestand, wie J.F. Adolff in Backnang. Dort wurde von 1832 auf 1833 der Wert des Maschinenbestandes um nahezu 1500 Prozent erhöht. Es ist zu beobachten, daß die Unternehmen sofort nach 1834 investierten[32]. Die 1830er und 1840er Jahre sind vor allem von Gründungen der Streichgarnspinnereien und Kammgarnspinnereien gekennzeichnet. Zwischen 1830 und 1849 wurden 35 Streichgarnspinnereien und zwei Kammgarnspinnereien gegründet[33].

Immerhin betrug die durchschnittliche Spindelzahl der Baumwollspinnereien gegen Ende der 1830er Jahre bereits über 30 Prozent von der zu Beginn der 1860er Jahre, und die Streichgarnspinnereien hatten bereits über 60 Prozent der Spindelzahl von 1860 erreicht[34].

Grundsätzlich sei angemerkt, daß die Investitionen der 1840er Jahre im gesamten Textilbereich zum größten Teil in der ersten Hälfte des Dezenniums getätigt wur-

---

30 Wie Anm. 28, S. 89.

31 Wie Anm. 27, S. 410. Ferner auch Vera Rosemarie *Bloemer:* Die Württembergische Cattunmanufaktur zu Heidenheim an der Brenz 1754–1966. Unternehmensstrategien in zwei Jahrhunderten. Diss. Heidelberg 1991. S. 273 und 284.

32 Vgl. *Kollmer-v. Oheimb-Loup* (wie Anm. 12) Tabelle A 21.

33 Vgl. ebd. Tabelle 20.

34 Vgl. dazu Johann *Mährlen:* Darstellung und Verarbeitung der Gespinste und die Papierfabrikation im Königreich Württemberg. Statistische Notizen im Auftrag der K. Centralstelle für Gewerbe und Handel. 1861. S. 105. Württembergische Jahrbücher für vaterländische Geschichte, Geographie, Statistik und Topographie. Jg. 1832, 2. Heft. S. 173ff. Vgl. *Kollmer-v. Oheimb-Loup* (wie Anm. 12) Tabelle 46.

den. Anhand von rund 20 Textilunternehmen läßt sich feststellen, daß sich die Erweiterungs- und Rationalisierungsinvestitionen zwischen den 1830er und 1840er Jahren verdoppelten, zwischen 1850 und 1860 verdreifachten[35].

Werfen wir noch einen kurzen Blick auf die in Württemberg nicht unwichtige Papier- und chemische Industrie: Von 14 mechanisch arbeitenden Papierfabriken im Jahre 1860 wurden sechs in den 1830er Jahren, zwei in den 1840er Jahren und nur vier in den 1850er Jahren gegründet. Die größten und leistungsfähigsten – Gebr. Rauch und Gustav Schaeuffelen in Heilbronn – entstanden sogar in den 1820er Jahren, gefolgt von Gründungen der 1830er Jahre im Filstal und in Pfullingen. Wie der Statistikprofessor Johannes Mährlen mitteilte, war die württembergische Papierfabrikation durch den Konkurrenzdruck aus Frankreich und Belgien wie auch aus den Zollvereinsstaaten Preußen, Sachsen und Bayern schnell vom Hand- zum Maschinenbetrieb übergegangen. Die 1840er Jahre führten dann zu einer starken Ausdehnung der vorhandenen Fabrikation durch leistungsfähige Maschinen, rationellere Produktionsabläufe und einer Optimierung der Antriebstechnik[36].

Völlig unerforscht sind die Investitionen in der chemischen Industrie. Mancher Quellenhinweis deutet darauf hin, daß dort früher oder zumindest gleichzeitig die Grundlagen für eine der leistungsfähigsten Industriebranchen gelegt wurden.

5. Einsatz technischen Fortschritts im Produktionsprozeß[37]

Die regionale Forschung macht den technischen Fortschritt in Württemberg meist mit der Einführung der Dampfmaschine fest[38]. Eine oberflächliche Betrachtung, wie bei genauerem Hinsehen deutlich wird. Der Einsatz der Dampfmaschine erfolgte zwar spät und zögerlich ab 1840, doch gibt es den Einsatz anderen technischen Fortschritts bis zur Jahrhundertmitte, der für die württembergische Wirtschaft viel bedeutender war. Zudem sei die grundsätzliche Anmerkung gemacht, daß nicht der Einsatz technischen Fortschritts allein auf eine Intensivierung der Industrialisierung hinweist. Dazu bedarf es einer anderen Komponente, nämlich des gezielten Einsatzes technischen Fortschritts aufgrund betriebswirtschaftlich-kalkulatorischer Überlegungen, die sich daran orientieren, ob es aus ertragswirtschaftlicher Sicht sinnvoll erscheint, Investitionen mit technischem Fortschritt zu tätigen. D.h. die Optimierung des Ertrags im Zusammenhang mit wettbewerbs- und absatzpolitischen Überlegungen bestimmten das unternehmerische Handeln. Dieses Faktum ist bereits in den 1830er Jahren festzustellen[39].

---

[35] Vgl. dazu *Kollmer-v. Oheimb-Loup* (wie Anm. 12) Unternehmensstatistischer Anhang.

[36] Vgl. *Mährlen* (wie Anm. 34) S. 215 ff.

[37] Zum Nachfolgenden: *Kollmer-v. Oheimb-Loup* (wie Anm. 12) Kap. V.1.3.

[38] Vgl. dazu z.B. *Megerle* (wie Anm. 3) S. 115.

[39] Vgl. *Kollmer-v. Oheimb-Loup* (wie Anm. 12) Kap. VI.1.

Die vorherrschende Antriebsenergie für alle Industriebranchen war die Wasserkraft. In den 1840er Jahren kamen immer mehr Wasserräder, die vorwiegend aus Metall gebaut waren, zum Einsatz. Neben ober-, mittel- und unterschlächtigen Wasserrädern kamen auch sogenannte Kropfräder in Gebrauch, die selbst mäßiges Gefälle immerhin zu 40 bis 50 Prozent ausnutzen konnten. Vereinzelt finden sich aber auch Wasserturbinen, der modernste Antrieb der Zeit – zumal erst in der zweiten Hälfte der 1830er Jahre in Frankreich und Deutschland Turbinenversuche liefen, die den Wassermotoren zu einem breiten Einsatz verhalfen.

In der Leitbranche Textil, insbesondere in den Spinnereien, fällt der häufige Einsatz von durch Wasserkraft angetriebenen Reinigungs-, Vorbereitungs- und Spinnmaschinen bereits in den 1840er Jahren auf. Aber auch fortschrittliche Webereien, wie z.B. Hartmann in Heidenheim, trieben bereits Anfang der 1830er Jahre ihre Webstühle mit Wasserkraft an.

Auffällig ist, daß die führenden Textilunternehmen nahezu ihren gesamten Maschinenpark in Belgien, Frankreich und aus dem Elsaß bezogen, womit von vornherein moderne und zugleich praxiserprobte Technik eingekauft wurde. Nur vereinzelt finden sich Schweizer oder englische Hersteller.

Ein Vergleich zwischen Schweizer und württembergischen Spinnereien in den 1820er und 1830er Jahren ist interessant: Bei den Reinigungs- und Vorbereitungsmaschinen bis zur Vorspinnmaschinentechnik ist kein nennenswerter technischer Unterschied zu erkennen. Nur im Endspinnprozeß wird sichtbar, daß sich einige wenige Schweizer Spinnereien bereits halbautomatischer Spinnmaschinen, sogenannter Halbselfactoren, bedienten, während in Württemberg die von Hand getriebene Mule-Jenny für das Feinspinnen und die durch Wasserkraft angetriebene Waterframe für Grobspinnprodukte eingesetzt wurden. Dies hängt aber wiederum damit zusammen, daß in Württemberg vor allem gröberes Garn produziert wurde, für dessen Herstellung die Waterframe die optimalste Maschine war.

Bei den Webereien ist in den 1830er Jahren beides zu finden: der mechanische Webstuhl und die Umrüstung älterer Webstühle mit Schnellschützen und Regulatoren, die, wie viele Unternehmer angaben, kostengünstiger produzierten. Der Einsatz mechanischer Maschinen bedeutete meist zugleich, daß auch die vor- und nachgeschalteten Maschinen mechanisch angetrieben werden mußten. In den 1830er und 1840er Jahren finden sich deutliche Verbesserungen am gesamten Maschinenpark, vor allem an den Reinigungs-, Wickel- und Vorspinnmaschinen. Aufhorchen läßt auch der Einsatz von Röhrenmaschinen in württembergischen Spinnereien, und zwar bereits Mitte der 1830er Jahre, die gegenüber den herkömmlichen Spinnmaschinen die drei- bis fünffache Garnmenge erzeugten. Dies erstaunt, bedenkt man, daß das System erst 1824 in Massachusetts patentiert wurde. Damit waren württembergische Spinnereiunternehmer einmal mehr aktiv am Diffusionsprozeß neuester Technologien, die eine hohe Praxisbezogenheit und Kostenersparnis aufwiesen, beteiligt, wie in den 1820er Jahren Meebold mit dem Einsatz der Spitzentüllmaschine, Hartmann, Springer und Zais mit der Einführung des mechanischen Webstuhls.

Es gibt sogar Anzeichen dafür, daß in den 1830er Jahren mechanisch angetriebene Jacquardmaschinen, die komplizierte Webmuster vollmechanisch herstellen konnten, vorhanden waren – ein erstaunlicher Befund, finden sich doch die ersten Versuche damit erst Anfang der 1820er Jahre in England.

In den 1840er Jahren wurde dann mit einer Zeitverzögerung von fünf bis zehn Jahren die halbautomatische Spinnmaschine auch in Württemberg eingeführt und fand schnelle Verbreitung. Ferner können wir in Württemberg den bahnbrechenden Einsatz von mechanisch arbeitenden Kämmaschinen durch die Kammgarnspinnerei Merkel und Wolf feststellen, die sich nach intensivem Umsehen auf dem Weltmarkt für die Kämmaschinen nach Collierschem System entschied.

Ergänzend sei noch angemerkt, daß in den 1840er Jahren der Dampfkessel sehr schnell Verbreitung fand. Der Dampf wurde im Produktionsprozeß verwendet, wie z.B. bei den Färbereien, der Textilveredelung und Waschvorgängen.

Als erste in Württemberg und zugleich in ganz Süddeutschland stellten die Gebr. Rauch 1824 in Heilbronn eine Endlospapiermaschine auf; die erste in Deutschland lief seit 1819[40]. Und in der 1830 gegründeten Papierfabrik von Gustav Schaeuffelen in Heilbronn kam die vom Heilbronner Mechaniker Widmann als erste in Deutschland gebaute Papiermaschine zum Einsatz[41]. Aber nicht nur in Heilbronn erfolgten im Papiersektor bedeutende Maschineninvestitionen. In den Inventaren der Filstaler Papierfabriken finden sich ebenfalls sehr frühe Hinweise auf technischen Fortschritt. So stellte z.B. Johann Christoph Schwarz 1834 eine Endlospapiermaschine vom Heilbronner Maschinenbauer Widmann in seiner Göppinger Fabrik auf. Und ein Jahr später installierte er ein Dampfkesselhaus, modernste Holländer, Glätt- und Zugreinigungsmaschinen sowie eine chemische Bleichanlage. Modern ausgestattet wurden auch die von Schwarz in Salach und Süßen sowie Eislingen. Eine ähnlich moderne technische Ausstattung besaß in den 1830er Jahren auch die Faurndauer Papierfabrik von Carl Beck Söhne[42]. Bereits 1833 hatten 15 Prozent der Papiermühlen auf Maschinenproduktion umgestellt[43].

Dies sind nur wenige herausgegriffene Beispiele aus der Papierbranche. Umfassende Untersuchungen über den Einsatz moderner Technik vor allem in der chemischen und metallverarbeitenden Industrie fehlen noch immer.

---

[40] Vgl. Bernd *Klagholz:* Die Industrialisierung der Stadt Heilbronn von den Anfängen bis zum Jahr 1914 (Kleine Schriftenreihe des Archivs der Stadt Heilbronn 17). 1986. S. 79ff.

[41] Ebd. S. 85.

[42] Vgl. dazu insbesondere Lore *Sporhan-Krempel:* Papier aus dem Filstal. Einst und heute. 1955. Insbesondere S. 38ff. und S. 53ff., 61 und 71f. Ferner Emil *Hofmann:* Die Industrialisierung des Oberamtsbezirkes Göppingen. 1910. S. 83f.

[43] Vgl. Willi A. *Boelcke:* Wirtschaftsgeschichte Baden-Württembergs von den Römern bis heute. 1987. S. 194.

IV. Fazit

Am Beginn stand die Frage nach der industriellen Aufstiegsperiode Württembergs. Dazu wurden eine Reihe von Determinanten beleuchtet. Die Ergebnisse lassen sich wie folgt thesenartig zusammenfassen:

1. Die Lockerung der Zunftschranken war zeitlich eingebunden in eine Reihe von Handels- und Zollabkommen, die den wirtschaftspolitischen Rahmen Württembergs völlig veränderten und die Industrie wie die gesamte Wirtschaft zwangen, sich zukünftig an diesen Vorgaben auszurichten.

2. In den 1830er Jahren und 1840er Jahren ist zu beobachten, daß sich eine Unternehmerschicht herausbildete, die die eben genannten wirtschaftspolitischen Vorgaben mit betriebswirtschaftlichen Methoden zu meistern versuchte. Die Einführung neuer Produkte, kalkulatorisches Abwägen anhand von Ertrags- und Absatzchancen sowie neue Produktions- und Vertriebsorganisationen kennzeichnen die Entwicklung.

3. Der Anteil der Fabrikbeschäftigten, gemessen an der Zahl aller Gewerbetreibenden, erhöhte sich zwischen 1830 und 1850 von 5 auf 15 Prozent. Der starke Bevölkerungszuwachs im gesamten Königreich Württemberg führte zu einer Überbesetzung des Handwerks und zwang diese soziale Schicht vor allem in den Städten, massiv schrumpfende Einkünfte durch Fabrikarbeit oder durch die Arbeit von Frauen, Jugendlichen und Kindern auszugleichen. Verstärkt wurde dieser Prozeß durch den zunehmenden Einsatz technischen Fortschritts, der Rationalisierungseffekte auslöste und in vielen Fällen Facharbeiter durch angelernte Arbeitskräfte ersetzte. Seit den 1840er Jahren begann zusätzlich ein Wanderungsprozeß vom Land in die Industriestandorte, als kleine landwirtschaftliche Nutzflächen und Nebenerwerb das Existenzminimum nicht mehr sichern konnten.

4. Wie die Leitbranche der Industrialisierung, die Textilindustrie, zeigt, erfolgte die Kapitalbildung in erster Linie durch erwirtschaftete Gewinne. Ein leistungsfähiges Kreditbankensystem zur Industriefinanzierung war noch nicht ausgebildet. Langfristiges Fremdkapital wurde auf dem Wege der Kreditfinanzierung durch Verwandte und Bekannte sowie in einigen wenigen Fällen auch durch Privatbanken aufgebracht. Die private Unternehmerschaft bevorzugte die Rechtsform der Personengesellschaft, so daß die Finanzierung durch Aktien im Beobachtungszeitraum eine sehr untergeordnete Rolle spielte. Staatliche Hilfe durch Nichtbesteuerung der Gewinne förderte die Kapitalbildung für Investitionen, die in der Textilindustrie nach Beitritt zum Deutschen Zollverein nachweislich anstiegen. Bereits gegen Ende der 1830er Jahre betrug die durchschnittliche Spindelzahl gegenüber Anfang der 1860er Jahre in der württembergischen Baumwollindustrie über 30 Prozent und in der Streichgarnspinnerei über 60 Prozent. Ein flüchtiger Blick auf die Papierindustrie zwischen 1820 bis 1840 zeigt denselben Trend.

5. Bei Untersuchungen über die Anwendung technischen Fortschritts zeigt sich in vielen württembergischen Industrieunternehmen bis 1850 der Einsatz modernster

Technik. Dies gilt zunächst für die gesamte Antriebsenergie und die Einführung mechanisch ablaufender Arbeitsprozesse. Hierbei spielen neueste Erkenntnisse über den Wasserbau und die Strömungstechnik eine große Rolle. Ferner ist in der Textilindustrie festzustellen, daß Württemberg Kontakte zu den fortschrittlichsten Märkten des europäischen Maschinenbaus hatte. Die Anwendung und der Einsatz hing jedoch stark von kaufmännischen Überlegungen ab. Ohne nähere Untersuchungen über andere Industriebranchen zu besitzen, deuten einige Daten in dieselbe Richtung.

Die Ausführungen sollten als Anmerkungen zu verstehen sein und Denkanstöße vermitteln. Die vorgestellten Determinanten vermitteln nicht den Eindruck, daß das industrielle Geschehen um die Jahrhundertmitte spontan entfesselt wurde. Die Hinweise für die Leitbranche Textil weisen in eine andere Richtung und zeigen, daß der Prozeß des sogenannten take-offs langsamer und früher begann und mindestens in die 1830er Jahre zurückreicht.

Wohltätigkeit und Sozialpolitik in Württemberg im frühen 19. Jahrhundert

Gründung und Anfänge des Württembergischen Wohltätigkeitsvereins

Von Wolfgang Schmierer

Eine nähere Betrachtung der vormärzlichen Verhältnisse Württembergs wäre ohne einen Blick auf die Bemühungen staatlicher Sozialpolitik in dieser Zeit sicherlich unvollständig. Hier sollen allerdings nicht allgemeine Ausführungen zu diesem Thema beigetragen werden. Willi A. Boelckes „Sozialgeschichte Baden-Württembergs 1800–1989“ und Wolfgang von Hippels „Wirtschafts- und Sozialgeschichte 1800–1918“ im neuen Handbuch der baden-württembergischen Geschichte[1] seien deshalb als jüngst erschienene materialreiche Werke zu diesem Problemkomplex genannt. Der folgende Beitrag soll sich auf eine knappe Darstellung der Gründung und Tätigkeit einer Einrichtung beschränken, mittels derer man im vormärzlichen Württemberg versuchte, mit staatlichen Mitteln die traditionelle Wohltätigkeit der Besitzenden und Wohlhabenden zugunsten der Armen und Habenichtse zu organisieren und auszuweiten: auf den 1817 gegründeten Württembergischen Wohltätigkeitsverein. Dessen umfangreiche Unterlagen wurden 1968 und 1976 der Staatlichen Archivverwaltung übergeben und sind heute im Staatsarchiv Ludwigsburg verwahrt, wo sie 1977–1983 mit Hilfe der Deutschen Forschungsgemeinschaft erschlossen und 1983 in einem gedruckten Inventar[2] der wissenschaftlichen Benutzung zugänglich gemacht wurden. Schon 1967 hat Gerhard Ihme in den „Blättern der Wohlfahrtspflege“ eine Darstellung der Geschichte des Vereins bis in das 20. Jahrhundert veröffentlicht[3], die auf einer ersten Auswertung dieser Unterlagen beruhte.

---

1 Willi A. *Boelcke*: Sozialgeschichte Baden-Württembergs 1800–1989, Stuttgart 1989; Wolfgang *von Hippel*: Wirtschafts- und Sozialgeschichte 1800–1918. In: Handbuch der baden-württembergischen Geschichte, Bd. 3, Stuttgart 1992, S. 477–784.

2 Akten zur Wohltätigkeits- und Sozialpolitik Württembergs im 19. und 20. Jahrhundert. Inventar der Bestände der Zentralleitung des Wohltätigkeitsvereins und verbundener Wohlfahrtseinrichtungen im Staatsarchiv Ludwigsburg. Bearb. von Wolfgang *Schmierer*, Karl *Hofer* und Regina *Schneider* nach Titelaufnahmen von Hans-Ewald *Keßler*. Stuttgart 1983 (Veröffentlichungen der Staatlichen Archivverwaltung Baden-Württemberg, Bd. 42) – künftig zitiert: Inventar.

3 Gerhard *Ihme*: Von der Zentralleitung des Wohltätigkeitsvereins zum Landeswohlfahrtswerk für Baden-Württemberg. In: Blätter der Wohlfahrtspflege 1/2, 1967, S. 28–66.

Der württembergische Wohltätigkeitsverein entstand angesichts der akuten Notlage um die Jahreswende 1816/1817. Dem von den Kriegen der napoleonischen Zeit geschwächten Land drohte damals infolge einer weithin verheerend schlecht ausgefallenen Ernte eine allgemeine Lebensmittelteuerung, die sich für die minderbemittelte Bevölkerung und insbesondere die Armen zu einer schweren Hungersnot auszuweiten drohte. In dieser Situation übernahm die energische junge Königin Katharina – natürlich im Einvernehmen mit ihrem Mann – das sozialpolitische Krisenmanagement. Da König Wilhelm I. die Königswürde erst wenige Wochen zuvor von seinem Vater, König Friedrich, übernommen hatte (30. Oktober 1816), stellte die Bewältigung der plötzlichen Notlage zweifellos für das neue Königspaar eine Bewährungsprobe besonderer Art dar.

Königin Katharina[4] war 1788 geboren als Enkelin der russischen Zarin Katharina der Großen. Sie war Tochter des 1801 ermordeten Zaren Paul I. und seiner Ehefrau Maria Feodorowna (einer württembergischen Prinzessin), Schwester des seit 1801 regierenden Zaren Alexander I. und Cousine ersten Grades von König Wilhelm I., denn ihre Mutter und dessen Vater waren Geschwister. 1809–1812 war sie mit einem anderen Vetter, Prinz Georg von Oldenburg, verheiratet gewesen, von dem sie zwei Söhne hatte. Nachdem Prinz Georg als Generalgouverneur von Twer nach dem Abwehrkampf gegen die französische Grande Armée 1812 an Typhus gestorben war, hatte Katharina als glühende Gegnerin Napoleons seit 1813 Westeuropa bereist, den Endkampf der verbündeten Mächte gegen diesen beobachtet und im übrigen ihre Kenntnisse von Ländern und Leuten vervollständigt. Sie war also eine zwar noch junge, aber doch lebenserfahrene, gebildete und zweifellos auch ehrgeizige Königin, die gerne eine aktive Rolle bei der Gestaltung der politisch-gesellschaftlichen Verhältnisse Württembergs übernahm[5]. Vielleicht darf man die heutige Rolle der Präsidentengattin Hillary Clinton in den USA mit Königin Katharinas Rolle für Württemberg im frühen 19. Jahrhundert vergleichen: Wie diese übernahm Katharina als Ehefrau des legitimierten Machtträgers die eigenständige, im staatlichen Machtgeflecht nicht vorgesehene Aufgabe, sozialpolitische Reformen voranzutreiben, und erwarb damit hohes Ansehen in der Bevölkerung[6].

Es ist sicher bezeichnend für das Selbstbewußtsein von Königin Katharina und für ihre davon geprägte Auffassung von der Rolle der Frau in der Gesellschaft, daß sie zunächst die Absicht verfolgte, einen Frauenverein als Träger einer neuen, staatlich bestimmten Sozialpolitik zu gründen: er sollte unter einer in Stuttgart zu errichten-

---

[4] Sonja *Hosseinzadeh*: Ein württembergisches „Tadsch Mahal", in: Stuttgart für Frauen, Stuttgart 1992, S. 54–64; Wolfgang *Schmierer*: Königin Katharina von Württemberg (1816–1819), in: Frauen im deutschen Südwesten, Stuttgart 1993, S. 157–162; Ausstellungskatalog: Catharina Pawlowna – Königin von Württemberg 1816–1819 – Einflüsse Leben Leistungen. Universität Hohenheim 1993.

[5] Vgl. Hansmartin *Decker-Hauff*: Katharina von Rußland – Königin von Württemberg und ihr Hospital, Stuttgart 1980.

[6] Vgl. Stuttgarter Zeitung 17. 9. 93 S. 5; DER SPIEGEL 40/1993, S. 169 f.; Sonja *Kochius*: Hillary Clinton – Die mächtigste Frau der Welt, 1993.

den Zentralleitung Bezirksleitungen in den 63 Oberämtern und Lokalleitungen in jeder Gemeinde des Landes erhalten und die Bestellung von Armenärzten, Anschaffung von Kleidungsstücken, Lebensmitteln, Brennmaterialien, Austeilung von Hilfsgeldern für Arme, aber auch die Einrichtung eines Witwenhauses, Arbeitshauses und einer Winzerversicherungskasse übernehmen. Diese Vorstellungen, Ende 1816 schriftlich ausgearbeitet und einer Reihe von in der damaligen Armenfürsorge erfahrenen Persönlichkeiten zur Begutachtung vorgelegt, fand allerdings noch nicht ungeteilte Zustimmung. Mehrere Verbesserungsvorschläge wurden gemacht, vor allem aber die Beschränkung der Vereinszugehörigkeit auf Frauen abgelehnt[7], was die Königin offenbar akzeptieren mußte, um die Durchführung ihrer Pläne nicht zu gefährden. Am 29. Dezember 1816 berief Katharina in das Alte Schloß eine Gründungsversammlung ein, bei der die Errichtung eines landesweit zuständigen Wohltätigkeitsvereins beschlossen und die Mitglieder der Zentralleitung desselben von ihr bestimmt wurden[8]. Es waren Frauen *und* Männer: unter den ersteren Damen der Hofgesellschaft (v. Seckendorf, v. Schenk, v. Neurath, v. Zeppelin) und des Stuttgarter Bürgertums, unter den letzteren vor allem hochrangige Staatsbeamte wie Geheimrat v. Hartmann (auf den weiter unten zurückzukommen sein wird), Präsident v. Georgii und Hofkammerdirektor v. Kohlhaas sowie einige Vertreter der Stuttgarter Wirtschaft (Verleger v. Cotta, Kaufmann Federer, Kaufmann Lotter u. a.).

Armenpflege mußte im frühen 19. Jahrhundert in Württemberg nicht neu erfunden werden. Es gab sie auf lokaler Ebene schon seit dem Mittelalter, im Herzogtum war sie seit der ersten Kastenordnung Herzog Ulrichs von 1536 Aufgabe der Armenfonds in den Gemeinden und der frommen Stiftungen[9]. Es sollte daher auch nicht Aufgabe des neugegründeten Vereins sein, „an die Stelle der bisherigen Behörden in Armensachen zu treten, und die Versorgung der Armen ganz zu übernehmen. Man war vielmehr nur der Ansicht, daß die Armuth nicht gehörig berathen sey, wenn die Sorge für dieselbe bloß einzelnen Stiftungs-Verwaltern und Heiligenpflegern, oder den (...) Kirchen-Konventen (...) übertragen bliebe. Durch den Wohlthätigkeits-Verein sollte nur die Hülfe und Aufsicht vervielfacht, (...) die Lücken der öffentlichen Armen-Versorgungs-Anstalten möglichst ergänzt, (...) die Triebfedern der freywilligen Wohlthätigkeit in Bewegung gesetzt werden“[10]. In Stuttgart bestand schon seit 1805 die Privatgesellschaft freiwilliger Armenfreunde, auf deren Erfahrungen zurückgegriffen werden konnte[11]. In ihr war u. a. der Kaufmann Heinrich Lotter führend tätig, den Königin Katharina auch für die Zentralleitung des Wohltätigkeitsvereins gewinnen konnte.

Gründung und Zweck des Vereins wurden mit einem Schreiben der Zentrallei-

[7] *Ihme* (wie Anm. 3), S. 30.
[8] Protokoll der Zentralleitung 1816/17 (StAL, E 191, Bü 21)
[9] Alfred *Dehlinger*: Württembergs Staatswesen, Bd. 2, Stuttgart 1951, S. 354.
[10] Rechenschaft der Central-Leitung des Wohlthätigkeits-Vereins (...) 1817 bis 1841, S. 10 (StAL, E 191, Bü 18).
[11] Inventar, S. 355.

tung an die Landvogteien, Dekanate und Oberämter vom 6. Januar 1817 im Schwäbischen Merkur vom 13. Januar öffentlich bekanntgemacht[12]. In diesem bislang, soweit ich sehe, nicht beachteten Gründungsaufruf war einleitend ausgeführt:

„Die schweren Lasten des Kriegs, mißrathene Erndten und schlechte WeinJahre, welche so viele Familien ins Unglück stürtzten, haben in mancher theilnehmenden Seele den Wunsch erregt, auch in Württemberg Vereine zu bilden, um der Wohlthätigkeit der Einzelnen eine Richtung zu geben, wodurch das Elend nicht nur für den Augenblick erleichtert, sondern künftig, wo möglich, in seinen ersten Keimen unterdrückt werde. (...) Nachdem (...) der Wohlstand durch mancherlei Kriegs-Drangsale und durch ein gänzliches MißJahr so sehr geschwächt wurde, muß der Not nun um so wirksamer gesteuert und die ArmenHülfe möglichst vervielfacht werden."

Die Kernaussage, die ja nun allerdings eine bis heute ungelöste Daueraufgabe beschrieb, war hierin zweifellos der Satz, daß es gelte, „das Elend (...) in seinen ersten Keimen" zu unterdrücken; sie zeigt, daß der Wohltätigkeitsverein von Anfang an als Dauereinrichtung konzipiert war und nicht nur zur Bewältigung der akuten Notlage des Jahres 1817.

In dem Gründungsschreiben wird auch bereits die Organisation des Vereins festgelegt, der sich in Lokalleitungen, Oberamtsleitungen und die Zentralleitung gliedern soll. Die *Lokalleitungen* werden aus den „geistlichen und weltlichen Ortsvorstehern" – also Pfarrern und Schultheißen –, „einzelnen ArmenFreunden und erfahrnen sorglichen HausFrauen" zusammengesetzt und mit den Kirchenkonventen verbunden. Sie sollen die Arbeit lokaler Wohltätigkeitsvereine koordinieren, „die Kinder und Erwachsenen zu Beschäftigungen ermuntern" und für die Beschaffung von Nahrungsmitteln, Kleidung, Betten, Brennmaterial, Schulbüchern „und jede andere Unterstützung der Bedürftigen" sorgen, insbesondere „zur Linderung der bittersten Not" Suppenanstalten errichten. Darüberhinaus haben sie die Oberamtsleitungen über die örtlichen Probleme zu informieren und Verbesserungsvorschläge zu machen. Den *Oberamtsleitungen* müssen der Oberamtmann, der Dekan oder erste Geistliche, der Oberamtsarzt, die „wesentlichsten Mitglieder" der Kirchenkonvente, die Stiftungs- und Amtspfleger „und andere männliche und weibliche Armenfreunde" angehören. Sie haben sich „die nöthigen Kenntnisse über das ganze ArmenWesen des OberAmts zu erwerben", die Lokalleitungen zu unterstützen und anzuleiten, „Arbeit- und IndustrieAnstalten" für das ganze Oberamt einzurichten und zu beaufsichtigen und schließlich der Zentralleitung zu berichten und deren „Rath und Anweisungen" einzuholen. Der *Zentralleitung* schließlich wird zur Aufgabe gemacht, sich „eine Übersicht des ArmenWesens des ganzen Staats" zu verschaffen, „allgemeine GrundSäze in Absicht auf ArmenVerpflegung und ArmenBeschäftigung zu verbreiten" und „bei den betreffenden Stellen die dringenden Bedürfnisse" zu unterstützen, „welchen ohne höhere Einwirkung nicht zu begegnen wäre."

Der Verein wurde also dreistufig organisiert und in den beiden unteren Ebenen im

---

12 Schwäbischer Merkur 13.1.1817 S. 21 ff.

wesentlichen auf die vorhandenen staatlichen und staatskirchlichen Verwaltungsbehörden und ihr beamtetes Personal gestützt, wobei allerdings auffällt, daß die regionale Verwaltungsebene – Landvogtei bzw. Kreis – ausgespart blieb. Sehr bemerkenswert ist auch der Wandel der ursprünglichen Idee: statt des zunächst doch nur auf Privatinitiative angewiesenen Konzepts eines Frauenvereins wurde nun die Organisation primär auf die staatlich-kirchliche Verwaltung ausgerichtet und die „privaten Armenfreunde" und „sorglichen Hausfrauen" sind nur noch als Verstärkung beigegeben. Die ganze Organisation bekam damit einen amtlichen Charakter.

Dieser amtliche Charakter wurde noch zusätzlich verstärkt durch die deutliche Betonung, daß die Königin selbst den Vorsitz der Zentralleitung übernommen habe: „Welche Anstände auch noch der Ausführung dieses wohltätigen Planes scheinbar im Wege stehen könnten, sie werden alle verschwinden, wenn wir hierdurch bekannt machen, daß unsere Königin mit einem kräftigen Willen an der Spitze des CentralVereins steht, und die Stifterin des ganzen Instituts ist". An die Königin selbst mußten auch alle für die Zentralleitung bestimmten Berichte der Oberamtsleitungen gerichtet werden.

Ein im Regierungsblatt veröffentlichtes Circulare des Geheimen Rats – also der obersten Regierungsbehörde – vom 7. Januar 1817 an die Landvogteien instruierte diese über die Gründung des Vereins und schloß mit dem unmißverständlichen Satz: „erwartet man zuversichtlich von ihrem pflichtmäsigen Diensteifer, daß sie nicht nur selbst alles, was die Erreichung dieser höchstwohlthätigen Absicht beförderlich ist, bereitwilligst beitragen, und denjenigen, welchen die Ausführung des Plans übertragen ist, mit Rath und That an die Hand gehen, sondern auch die ihnen untergeordneten Oberämter hiezu anweisen werden"[13].

Mit einem weiteren königlichen Reskript vom 15. April 1817[14] wurde den Landvögten, Oberamtmännern, Dekanen bzw. ersten Ortsgeistlichen, Oberamtsärzten, Stiftungsverwaltern, Amtsschreibern und Amtspflegern der Eintritt in die Oberamtsleitungen und den geistlichen und weltlichen Gemeindevorstehern sowie den Mitgliedern der Kirchenkonvente in die Lokalleitungen des Wohltätigkeitsvereins zur *Amtspflicht* gemacht, „welcher sie nicht nach Belieben sich wieder entziehen können". Gleichzeitig wurde den geistlichen und weltlichen Vorstehern „auf ihre Verantwortung gegeben, daß keines von denen, welche ihrer Aufsicht und Fürsorge anvertraut sind, dem Mangel ausgesetzt bleibe". Und um klarzumachen, wie bitter ernst diese Forderung gemeint war, drohte der folgende Satz: „Sollte durch Mangel an obrigkeitlicher Fürsorge irgend jemand zu Grunde gehen, so wird gegen die Schuldhaften nach der Strenge der Gesetze verfahren werden". Den Oberamtsleitungen wurden zugleich klare Anweisungsbefugnisse gegenüber den Lokalleitungen erteilt. Als Begründung für diese amtlichen Anordnungen war einleitend ausgeführt

---

[13] Regierungsblatt 8.1.1817, S. 10.

[14] Regierungsblatt 17.4.1817, S. 165 ff.

worden: „Wir würden (...) die der Armuth nöthige Hülfe auch ferner gerne noch der freywilligen Liebe allein überlassen, wenn Wir nur alle Unsere Diener und vermöglicheren Unterthanen von gleicher Wärme beseelt gefunden hätten, und wenn es nicht Unsere Regenten-Pflicht erheischte, da, wo sich etwa der eigene Trieb zum Wohlthun erloschen zeigen sollte, durch Gebote dem unglücklichen und bedrängten Theil Unserer Unterthanen zu Hülfe zu kommen". Daß eine so eindeutig mit schlechter Erfahrung begründete Anordnung ergehen mußte, belegt einerseits, daß die Notlage außergewöhnliche Maßnahmen erforderte, andererseits aber, daß sich Sozialpolitik nur über die staatliche Verwaltung durchführen ließ, diese aber klare Regelungen durch die politische Führung brauchte, um effektiv zu wirken – und daß König Wilhelm entschlossen war, die sozialpolitische Tätigkeit seiner Gemahlin mit allen staatlichen Machtmitteln zu unterstützen.

Es gelang in der Folge tatsächlich, den Verein rasch in der vorgesehenen Art und Weise zu installieren und, insbesondere durch die imponierende Initiative und Aktivität der Königin, zur Bewältigung der Hungerkrise von 1817 beizutragen, wie zahlreiche Akten aus ihrem persönlichen Nachlaß überzeugend belegen[15]. Neben den staatlichen Maßnahmen zur Arbeitsbeschaffung für die Armen, Abgabe von Lebensmitteln und Saatfrüchten, Regulierung der Preise für Brot und andere Lebensmittel, Ausfuhrbeschränkungen, die in den Akten des Geheimen Rats in großem Umfang dokumentiert sind[16], konnte der Verein durch eigene Tätigkeiten auf der Lokal- und Bezirksebene die Not der hungernden, verarmten Bevölkerung lindern; darauf ist hier im einzelnen nicht einzugehen. Königin Katharina und die Zentralleitung übernahmen dabei, wie vorgesehen, die leitenden und koordinierenden Aufgaben[17], insbesondere die Beschaffung von Geld: Hier waren es allen voran König Wilhelm und Königin Katharina, die aus ihren Privatschatullen große Beträge zur Verfügung stellten – König Wilhelm ab 1817 jährlich 10.000 fl. –, aber auch andere Mitglieder der königlichen Familie bis hin zur Königinmutter, der russischen Zarin, die ab 1817 jährlich 2.000 Rubel zum Werk ihrer Tochter beisteuerte; darüberhinaus sammelte die Zentralleitung durch Kollekten 1817 ingesamt 34.649 fl., wobei Geldspenden an die Lokal- und Oberamtsleitungen nicht berücksichtigt sind[18]. Das Geld wurde insbesondere für Arbeitsbeschaffungsmaßnahmen verwendet: „Die Centralleitung schaffte Arbeitsmaterial in ungeheuren Massen an, ertheilte den einzelnen Vereinen hiezu Vorschüsse, knüpfte wegen des Absatzes der Fabrikate Unterhandlungen mit auswärtigen Handlungshäusern an, mit den Militärbehörden, den Vorstehern der Waisen-, Irren-, Strafanstalten, und eröffnete in Stuttgart ein eigenes Verkaufsmagazin." Das

---

[15] HStAS, E 31, Bü 1159–1184.

[16] Inventar, S. 27 f., 30 usw.

[17] Öffentliche Rechenschaft der Centralleitung des Wohlthätigkeits-Vereins im Jahre 1817 (StAL, E 191, Bü 1).

[18] Der allgemeine Wohlthätigkeits-Verein im Königreich Württemberg. Stuttgart 1850, S. 34 (StAL, E 191, Bü 289).

war die praktische Anwendung von Königin Katharinas Doktrin: „Arbeit verschaffen hilft mehr als Almosen austheilen“[19].

Nach der sehr gut ausgefallenen Ernte von 1817 und dem Ende der besonderen Situation des Jahres 1817 stellte sich erst die eigentliche Aufgabe, die der Wohltätigkeitsverein langfristig bewältigen wollte: das Elend „in seinen ersten Keimen“ zu ersticken. Eine mit der Gründung des Vereins angeordnete Enquête hatte zutage gefördert, daß 1817 in manchen Oberämtern bis zu 10% der Einwohner unterstützungsbedürftig waren; eine spätere statistische Erhebung von 1820 ergab für das ganze Land bei einer Einwohnerzahl von knapp 1,4 Millionen immerhin 64.896 unterstützungsbedürftige Arme; dazu gehörten zahlreiche Arme, die „wegen Krankheit, Gebrechen, hohen Alters, zarter Jugend“ physisch unfähig waren, „sich ihren Lebensunterhalt vollständig durch Arbeit zu erwerben“, eine Mehrheit jedoch, die – nach den strengen Anschauungen der Zeit – „das letztere (ihren Lebensunterhalt selbst erwerben!) wenigstens großentheils vermögen“ und „bei sehr vielen von jenen wieder die Noth ihrer Lage eine verschuldete“ sei[20].

Angesichts der organisatorischen Anlage des Wohltätigkeitsvereins und der starken Repräsentanz von leitenden Verwaltungsbeamten in der Zentralleitung kann es eigentlich nicht verwundern, daß nun angestrebt wurde, diese zu einer staatlichen Behörde auszubauen und ihr das gesamte Armenwesen zu unterstellen, wobei die altwürttembergische, 1806 aufgehobene Armenanstaltendeputation[21] als Vorbild diente. Man beurteilte zweifellos die Stellung der Zentralleitung gegenüber den Staatsbehörden – trotz der königlichen Protektion – auf die Dauer als zu schwach. Obwohl der Vorschlag im Innenministerium auf Ablehnung stieß – das Problem waren offenbar die nicht aus der Verwaltung stammenden Mitglieder der Zentralleitung –, ließ die Zentralleitung nicht locker, so daß Innenminister v. Otto schließlich am 8. Mai 1818 im Geheimen Rat vorschlug, „es solle zwar die Centralleitung in ihrer bisherigen Gestalt und Zusammensetzung fortbestehen, aus den in derselben befindl. Staats- und Kirchendienern aber, nach dem Muster der bis zum Jahr 1806 für das ganze Land bestandenen ArmenAnstaltenDeputation höchsten Orts eine ArmenCommission gewählt werden“[22]. So geschah es: Noch am gleichen Tag wurde entsprechend dem Vorschlag des Innenministers die Einrichtung einer Armenkommission als Staatsbehörde beschlossen, dieser von König Wilhelm die „Obsorge für die gleichförmige Behandlung des Gemeinde-Beschäftigungs- und Industrie-Wesens übertragen“ und Geheimrat v. Hartmann sowie acht weitere Beamte und Geistliche als Mitglieder der neuen Behörde ernannt[23] – dies entsprechend dem Vorschlag von Königin Katharina[24]. Die im Juni 1818 erlassene Instruktion für die

---

19 Ebd. S. 24 f.
20 Ebd. S. 10.
21 HStAS, A 244 a, Armendeputation 1665–1806.
22 HStAS, E 14, Bü 1209.
23 Regierungsblatt 23.5.1818, S.243.
24 HStAS, E 14, Bü 1209.

Armenkommission[25] legte dann fest, daß sie als dem Innenministerium nachgeordnete Behörde für das gesamte Armenwesen im Königreich beratend, bezüglich der Beschäftigungs- und Industrieanstalten beratend *und vollziehend* zuständig sein solle. Zugleich wurde aber ihr Charakter als untrennbarer Teil der Zentralleitung des Wohltätigkeitsvereins bekräftigt, über die festgestellt wurde: „sie wird fortfahren, in der Sphäre der Freiwilligkeit durch die Oberamts- und Lokal-Leitungen ihre Wirksamkeit zu beweisen". – Staatliche Sozialpolitik und freiwillige Wohltätigkeit wurden damit also noch stärker zusammengezwungen und untrennbar miteinander vermischt bzw. verschränkt, als dies bereits bei der Abwandlung von Katharinas ursprünglichem Plan und durch die königliche Anordnung vom 15. April 1817 geschehen war.

Die letzte, dann für die gesamte Vormärz-Zeit beibehaltene organisatorische Ausformung erhielt die Zentralleitung nach dem plötzlichen Ableben von Königin Katharina (9. 1. 1819): Mit diesem Tod „verlor die Zentralleitung alles, worauf ihre bisherige Existenz beruhte, – ihre Königin, ihre Stifterin, ihre Präsidentin"[26]. König Wilhelm handelte jedoch rasch und ernannte bereits am 14. Januar 1819 den Geheimrat v. Hartmann, der ja seit Mai 1818 bereits Präsident der Armenkommission war, nun auch zum Präsidenten der Zentralleitung[27]. Damit war die Entwicklung der Zentralleitung zur staatlichen Einrichtung vorläufig abgeschlossen, wenn auch Unklarheiten über ihre Stellung und Kompetenz in der Landesverwaltung blieben: „Es war keine staatliche Behörde, aber eine amtliche Zentralstelle", stellt Alfred Dehlinger[28] ohne nähere Erklärung fest. Im Hof- und Staatshandbuch wurde die Zentralleitung ab 1824 beim Departement bzw. Ministerium des Innern unter den Staats-Anstalten für das Innere aufgeführt[29]: an ihrem staatlichen Charakter konnte danach nicht mehr gezweifelt werden. Nur darauf hingewiesen sei, daß auch der – ebenfalls 1817 vom Königspaar gegründete – Landwirtschaftliche Verein zur Förderung der Landwirtschaft und der – 1819 gegründete – Handels- und Gewerbeverein[30] von einer in gleicher Weise in die Verwaltung eingefügten Zentralstelle aus geleitet wurden; diesen beiden Zentralstellen stand übrigens ebenfalls Geheimrat v. Hartmann vor. Diese neuen Vereinszentralen sind augenscheinlich ganz bewußt als Einrichtungen mit Scharnierfunktion erdacht und aufgebaut worden, um private Initiativen und Mittel in die staatliche Verwaltung hineinwirken zu lassen.

Der Multi-Präsident Johann Georg August v. Hartmann, geboren 1764 in Stuttgart, war ein Mann, dessen Bedeutung für die Modernisierung Württembergs im frühen 19. Jahrhundert wohl noch nicht ausreichend erforscht ist. Bereits mit 24 Jahren 1788 als Professor für Kameral-, Forst- und Jagdwissenschaften an die Hohe

---

[25] Regierungsblatt 4.7.1818, S. 374 f.
[26] Der allgemeine Wohlthätigkeits-Verein, 1850 (wie Anm. 18), S. 4.
[27] HStAS, E 14, Bü 1209.
[28] *Dehlinger* (wie Anm. 9), Bd. 2, S. 355.
[29] Kgl. Württ. Hof- und Staatshandbuch, Stuttgart 1824, S. 194 f.
[30] *Dehlinger*, Bd. 2, S. 639 f.; vgl. z. B. Württ. Hof- und Staatshandbuch 1835, S. 138 ff.

Karlsschule berufen, wurde er nach deren Auflösung als Rat bei der Rentkammer, beim Kirchenrat und beim Oberlandes-Ökonomiekollegium eingesetzt, schließlich 1808 zum Leiter der Forstdirektion, dann der Domänenverwaltung, 1812 zum Mitglied des Staatsrats und 1817 zum Präsidenten der Oberrechnungskammer befördert, mußte aber Ende 1818 wegen Differenzen mit Finanzminister v. Malchus ausscheiden. Hochgebildet, ein erfahrener und erfolgreicher Verwaltungsbeamter und mit den Aufgaben und Aktivitäten des Wohltätigkeitsvereins von Anfang an vertraut, wurde Hartmann für die folgenden 28 Jahre bis 1847 die führende Persönlichkeit in der württembergischen Sozialpolitik; erst 1847 ging er in den Ruhestand und ist 1849 verstorben[31].

Betrachten wir nun die Leistungen des Wohltätigkeitsvereins in der Zeit des Vormärz, so muß zunächst nochmals auf die Aufgabenstellung für diesen durch Königin Katharina und die schon unter ihrer Leitung begonnen Aktivitäten zurückgekommen werden. Die „Ausrottung des verderblichen Bettels"[32], Arbeitsbeschaffung, Beschäftigung der arbeitslosen Armen und Erziehung der Menschen zur Arbeit waren – knapp ausgedrückt – die Grundgedanken, die Katharina immer wieder einschärfte. Darauf beruhte auch die Fürsorgetätigkeit, die der Wohltätigkeitsverein unter der Führung v. Hartmanns ab 1819 entfaltete. Die Zentralleitung selbst unterschied 1850 rückblickend fünf Aufgabenbereiche[33]:

„1. Fürsorge für die armen Kinder (...)

2. Fürsorge für die heranwachsenden Jünglinge und Mädchen (...)

3. Fürsorge für die erwachsenen Armen (...)

4. Indirecte Unterstützungen zum Besten der heranwachsenden und herangewachsenen Armen (...)

5. Directe Unterstützungen zum Besten der heranwachsenden und herangewachsenen Armen."

Die Fürsorge für die armen Kinder[34] wurde durch den Aufbau von Kleinkinderschulen, Industrieschulen und sogenannten Rettungsanstalten geleistet. Die Kleinkinderschulen, erstmals 1829 in Stuttgart eingerichtet, waren eine Vorform von Ganztagskindergärten, in denen die Kinder armer Leute „unter Aufsicht und Zucht" von „Aufseherinnen" an allen Werktagen von 7–12 und 13–19 Uhr betreut wurden; 1849 gab es Kleinkinderschulen in 99 Gemeinden, die von 6418 Kindern besucht waren. – In den seit 1817 vom Wohltätigkeitsverein propagierten und geförderten öffentlichen Industrieschulen sollten die Schulkinder „in der von der Volksschule freigelassenen Zeit" statt „Müßiggang und Bettel (...) durch angemessene Handarbeiten von jenen Irrwegen" abgehalten und an Fleiß, Pünktlichkeit und

[31] Paul *Gehring*: Hartmann, Johann Georg August v., in: Neue Deutsche Biographie, Bd. 7, Berlin 1966, S. 732 f.; O. *Burr*: Johann Georg August v. Hartmann, in: Biographien bedeutender Forstleute in Baden-Württemberg, Stuttgart 1980, S. 242–244.

[32] Der allgemeine Wohltätigkeits-Verein, 1850, S. 11.

[33] Ebd. S. 14 ff.

[34] Ebd. S. 14–20.

Ordnung gewöhnt werden. Lehrer bzw. Lehrerinnen unterrichteten, meist in den Schulräumen der Volksschulen, an zwei bis fünf Nachmittagen in „Stricken, Nähen, Spinnen, Spitzenklöppeln, Stroharbeiten, Verfertigung hölzerner Löffel, Schachteln usw.",wobei mit der Aufsicht auch „sittliche und religiöse Einwirkung" verbunden wurde. 1849 zählte man in 1071 Orten solche Industrieschulen, die von 50.580 Kindern besucht waren – davon allerdings nur ca. 8 % Jungen, was bei dem zitierten Lehrprogramm allerdings auch kaum verwundern kann! – Die Rettungsanstalten schließlich, meist von einzelnen wohltätigen Vereinen gegründet und von der Zentralleitung finanziell gefördert, nahmen „sittlich-verwahrloste", schwachsinnige, taubstumme, blinde, verkrüppelte und kranke Kinder auf; allein für die sittlich-verwahrlosten Kinder bestanden 1849 bereits 20 christliche Rettungsanstalten und eine israelitische, in denen zusammen 1147 Kinder beherbergt waren, für die anderen Gruppen zumindest je eine.

Zur Fürsorge für arme Jugendliche[35] gehörten insbesondere Bemühungen um deren „Unterbringung" in Beschäftigungsstellen: in Knechts- und Magddienste in der Landwirtschaft, „wegen der Übersetzung aller Gewerbe" seltener als Lehrlinge. In Ergänzung der kirchlich organisierten, öffentlichen und gesetzlichen Sonntagsschulen wurden vom Wohltätigkeitsverein Gewerbeschulen, Fortbildungsschulen und Sonntags-Leseanstalten gefördert. Die letzteren sollten den jungen Leuten „in geheizten Sälen einen Aufenthaltsort zu stiller, nützlicher Unterhaltung und Beschäftigung mit Lesen und Schreiben" bieten; Fortbildungsschulen sollten in Abendveranstaltungen den Volksschulunterricht ergänzen. Die Gewerbeschulen erteilten an Handwerksgesellen und Lehrlinge , meist an Sonntagen, unentgeltlichen Unterricht in Deutsch und Französisch, Rechnen, Zeichnen, Modellieren u.ä.; in den Jahren 1845–47 gab es in 68 Städten und 11 Dörfern solche Sonntags-Gewerbeschulen, die von 4163 Handwerksgehilfen und Lehrlingen besucht wurden.

Die Fürsorge für die erwachsenen Armen[36] war ungleich schwieriger als die für Kinder und Jugendliche, wo der Aufbau und die Förderung von Schulen, Anstalten und Beschäftigungsstellenvermittlung wenigstens im Ansatz systematisches Vorgehen erlaubte. Für die Erwachsenen mußten Arbeitsmöglichkeiten bzw. -plätze geschaffen werden, um sie vom Bettel bzw. der Inanspruchnahme von kargen Unterstützungen abzuhalten. Die Zentralleitung bemühte sich daher auf vielerlei Art, „den Armen in Beschäftigung und in Förderung hiezu dienlicher Gewerbe Quellen des Verdienstes zu eröffnen". Das geschah z.B. durch Bemühung um die Einführung neuer „Industriezweige", d.h. Beschäftigungsmöglichkeiten. Förderungsmaßnahmen und Einrichtungen zur Erlernung der Doppelspinnerei, des Spitzenklöppelns, der Musselin-Stickerei, des Strickens und Häkelns, der Holzbearbeitung und -schnitzerei oder der Strohverarbeitung wurden finanziert und der Absatz der Produkte u.a. in der obengenannten Verkaufsanstalt in Stuttgart unterstützt. Im

[35] Ebd. S. 21–24.
[36] Ebd. S. 24–27.

landwirtschaftlichen Bereich wurde die Seidenraupenzucht gefördert, die Errichtung von Hilfskassen für arme Viehbesitzer unterstützt und gelegentlich mit Krediten oder Zuschüssen der Aufbau oder Erhalt kleiner landwirtschaftlicher Betriebe ermöglicht.

Ungleich erfolgreicher als die vorgenannten Bemühungen war auf die Dauer eine Einrichtung, die der Wohltätigkeitsverein zu den indirekten Unterstützungen[37] rechnete, nämlich die 1818 noch unter Leitung von Königin Katharina „zum Besten der inländischen ärmeren Volks-Classe" gegründete „Württembergische Spar-Casse in Stuttgart"[38]. Auf sie, deren 175jähriges Bestehen im Frühjahr 1993 von der heutigen Landesgirokasse gefeiert und auch mit einer umfangreichen Festschrift angemessen gewürdigt wurde[39], sei hier nur hingewiesen. Die stetigen Bemühungen der Zentralleitung um den Ausbau dieses erfolgreichen Tochterunternehmens sind in den einschlägigen Akten umfangreich dokumentiert[40]. Kleinen Leuten eine gegen Verlust abgesicherte Anlagemöglichkeit und Verzinsung ihrer kargen Ersparnisse zu ermöglichen, war eine neue, bis dahin in Süddeutschland noch nicht realisierte Idee, die dann sehr rasch zahlreiche Nachahmer in Form der Stadt-, Bezirks- und Oberamtssparkassen gefunden hat[41].

Zu den direkten Unterstützungen[42] zählten schließlich Geldzuwendungen an die Betroffenen bei Naturkatastrophen (Überschwemmungen, Großbränden, Hagelschlägen u. ä.), die die Zentralleitung bei solchen Gelegenheiten über landesweite Sammlungen beschaffte und verteilte. Weiter gehörten hierzu die Versorgung von Bedürftigen mit Sachspenden (Lebensmitteln, Brennholz oder Kleidungsstücken), Bemühungen um Krankenpflege und -vorsorge, u. a. durch Bezahlung von Armenärzten, Gefangenenfürsorge, Zahlung von Mietbeihilfen oder sogenannten Zehrpfennigen an mittellose durchreisende Handwerksgesellen. Solche direkten Hilfen wurden von den lokalen Vereinen oder von spezialisierten Vereinen, z. B. dem „Verein für entlassene Strafgefangene" oder dem „Verein für hilfsbedürftige unverheiratete Frauenspersonen" und vielen anderen durchgeführt und, wo nötig, von der Zentralleitung bezuschußt. Ein besonders eindrucksvolles Beispiel der direkten Unterstützung bot die in Stuttgart über Jahrzehnte tätige Katharinenhilfe: eine Großküche, die werktäglich gegen 2 kr., teilweise auch kostenlos, warme Mahlzeiten ausgab; 1847/48 verteilte man 161.071 Portionen, also täglich über 2000! Die Zentralleitung war sich natürlich wohl bewußt, daß solche direkte Unterstützung den ursprünglichen Intentionen von Königin Katharina widersprach; sie betonte deshalb, daß direkte Unterstützung gegenüber den anderen Aktivitäten nur eine untergeordnete Rolle spiele, stellte im übrigen aber nüchtern fest: „es gibt individu-

[37] Ebd. S. 27–29.
[38] Aufruf der Zentralleitung vom 12. 5. 1818 im Regierungsblatt 21. 5. 1818, S. 133–138.
[39] Der lange Weg zum Wohlstand. 175 Jahre Landesgirokasse. Stuttgart 1993
[40] Inventar, S. 330 ff.; zu den einzelnen Vereinen s. ebd. S. 248 ff.
[41] Karl Erich *Born*: Geld und Banken im 19. und 20. Jh., Stuttgart 1977, S. 204 ff.
[42] Der allgemeine Wohltätigkeits-Verein, 1850, S. 29–33.

elle Verhältnisse der Menschen, welche ihnen außer dem directen, jeden anderen Weg, wohlzuthun, abschneiden. Der Verein kann daher kein Bedenken tragen, da, wo es durch die Umstände geboten ist, auch direkt einzugreifen und geradezu nach der Ermahnung des Herrn Almosen zu geben dem Dürftigen, den Hungrigen zu speisen, den Nackten zu bekleiden, den Kranken zu pflegen, den Gefangenen zu besuchen, den Fremdling zu beherbergen"[43].

Die *Armenkommission* hat bis in die 1850er Jahre keine selbständige Rolle neben der Zentralleitung entwickelt. Dies war offenbar nicht notwendig, weil die Zentralleitung unter der Amtsführung von Präsident Hartmann und infolge der allgemein bekannten königlichen Protektion offensichtlich eine so starke Stellung in der Landesverwaltung einnahm, daß ihre Maßnahmen und Anordnungen als amtlich angesehen und befolgt wurden. Die 1818 gefundene Hilfskonstruktion mußte also nicht benutzt werden. Es ist wohl bezeichnend, daß in dem umfassenden Tätigkeitsbericht von 1850 bezüglich der Armenkommission nur ihre Errichtung, sonst aber nichts berichtet wird. Auch die sehr dürftigen einschlägigen Akten aus der Vormärz-Zeit[44] bestätigen diesen Befund.

Natürlich gelang es dem Wohltätigkeitsverein nicht, Armut und Elend auszumerzen. Im Gegenteil: Private Wohltätigkeit und – insbesondere – Auf- und Ausbau der staatlichen Sozialpolitik erwiesen sich als zunehmend wichtige Daueraufgabe. Folgerichtig besteht der Wohltätigkeitsverein bis heute fort: mehrfach umbenannt und den politischen und administrativen Vorgaben angepaßt, seit 1972 als Stiftung des bürgerlichen Rechts „Wohlfahrtswerk für Baden-Württemberg"[45]. Viele Einrichtungen, die der Wohltätigkeitsverein initiiert bzw. gefördert hat, sind heute, staatlich oder kommunal betrieben, Grundbestandteile unseres Sozialstaats: Kindergärten, gewerbliche Schulen, Volkshochschulen, Krankenfürsorge usw. Der Wohltätigkeitsverein steht für den Beginn der großen staatlichen sozialpolitischen Bemühungen im 19. Jahrhundert, er war insofern sicherlich „ein beneidenswerthes Kleinod unseres engern Vaterlandes"[46]. Aber mehr als ein Anfang konnte er nicht sein. Weitere große wirtschafts- und sozialpolitische staatliche Anstrengungen nach der Märzrevolution von 1848, z.B. die Gründung der Zentralstelle für Gewerbe und Handel (1848)[47], weitere private Initiativen, wie in Stuttgart die „Gründung des Vereins für das Wohl der arbeitenden Classen" (1866)[48], dann natürlich der zunehmende politische Druck der sozialistischen Arbeiterbewegung seit der Märzrevolution[49], schließlich Bismarcks Sozialversicherungssystem der 1880er Jahre, ergänzt

---

43 Ebd. S. 29.

44 Inventar, S. 315–329.

45 Ebd. S. 11 f.

46 Der allgemeine Wohlthätigkeits-Verein, 1850, Vorwort.

47 Helmut *Christmann*: Ferdinand Steinbeis – Gewerbeförderer und Volkserzieher. Heidenheim 1970.

48 Wolfgang *Schmierer*: Eduard Pfeiffer. In: Lebensbilder aus Schwaben und Franken, Bd. 15, 1983, S. 316–355.

49 Frolinde *Balser*: Sozial-Demokratie 1848/49–1863. Stuttgart 1962 (Industrielle Welt, Bd. 2).

durch die so wichtige Arbeitsvermittlung und Arbeitslosenversicherung im frühen 20. Jahrhundert – all dies mußte zusammenkommen, um das „soziale Netz“ zu knüpfen, das für den heutigen Bundesbürger so selbstverständlich erscheint.

Der Tübinger Ausschuß der Studierenden von 1821 bis 1825 – der erste AStA in Deutschland

Von Volker Schäfer

Hans-Martin Maurer zum 22. Juni 1994

Seine Königliche Majestät haben, bei Höchstihrer lebendigen Überzeugung von der Wichtigkeit der akademischen Anstalten für den Staat und die menschliche Gesellschaft überhaupt, insbesondere in Erwägung gezogen, daß Ordnung, Ruhe und gute Sitte unter den Studirenden, die eine der wesentlichsten Grundlagen ihrer wissenschaftlichen Ausbildung und ihrer künftigen Amtstüchtigkeit ist, neben einer folgerechten Handhabung der akademischen Disciplinargesetze und einer stets wachsamen Oberaufsicht der höchsten Staatsbehörden vorzüglich auch durch freie Mitwirkung der Studirenden selbst, und namentlich derjenigen aus ihrer Mitte, für welche sich das Zutrauen der Gesammtheit ausspricht, befördert werden könne, und daß eine solche Mitwirkung ihre Kraft leicht auch dahin erstrecke, wohin der Buchstabe des Gesetzes schwerer Zugang findet. Zudem konnte es Höchstdenselben nicht entgehen, daß gerade auf der Stufe, auf welcher Studirende stehen – der Stufe des Übergangs zu einer selbständigen Lebensweise –, thätige Angewöhnung zu eigener und gegenseitiger Sittenbildung am zeitgemäßesten und notwendigsten sey, und das Gefühl für das Rechte, Würdige und Anständige in vielen Einzelnen desto eher angeregt, geschärft und bevestigt werden müsse, je mehrere von ihnen Gelegenheit und selbst einen gewissen äußern Beruf haben, dasselbe in der Anwendung auf Mitglieder ihrer Gesellschaft zu üben[1].

Diese Präambel voller gattungsspezifischem Pathos und grammatikalischem Defizit leitet ein Gesetz ein, das in seiner Zeit seinesgleichen suchte. Es inauguriert einen fünfzehnköpfigen Studentenausschuß und regelt in 32 Paragraphen das Wahlverfahren sowie die Rechte und Pflichten dieses Gremiums. Dessen Amtszeit beträgt ein Semester, die Wahlen beaufsichtig der Rektor persönlich. Sie sind allgemein und frei, nicht aber geheim (der Stimmzettel ist vom Wähler zu unterschreiben). Es

---

[1] Universitätsarchiv Tübingen (künftig UAT) 117/133, Königliche Verordnung vom 2. 1. 1821; Druck. Text bei A[ugust] L[udwig] *Reyscher:* Vollständige... Sammlung der württembergischen Gesetze, Abt. 11,3, Tübingen 1843, S. 647–657. – Den hier veröffentlichten Vortrag vom 9. 10. 1993 habe ich unter bewußter Beibehaltung des Redecharakters und des anachronistischen Ausdrucks AStA hauptsächlich um Quellennachweise ergänzt.

können Kollektivwahlzettel benutzt werden, gültig sind sie aber nur, wenn sie von einem der Unterzeichner persönlich abgegeben werden. Stimmen zu kumulieren, ist nicht zulässig. Ihre Anzahl pro Wähler belief sich in der Regel auf zehn; in der Regel deshalb, weil der Studentenausschuß jeweils nur zu zwei Dritteln erneuert wird – die fünf für maximal ein zweites Semester weiteramtierenden Mitglieder sollen eine kontinuierliche Gremienarbeit garantieren nach dem Prinzip des rollierenden Systems, wie es sich im württembergischen Gemeindewahlrecht noch lange erhalten hat.

Der Ausschuß ist das Organ, durch welches Studentenschaft und Universitätsbehörden miteinander kommunizieren. Für den Ausschuß ist Ansprechpartner ausschließlich die Akademische Disziplinarkommission, von der er sich auch allgemeine Studentenversammlungen und öffentliche Anschläge genehmigen lassen muß. Der Studentenausschuß ist berechtigt, Verbesserungsvorschläge in studentischen Angelegenheiten zu unterbreiten, ferner kann er Studenten in akademischen Strafverfahren quasi als Anwalt vertreten. Die Ausschußmitglieder sind gehalten, überall mit gutem Beispiel voranzugehen, insbesondere in puncto Gesetzestreue; als wahre Musterknaben verpflichten sie sich auch, jede Störung der öffentlichen Ruhe, namentlich Feindseligkeiten unter den Studierenden selbst (damit waren hauptsächlich die Duelle gemeint), verhüten zu helfen und die Kommilitonen vor geheimen Verbindungen zu warnen.

An und für sich enthalten diese Bestimmungen, da werden Sie mir zustimmen, nichts Spektakuläres – wäre da nicht der chronologische Faktor. Mit ihm kann ich Sie allerdings nicht mehr überraschen, weil schon der Titel meines Referats die Karten aufgedeckt hat und Sie daher alle längst wissen, daß hier vom Tübinger „Ausschuß der Studierenden" zwischen 1821 und 1825 die Rede ist. Dessen Bedeutung ergibt sich jedoch aus den zeitgenössischen politischen Rahmenbedingungen – ihnen werden wir uns zunächst zuwenden.

I

Das 19. Jahrhundert brachte für die deutschen Universitäten radikale institutionelle, bildungspolitische und gesellschaftliche Veränderungen. In einem langwierigen Prozeß gewannen sie „Einfluß auf das Leben der Nation und wurden wichtiges Symbol der deutschen kulturellen Errungenschaften"[2].

Dieser Prozeß war selten frei von örtlichen Turbulenzen. Die napoleonischen Umwälzungen fegten von den 35 Universitäten, die 1789 in Deutschland bestanden, über die Hälfte hinweg. Vielfach war ihre Auflösung oder Zusammenlegung mit einer anderen Hochschule die Folge mangelnder Bereitschaft, verkrustete Denkwei-

[2] R. Steven *Turner:* Universitäten. In: Handbuch der deutschen Bildungsgeschichte, Bd. 3, 1800–1870, hg. v. Karl-Ernst *Jeismann* und Peter *Lundgreen.* München 1987, S. 221–249, hier S. 221.

sen zu überwinden, mittelalterliche Verfassungsformen und Lehrinhalte abzulegen und sich modernen Erfordernissen von Staat und Gesellschaft zu öffnen. An den vom großen Universitätssterben verschonten Anstalten setzte dagegen eine stürmische Reformbewegung ein, ein neues Bildungsideal erkannte das Universitätsstudium als Mittel zur geistigen und sittlichen Entwicklung des Individuums, die Humboldtsche Universitätsidee mit ihrem Leitmotiv der Einheit von Forschung und Lehre nahm von Berlin aus ihren Ausgang und setzte neue Maßstäbe.

Gleichzeitig entdeckte aber auch der Staat seine Universitäten neu und stellte sie unter großen finanziellen Anstrengungen auf wirtschaftlich solidere Grundlagen, die den sich immer stärker ausdifferenzierenden Fachgebieten, allen voran in Naturwissenschaft und Medizin, die nötigen Entfaltungsmöglichkeiten schufen. Der Preis, den die Universitäten dafür zu zahlen hatten, war der Verlust ihrer traditionellen Autonomie; am Ende dieses Reformprozesses fanden sie sich als Staatsanstalten eingebaut in den hierarchischen Behördenapparat der Kultusverwaltung.

Zum Leidwesen dieser Administration und ihrer Regierungen waren aber Universitäten keine politikfreien Gebilde. Nicht daß sie die einzigen Arenen für die Auseinandersetzungen im Zeichen von Frühkonstitutionalismus und Frühliberalismus gewesen wären, aber nirgendwo wurde scharfsinniger argumentiert und leidenschaftlicher gekämpft. Niemand artikulierte die wachsende Enttäuschung über den reaktionären Kurs der großen Politik nach dem Wiener Kongreß unverblümter als die Generation jener Studenten, die aus den Befreiungskriegen, in denen sie als Freiwillige oft ihre besten Freunde verloren hatten, in die Hörsäle zurückgekehrt waren.

Kein Wunder, daß die mächtige Idee des Nationalstaats, die von den Fürsten des Deutschen Bundes den Verzicht auf die eigene staatliche Souveränität zugunsten des „ganzen" Vaterlands forderte, an den Höfen die seit der Französischen Revolution nie ganz erloschene Furcht vor Umsturz und Anarchie wieder entfachte. Anhänger fand diese Idee hauptsächlich in der Deutschen Burschenschaft, einer 1815 von Jena ausgegangenen und in rascher Folge auf allen Universitäten nachgeahmten neuen Form des studentischen Verbindungswesens. Das Wartburgfest am 18. Oktober 1817 mit rund 500 Teilnehmern von den protestantischen Universitäten aus ganz Deutschland offenbarte schlagartig das Phänomen eines oppositionellen Potentials an den Hochschulen.

Die Reaktion ließ nicht lange auf sich warten. Österreich mit seinem (nachmaligen) Staatskanzler Metternich ergriff die Gegeninitiative und überzeugte nach und nach Preußen und andere Bundesstaaten von der Notwendigkeit einer gemeinsamen Politik zur Unterdrückung dieser gefährlichen freiheitlichen Regungen. Gewonnenes Spiel hatte Metternich aber erst nach dem Attentat des Burschenschafters Karl Ludwig Sand, übrigens eines ehemaligen Tübinger Studenten[3], auf den deutschen

---

[3] Vgl. Georg *Schmidgall:* Karl Ludwig Sand in Tübingen und seine Freunde. In: Tübinger Chronik. Festausgabe zur 450-Jahrfeier der Universität Tübingen 1927, S. 27–29.

Literaten und russischen Staatsrat August von Kotzebue am 23. März 1819 in Mannheim, das ungeheures Aufsehen erregte. Dieser unselige Mordanschlag kam Metternich wie gerufen. Geschickt nutzte er den Schock und erwirkte am 20. September 1819 im Frankfurter Bundestag vier Spezialgesetze, darunter ein Universitäts- und ein Pressegesetz, die unter der Bezeichnung „Karlsbader Beschlüsse" in die Geschichte eingegangen sind[4] und jenes Klima staatlicher Überwachung und polizeilicher Bespitzelung schufen, das für den Vormärz charakteristisch werden sollte.

An jeder Universität fungierte fortan ein sogenannter „außerordentlicher landesherrlicher Bevollmächtigter", der die politische Haltung der Studenten, aber auch der Professoren strengstens zu beobachten hatte. Wer als Hochschullehrer in dieser Beziehung seine Amtspflichten verletzte, verlor sofort seine Stelle und konnte auch in einem anderen Bundesstaat nicht wieder eingestellt werden. Ebenfalls mit Berufsverbot im öffentlichen Dienst belegt wurde, wer als Student einer verbotenen Verbindung angehörte. Unter diesen – meist universitätsfremden – Regierungsbevollmächtigten bildeten starke Persönlichkeiten die Ausnahme. Aber gerade die mediokren Vertreter der Staatsgewalt verbreiteten oft Angst und Schrecken, wo ihnen wegen ihrer politischen Agententätigkeit Verachtung entgegenschlug. Eingeschüchtert und verunsichert, litten die Universitäten unter Mißtrauen und Duckmäusertum.

So beschaffen war der triste Hintergrund, vor dem sich der Tübinger AStA kontrastreich abzeichnet. Ohne in das Odium eines übersteigerten Lokalpatriotismus zu geraten, kann gesagt werden, daß diese spezifische Einrichtung an der württembergischen Landesuniversität ihrer Zeit um ein volles Jahrhundert voraus war, denn gesetzlich verankerte Studentenvertretungen als Gliedkörperschaften deutscher Universitäten sind erst eine Errungenschaft der Weimarer Republik.

Ich denke, damit trotz aller unvermeidlichen Skizzenhaftigkeit das Besondere an diesem studentischen Selbstverwaltungsgremium verdeutlicht zu haben, das mich bewogen hat, Ihnen dieses Thema heute vorzustellen und damit dem vielschichtigen Bild des Königreichs Württemberg im Vormärz ein weiteres Mosaiksteinchen hinzuzufügen.

Allerdings befinde ich mich insofern in einer ungewohnten Situation, um nicht zu sagen Verlegenheit, als ich heute einen Vortrag bestreite, der nur zum Teil auf eigenen Forschungen beruht. Meine Legitimation als Redner heute rührt vor allem davon her, daß ich mindestens seit 1977 Studierenden auf der Suche nach einem Thema für Zulassungs- oder Magisterarbeiten diesen Tübinger Studentenausschuß von 1821 immer wieder schmackhaft zu machen versuchte. Es sollte aber zehn Jahre dauern, ehe sich in Thomas Oelschlägel endlich ein Bearbeiter fand. 1988 erwarb er den Magistergrad mit einer von Wolfram Siemann betreuten Arbeit unter dem Titel „Der ‚Ausschuß der Studirenden' (1821–1825). Ein hochschulpolitisches Experi-

---

[4] Vgl. generell Eberhard *Büssem:* Die Karlsbader Beschlüsse von 1819. Die endgültige Stabilisierung der restaurativen Politik im Deutschen Bund nach dem Wiener Kongreß von 1814/15. Hildesheim 1974.

ment an der Landesuniversität Tübingen in der Restaurationszeit"[5]. Die Arbeit ist zwar bislang unveröffentlicht geblieben, doch steht seither fest, daß meine Vermutung, Tübingen könne sich mit der ältesten verfaßten Studentenschaft Deutschlands schmücken[6], zutrifft[7].

Es soll aber nicht der Eindruck erweckt werden, diese erste Studentenvertretung sei vorher in der Literatur unbekannt gewesen. Schon 1843 hat Reyschers Württembergische Gesetzessammlung die eingangs zitierte Königliche Verordnung von 1821 im Volltext abgedruckt[8], und zu nennen ist neben Karl Klüpfel[9] vor allem der hochverdiente Studentenhistoriker Georg Schmidgall mit seiner 1940 erschienenen Geschichte der Tübinger Burschenschaft[10]. Auch jüngere Publikationen erwähnen den AStA[11], meist aber in marginaler, mitunter bagatellisierender Form und ohne Blick für das – im nationalen, wenn nicht gar internationalen Maßstab – Singuläre dieser Einrichtung.

II

Von den wenigen Aspekten, auf die sich nun der Hauptteil meiner Ausführungen beschränken muß, halte ich den Entstehungsprozeß für besonders aufklärungsbedürftig.

Die archivalischen Quellen[12] zeichnen dazu ein detailliertes Bild: Auf den ersten

---

5 Ein Exemplar dieser maschinenschriftlichen Arbeit verwahrt das Universitätsarchiv Tübingen unter der Signatur S 144/28.

6 „...helfen zu graben den Brunnen des Lebens". Historische Jubiläumsausstellung des Universitätsarchivs Tübingen. Bearb. v. Uwe Jens *Wandel*, Gudrun *Emberger*, Irmela *Klöden* und Volker *Schäfer*. Tübingen 1977, S. 199.

7 Herrn Dr. Oelschlägel, meinem früheren Mitarbeiter im Universitätsarchiv Tübingen, danke ich auch an dieser Stelle für die freundliche Überlassung von Arbeitsunterlagen, insbesondere des Manuskripts seiner Dissertation über das Amt des außerordentlichen Regierungsbevollmächtigten, die den Tübinger AStA in einem knappen Exkurs (S. 179–190) nochmals aufgreift.

8 Nachweis in Anm. 1.

9 Karl *Klüpfel:* Geschichte und Beschreibung der Universität Tübingen. Tübingen 1849, S. 318–320.

10 Georg *Schmidgall:* Die alte Tübinger Burschenschaft 1816 bis 1828. In: Quellen und Darstellungen zur Geschichte der Burschenschaft und der deutschen Einheitsbewegung 17 (1940), S. 1–186.

11 Etwa Helga *Sieber:* „...mit nichts Politischem sich zu beschäftigen". Kanzler Autenrieths Haltung zu den Tübinger Studenten 1820–1825. In: Attempto 45/46 (1973), S. 3–11. – Reinhard *Müth:* Studentische Emanzipation und staatliche Repression. Die politische Bewegung der Tübinger Studenten im Vormärz, insbesondere von 1825 bis 1837. (Contubernium 11.) Tübingen 1977, S. 35f. – Eberhard *Sieber:* Die Anfänge des Tübinger ASTA. In: Stadtverfassung, Verfassungsstaat, Pressepolitik. Festschrift für Eberhard Naujoks. Hg. v. Franz *Quarthal* und Wilfried *Setzler*. Sigmaringen 1980, S. 286–300. – Weitere Titel in Magisterarbeit *Oelschlägel* (wie Anm. 5), S. 5f.

12 Überliefert sind die Vorgänge auf den Dokumentationsebenen Ministerium und Universität. Schriftgut aus der Registratur des Tübinger AStA ist dagegen extrem dünn gesät: Die Zeiten

Blick erscheint als Initiator und „spiritus rector"[13] der damalige Universitäts-Vizekanzler und Karlsbader Regierungsbevollmächtigte Johann Heinrich Ferdinand Autenrieth. Am 10. November 1820, unmittelbar nach einer höchst dramatischen Situation, als eine in ihrer kollektiven Ehre durch einen Tübinger Gastwirt verletzte Studentenschaft in letzter Minute von bewaffneten Übergriffen auf die Stadtbevölkerung hatte zurückgehalten werden können, während in Stuttgart schon erwogen wurde, Militär nach Tübingen in Marsch zu setzen, legte Autenrieth dem Ministerium einen Bericht über die am Vortag in einer studentischen Vollversammlung erzielte Wiederherstellung von Ruhe und Ordnung vor und führte dabei folgendes aus:

> *Auf der anderen Seite hat der größte Teil der Studirenden honette Gesinnungen und der Unterzeichnete überzeugte sich bei dieser Gelegenheit, daß wohl viel, obschon nicht alles, könnte zu anhaltender Aufrechterhaltung eines besseren Geistes unter ihnen gewonnen werden, wenn ihnen eine Art Organisation oder Constitution gegeben würde, etwa sie durch Wahl, die unter dem Präsidio der akademischen Behörde vorgenommen würde, eine Art von Ausschuß* [Sperrung durch Vf.] *ernennen dürften, der durch öffentlich abgelegte Handtreue verpflichtet würde, und zur Discipl(inar)comm(ission) etwa wie ein Bürgerausschuß zu seinem Magistrate oder wie das Repetentenkollegium zum Inspektorat im Seminarium sich verhielte*[14].

Auch über die nächsten Schritte sind wir durch andere Primärquellen gut unterrichtet: Der zuständige Ressortchef, Innenminister v. Otto, verschaffte Autenrieth Rückendeckung beim König, konnte schon drei Tage später mitteilen, Wilhelm I. habe vorläufig nichts dagegen, *daß zu Erhaltung der Ordnung unter den Studierenden ein Ausschuß unter denselben als eine Art Mittelbehörde zwischen den academischen Behörden und den Studierenden gebildet werde* und beauftragte die Tübinger Disziplinarkommission, der Autenrieth ebenfalls angehörte, mit dem Entwurf einer Satzung.

Diese Satzung entstand nun in einem für die Zeit bemerkenswert demokratischen Verfahren: Über gewählte Vertreter konnten die Studenten an der Ausformulierung mitwirken und das Endergebnis mußte von ihnen in einer weiteren Vollversammlung sogar verabschiedet werden. Am 22. Dezember 1820 ging ein erster Entwurf

---

überdauert hat neben einem Faszikel mit Vorgängen zu Ehrenhändeln (UAT 195/2) lediglich ein Protokollband mit der Laufzeit 12. 2. 1822–28. 11. 1825 (UAT 195/3), dessen zeitgenössischer Titel den Inhalt als Niederschriften *der Burschenbehörde und des Burschenausschußes* [sic] ankündigt. – Die Burschenbehörde war die neunköpfige Vertretung der Tübinger Commentverbindung, zu der sich 1819 die Corps und die unter der Tarnbezeichnung „Burschenverein" trotz des offiziellen Verbots weiterexistierende Burschenschaften zusammengeschlossen hatten. Vgl. *Schmidgall*, Burschenschaft (wie Anm. 10), S. 58.

[13] So Diss. *Oelschlägel* (wie Anm. 7), S. 179. Das Folgende im wesentlichen nach Magisterarbeit *Oelschlägel*, S. 32–42.

[14] Hauptstaatsarchiv (künftig HStA) Stuttgart E 200 Bü 404. – Dieses und das unter Anm. 22 nachgewiesene Zitat ist entnommen meiner 1984 angelegten Dokumentation „Autenrieths (Geheim-)Berichte", deren Publikationstermin sich allerdings noch nicht bestimmen läßt.

nach Stuttgart, wurde im Januar 1821 von der Tübinger Disziplinarkommission abschließend redigiert und erhielt am 22. Januar den endgültigen ministeriellen Segen, nachdem der König bemerkenswerterweise bereits am 2. Januar durch Allerhöchste Entschließung die Einrichtung des Ausschusses angeordnet und dessen künftiger Satzung Gesetzeskraft verliehen hatte, nicht ohne Tübingen kurz darauf – man kann nur sagen: ahnungsvoll – bedeuten zu lassen, man erwarte, der Studentenausschuß vermeide alles, *wodurch die Regierung compromittiert werden könnte*[15].

III

Richten wir nun den Blick auf den als Initiator des Studentenausschusses apostrophierten Professor Autenrieth – unbestritten *die* dominierende Persönlichkeit damals an der Tübinger Universität.

Er war ein „geistig ganz ungewöhnlich begabter Mensch, welcher von Lebendigkeit, Scharfsinn, Witz sprühte fast bis zur Genialität", wie ihn Robert von Mohl, der ihn als Neffe und Professorenkollege aus nächster Nähe kannte, in seinen Memoiren gezeichnet hat[16], die mit ihrer oft allzu spitzen Feder allerdings auch bei Autenrieth vor den Schattenseiten nicht haltmachten. Bereits mit 25 Jahren auf eines der drei Ordinariate in der Tübinger Medizinischen Fakultät berufen, hatte Autenrieth, Sohn eines württembergischen Hofrats, Karlsschulprofessors und Geheimrats[17], sein glänzendes Organisationstalent und nicht minder sein Durchsetzungsvermögen schon zu Beginn des Jahrhunderts unter Beweis gestellt, als er in wirtschaftlich schwieriger Zeit den württembergischen Staat zum kostspieligen Bau und Unterhalt des ersten Tübinger Klinikums veranlaßte[18]. In Anerkennung seiner Fähigkeiten wurde er als erster Nicht-Theologe zum Universitätskanzler – am 2. Juni 1819 zunächst zum Vizekanzler – und am 22. November 1819 auch zum außerordentlichen Regierungsbevollmächtigten an der schwäbischen Landesuniversität ernannt, die er im geschilderten Sinne der Karlsbader Beschlüsse zu überwachen hatte[19].

Das führt unmittelbar zur Frage nach Autenrieths ordnungspolitischen Ansichten. Aufschluß darüber verschafft er uns in einem dreizehnseitigen Gutachten vom 23. April 1819, das vom Ministerium zur Beurteilung der Lage an der Universität

---

15 UAT 119/401, Ministerialerlaß vom 2. 4. 1821. – Diss. *Oelschlägel* (wie Anm. 7), S. 185.

16 Robert *von Mohl:* Lebens-Erinnerungen. 1. Bd. Stuttgart und Leipzig 1902, S. 54.

17 Ein Hofrat reist nach Amerika. Briefe und Berichte Jakob Friedrich Autenrieths und seiner Familie von 1794/95. Zusammengestellt und bearb. v. Bernd Friedrich *Autenrieth.* Stuttgart 1988. (Lebendige Vergangenheit, Bd. 11.)

18 Marita *Keller:* Die Geschichte des Tübinger Klinikums im ersten Halbjahrhundert seines Bestehens (1792–1846). Med. Diss. Tübingen 1969.

19 Nach wie vor unentbehrlich E[berhard] *Stübler:* Johann Heinrich Ferdinand v. Autenrieth 1772–1835, Professor der Medizin und Kanzler der Universität Tübingen. Stuttgart 1948.

nach Sands Attentat angefordert worden war[20]. Darin behandelt Autenrieth weisungsgemäß insbesondere das Problem, wie *das Entstehen eines schädlichen Geistes auf einer einzelnen Universität zu verhindern* sei. Nach einer wenig beschönigenden Analyse der aktuellen akademischen Verhältnisse, auch ihrer ökonomischen Zwänge im Lehrkörper, redet er einer Reihe von teils drastischen Disziplinarmaßnahmen, nicht nur gegen Studierende, das Wort, die aber, um wirksam zu werden, bundeseinheitlich eingeführt werden müßten: Keinesfalls dürfe den Studenten ihr Irrglaube gelassen werden, einen eigenen Stand zu bilden; auch müßten sie anstelle der in aller Regel lasch gehandhabten akademischen Gerichtsbarkeit den allgemeinen Strafgesetzen, wie jeder andere auch, unterworfen sein. Das beste Mittel, einen Studenten von Exzessen jeder Art abzuhalten, die übrigens aus Furcht vor Karriere-Sanktionen kaum je im eigenen Vaterland, um so häufiger dagegen jenseits der Landesgrenzen begangen werden, sei die Einführung eines amtlichen Dokuments (Autenrieth nennt es schlicht *Zeugnis*; am besten wäre es meines Erachtens mit „Studienpaß" zu bezeichnen), ausgestellt von einer hohen Landesbehörde. Ohne dieses Legitimationspapier dürfte niemand immatrikuliert werden; es müßte nach der Inskription bei der Universität hinterlegt werden, damit es bei gravierenden, zur Relegation führenden Verstößen unmittelbar der ausstellenden Behörde mit entsprechender Nachricht übersandt werden könnte.

Nicht ohne Überraschung stößt man bei diesen und anderen Autenrieth-Vorschlägen, die auch eine gewisse Affinität zu der berüchtigten Denkschrift des russischen Staatsrats Alexander von Stourdza aufweisen[21], auf Metternichsche Denkmuster. Andererseits darf nicht unterschlagen werden, daß der erfahrene Arzt – auf drei Seiten seines Gutachtens entwickelt Autenrieth eine Psychologie des Jugendalters – unablässig um Verständnis für die besondere soziale und altersspezifische Rolle des Studenten wirbt, für den er nur solche Strafen für vertretbar hält, die ihm die Hoffnung auf eine spätere Fortsetzung des Studiums nicht rauben. Drastisch und sarkastisch dagegen nehmen sich seine Äußerungen über die Burschenschaft und ihre Schwarmgeister aus:

> *Es handelt sich darum, [...] eine zum Theil fanatisch gewordene Jugend zu ihrer Pflicht zurückzuführen [...] Ein Sand könnte auch hier* [sc. in Tübingen] *leicht, auch unter den jungen Theologen, sich entwickeln, da manche derselben durch die leitende innere Idee der deutschen Burschenschaft, sich zur Freyheit des vereinigten Deutschland berufen zu glauben, [...] halbverrückt worden sind*[22].

Diese Ansichten sind mit Sicherheit den Studenten nicht unbekannt geblieben. Das zeigt eine anonyme Morddrohung, die Autenrieth im April 1820 per Post zuging. *Wie ich vernommen*, hebt sie an, *sollen Sie ein gewaltiger Despot seyn, ein*

---

[20] HStA Stuttgart E 9 Bü 22, Unterfaszikel „Vereinigung mehrerer teutscher Staaten zur zwekmäsigen Begegnung der sich zeigenden schädlichen Tendenz der Universitäten", Quadrangel 19.

[21] *(Anonym):* Denkschrift über Teutschlands jetzigen Zustand. – Deren Übersetzung aus dem Französischen, 1819 von Cotta in Stuttgart und Tübingen verlegt, muß Autenrieth gekannt haben.

[22] HStA Stuttgart E 4 Bü 5, Unterfaszikel 33. Vgl. auch *Stübler* (wie Anm. 19), S. 58f.

Feind alles freyeren Denkens u. löblicher deutscher Burschenschaften. [...] Nehmen Sie sich ja in Acht, [...] geschliffen ist der Dolch[23].

All das deckt sich auch mit Robert von Mohls Insider-Urteil, seinem Onkel sei das Studentenleben „höchst zuwider" gewesen, weshalb er auch vom eigenen Sohn „keinen Umgang mit irgend freien und fröhlichen Studenten" duldete[24].

Werden diese Erkenntnisse auf die geistige Urheberschaft am Studentenausschuß übertragen, so gewinnt die im Jahr 1824 getroffene Aussage eines AStA-Mitglieds an Gewicht, wonach die Tübinger Studentenschaft bei Autenrieth sondiert habe,

> *ob nicht die Professoren selbst sich mit einer Deputation der sämtlichen Studierenden besprechen wollten, um ihre Wünsche zu hören, und dann entscheiden zu können, ob nicht die Studierenden selbst durch gewählte Vertreter in ein näheres Verhältnis zu den Behörden gebracht werden könnten*[25].

Auch in einer anderen frühen Quelle findet sich ein ähnlicher Beleg:

> „Der ganze Plan dieser Einrichtung [sc. des AStA] war aus dem Schooße der Burschenschaft hervorgegangen, mit ihren Häuptern hatten die dazu hülfreichen Professoren Berathungen gepflogen"[26].

Es spricht demnach viel, wenn nicht alles dafür, daß die Idee zur Gründung eines Ausschusses der Studenten aus deren Mitte an Autenrieth herangetragen worden ist. Allerdings dürfte dann Autenrieth diese Idee schnell zu seiner eigenen gemacht haben; jedenfalls hat er sie mit der ihm eigenen Willenskraft in die Tat umgesetzt.

Die Forschung hat diese AStA-Gründung als genialen Schachzug interpretiert, um die Studenten von der Politik abzulenken und fernzuhalten[27]. Daran ist sicher richtig, daß dem traditionalen Autenrieth alle Mittel recht waren, die jungen Leute nicht in die Fänge der von ihm als „Jakobiner" diskriminierten Liberalen fallen zu lassen. Unverkennbar ist indessen, daß Autenrieth der neuen Studentenorganisation gegenüber Sympathien entwickelte. Aus der Art, wie er den AStA gegen Angriffe fremder Instanzen in Schutz nahm, wird deutlich, wie sehr er sich mit diesem Organ identifizierte. Daß ihn die Zeitgenossen in der Tat für dessen Schöpfer hielten, zeigt eine briefliche Äußerung aus dem Jahr 1825, wonach der von Autenrieth *creirte* Studentenausschuß wieder aufgehoben sei[28].

---

23 UAT 119/401, Amsterdam, 13. 3. 1820.

24 *von Mohl* (wie Anm. 16), S. 60.

25 UAT S 161/775, S. 11. – Diss. *Oelschlägel* (wie Anm. 7), S. 182, hat „nahes" statt „näheres" Verhältnis.

26 Klüpfel (wie Anm. 9), S. 320. Wer, neben Autenrieth, die „hülfreichen Professoren" im einzelnen waren, ist bisher nicht bekannt. Daß es damals in Tübingen auch außerhalb der Universität Kontakte zwischen Professoren Studenten gab, zeigt die Geschichte der Lesegesellschaften, insbesondere die des 1821 durch Fusionierung von Studenten- und Honoratioren-Lesekränzen gegründeten „Museums". Vgl. Peter Michael *Ehrle:* Tübinger Lesegesellschaften im frühen 19. Jahrhundert. In: Buchhandelsgeschichte 1982/4, S. B 145–157.

27 Eberhard *Sieber* (wie Anm. 11), S. 286.

28 Württembergische Landesbibliothek Stuttgart, Cod. iur. 4° 136, Nr. 2011: Schott an Clossius, 1. 12. 1825.

IV

Lassen Sie uns noch einen kurzen Blick werfen auf die innere Geschichte des ersten Tübinger Studentenausschusses.

Tübingen – 15. Februar 1821. Das ist das Schlüsseldatum, das es für die Historiographen der studentischen Selbstverwaltung noch zur Kenntnis zu nehmen gilt. An diesem Tag wählten erstmals in Deutschland Studenten eine gesetzliche Vertretung. Die Wahlbeteiligung erreichte überwältigende 86,6%: Von den 740 Immatrikulierten waren 491 stimmberechtigt[29] und davon gingen 425 zur Wahl[30]. Doch schon das erste Wahlergebnis – elf der fünfzehn Ausschußmitglieder zählten zur Burschenschaft, drei zu den Corps und nur eines offenbar zu keiner Korporation – zeigte die einseitigen Majoritätsverhältnisse zugunsten der Burschenschaft, die allerdings zeitweilig besonders extrem ausfielen, weil die anderen Verbindungen die Wahlen boykottierten[31]. Daneben gab es natürlich immer auch Indifferenz und Desinteresse. Entsprechend stark schwankte die Wahlbeteiligung, die vielbemühte Legitimationsbasis, die sich in den elf Semestern zwischen Gründung und Aufhebung des Ausschusses wie folgt entwickelte: Die knapp 87% der ersten Wahl sollten einmalig bleiben, nach rund 57% im nächsten Semester hielt sich die Wahlbeteiligung bis 1824 noch über der 30-%-Marke, sackte aber 1825 auf 15% ab, um beim letzten Wahlgang im Wintersemester 1825/26 noch einmal auf immerhin 44 Punkte zu klettern[32].

---

29 Gemäß § 2 der AStA-Satzung (*Reyscher*, wie Anm. 1, S. 648) konnte das aktive Wahlrecht frühestens im 2. Tübinger Semester ausgeübt werden. *Oelschlägel* hat diese Einschränkung übersehen und kommt daher in Magisterarbeit (S. 42 und 57) wie Dissertation (S. 185) zu anderen Zahlen für die Wahlbeteiligung.

30 UAT 166/5, Nr. 6, Rektor Drey an Disziplinarkommission, 16. 2. 1821. Auch: HStA Stuttgart E 146 Bü 1815, Rektor Drey an Autenrieth, 19. 2. 1821, mit Beilage. Ferner: UAT 214/114 (Georg Schmidgalls Abschrift der vor ihrer Archivierung verschollenen Sachakte „Ausschuß der Studirenden" aus der Registratur des Tübinger Akademischen Rektoramts), Protokoll vom 9. 3. 1821.

31 So offenbar zumindest im WS 1821/22 und WS 1823/24 (UAT 214/114).

32 Die Zahlen im einzelnen:

(1)	(2) Semester	(3) Wahltermin	(4) Immatrikulierte	(5) Wahlberechtigte	(6) Wähler	(7) Wahlbeteiligung
1	WS 1820/21	15. 2. 1821	740	491	425	86,6%
2	SS 1821	23./24. 5. 1821	735	606	343	56,6%
3	WS 1821/22	15. 11. 1821	764	530	182	34,3%
4	SS 1822	17. 5. 1822	724	606	364	60,1%
5	WS 1822/23	21. 11. 1822	789	531	162	30,5%
6	SS 1823	15. 5. 1823	795	650	254	39,1%
7	WS 1823/24	13. 11. 1823	812	564	205	36,3%
8	SS 1824	3. 6. 1824	796	673	233	34,6%
9	WS 1824/25	22. 11. 1824	846	587	110	18,7%
10	SS 1825	27. 5. 1825	827	702	107	15,2%
11	WS 1825/26	12. 11. 1825	831	578	255	44,1%

Die Angaben in Spalte 3 und 6 stammen aus der (Ersatz-)Quelle UAT 214/114; ihr folgt auch *Schmidgall*, Burschenschaft (wie Anm. 10), S. 88 (zum 12. 11. 1825 allerdings irrtümlich 253 Abstimmende). Spalte 4 ist dem semesterweise erschienenen, gedruckten „Verzeichniß der Studirenden

Die schwindende Akzeptanz resultierte natürlich zum Teil auch aus dem Mißtrauen gegenüber einem Institut, das bei vielen Studenten schon aufgrund seiner staatlichen Approbation im Geruch stand, ein verkapptes Organ zu ihrer politischen Domestizierung zu sein. In eine ernste Krise geriet der Ausschuß bereits im ersten Jahr seines Bestehens, als er einen Studenten wegen Denunziation in den Verruf erklärte, worauf ihm die Disziplinarkommission wegen Kompetenzüberschreitung die Aufhebung androhte. Es fand sich aber dann doch noch ein Kompromiß, und die Ausschußsatzung erhielt im Februar 1822 einen Nachtrag, der das Verfahren bei solchen Streitigkeiten unter Studierenden festlegte[33].

An das Betragen der Ausschußmitglieder in disziplinarischer Hinsicht stellte die Universität, wie schon eingangs erwähnt, höchste Ansprüche. Schon bei kleinen Verstößen gegen die akademischen guten Sitten mußte der Betroffene sein Amt im Ausschuß niederlegen. Umgekehrt fand ein vorbildliches Engagement auch Lob und Anerkennung. So ist 1823 im Protokollbuch der Akademischen Disziplinarkommission zu lesen:

1. wurde auf die Bemerkung, daß der jetzt von der Univ(ersität) abgehende Jur. Stud. Castendyk als Mitglied des Stud(enten)ausschusses nüz(lich) auf die Sittlichkeit der Studierenden eingewirkt habe, beschlossen, daß ihm dieß in seinem Sittenzeugniß im Namen der D(isciplinar)C(ommission) bezeugt werde[34].

Seinen – eher bescheidenen – Finanzbedarf deckte der Ausschuß zumindest zeitweise über einen studentischen Zwangsbeitrag von 24 Kreuzern pro Semester[35]; auch konnte er Rechnungen, etwa für die Anmietung eines Büros oder für das Rahmenprogramm bei einer Studentenbeerdigung, zur Erstattung bei der Universität einreichen. Ansonsten erledigte er seine unterschiedlichen Aufgaben pflichtbewußt und anscheinend unverdrossen. Er verwandte sich für die Verbesserung der Bibliotheksbenutzerordnung und für die Beibehaltung des *Dies academicus*, er schlug vor, die Themen der Preisaufgaben schon vor den Ferien bekanntzugeben, er versuchte die Studenten vor finanziellen Überforderungen seitens Tübinger Bürger zu schützen und eine Befreiung von der Hundesteuer zu erwirken, er bat um die Erlaubnis, auf der Straße wenigstens mit bedeckter Pfeife rauchen zu dürfen, sowie um die Wegschaffung liederlicher Dirnen aus Tübingen[36]. Nicht unterschätzt werden darf der Beitrag, den der Ausschuß für den inneren Frieden an der Universität leistete, indem er Streitereien unter den Stu-

auf der Königlichen Universität Tübingen“ entnommen, das über seine Inskriptionsdaten die Ermittlung der Wahlberechtigten (Spalte 5) ermöglicht, wobei von den Immatrikulierten neben den Erstsemestern auch die „hospitierenden Zuhörer“ abzuziehen sind. Zu Spalte 6 ist jeweils nur die Anzahl der *gültigen* Stimmzettel überliefert (Ausnahmen: WS 1820/21 und WS 1821/22); unterstellt man auch *ungültige* Stimmzettel, dann lag die Wahlbeteiligung geringfügig höher.

33 Magisterarbeit *Oelschlägel* (wie Anm. 5), S. 53–57, nach UAT 166/7, Nr. 11.

34 UAT 166/20, S. 107, Sitzungsprotokoll vom 7. 3. 1823.

35 Ebd., S. 101 f., Sitzungsprotokoll vom 6. 12. 1822.

36 Nach *Schmidgall*, Burschenschaft (wie Anm. 10), S. 89, Diss. *Oelschlägel* (wie Anm. 7), S. 189 f., und UAT 195/3, passim.

denten schlichtete und damit half, das Duellunwesen wenigstens teilweise einzudämmen.

Den Quellen zufolge hat die Universität Tübingen ihren Studentenausschuß ernst genommen. Wenn auch der Stoßseufzer eines Professors von 1821 Bände spricht, die Mitgliedschaft in der Disziplinarkommission sei eine Last geworden, *besonders seit der Einrichtung des Studenten-Ausschusses*[37], so ist die Universität doch korrekt mit ihm umgegangen und zollte auf diese Weise seiner Arbeit Anerkennung.

Keineswegs dieselbe Wertschätzung erfuhr der AStA von seiten der württembergischen Regierung. König Wilhelm, aufs höchste verärgert über die Verstrickung von Studenten seiner Landesuniversität in die Verschwörungen des „Jünglingsbundes"[38], die ihn außenpolitisch in eine mißliche Lage gebracht hatte, installierte am 7. August 1825 eine fünfköpfige Regierungskommission zur Reform des studentischen Ordnungsrechts[39]. Mitten in deren Beratungen brachen in Tübingen, übrigens nach einer bemerkenswert langen friedlichen Phase, Tumulte zwischen den offiziell zwar verbotenen, de facto aber geduldeten Verbindungen aus. Kurzerhand ordnete das Ministerium daraufhin am 24. November 1825 einen außerordentlichen Regierungskommissar zur Überwachung der studentischen Disziplin nach Tübingen ab[40] und hob am selben Tag den Studentenausschuß auf, nicht ohne ihm, quasi mit einem Fußtritt, zu bescheinigen, er habe „seine Bestimmung nicht erfüllt"[41].

Ein letzter Punkt. Es liegt nahe, unter sozialgeschichtlichen Aspekten nach der personellen Zusammensetzung des Ausschusses zu fragen. Dazu muß aber vorher noch einige Forschungsarbeit geleistet werden, denn abgesehen davon, daß die exakte Zusammensetzung des fünfzehnköpfigen Gremiums noch nicht für jedes Semester gesichert ist, hat das Universitätsarchiv Tübingen bisher auch nicht von jedem der rund 120 namentlich bekannten Ausschußmitglieder Daten über den späteren Lebensweg ermitteln können[42]. Inwieweit daher mein Eindruck zutrifft, daß unter den Tübinger AStA-Veteranen die Zahl der späteren Parlamentarier, aber auch die Zahl der Amerika-Auswanderer, signifikant hoch ist, muß vorläufig dahingestellt bleiben. Das eine könnte mit der Möglichkeit zu tun haben, frühzeitig parlamentarische Regularien einzuüben, das andere mit der Tatsache, daß mehrere Ausschußmitglieder in die Demagogenverfolgungen verwickelt und auf dem Hohenasperg inhaftiert wurden. Wenigstens aber dem Namen nach genannt seien von

---

[37] UAT 44/3, 15, Zirkular vom 23. 4. 1821, Nr. 10.

[38] Vgl. dazu *Klüpfel* (wie Anm. 9), S. 321–326.

[39] Diss. *Oelschlägel* (wie Anm. 7), S. 285–289.

[40] Wortlaut des Ministerialerlasses bei *Reyscher* (wie Anm. 1), S. 703–705.

[41] UAT 165/4, Ministerialerlaß vom 24. 11. 1825, Druck.

[42] Die erhobenen Daten bilden den biographischen Apparat der in Vorbereitung befindlichen Edition der Tübinger Universitätsmatrikel für die Jahre 1818–1829, stehen aber schon heute der Forschung zur Verfügung.

den prominenter Gewordenen Männer wie Gustav Kolb[43], Friedrich Rödinger[44], Friedrich Notter[45], Carl Friedrich Rheinwald[46] oder Christian Friedrich Wurm[47].

V

Ich komme zum Schluß. Meine Aufgabe heute habe ich nicht darin gesehen, Ihnen eine umfassende Darstellung des ersten Tübinger und gleichzeitig ersten deutschen Studentenausschusses in verfassungsrechtlicher und ereignisgeschichtlicher Hinsicht zu geben. Vielmehr war mir darum zu tun, dieses für seine Zeit höchst bemerkenswerte hochschulpolitische Experiment, das von der Forschung bisher nicht hinreichend zur Kenntnis genommen worden ist, stärker ins öffentliche Bewußtsein zu rücken. Dazu bot diese Jubiläumsveranstaltung des Württembergischen Geschichts- und Altertumsvereins, dem auch ich als einfaches Mitglied von hier aus die besten Glückwünsche darbringe, einen idealen landesgeschichtlichen Rahmen.

---

[43] Gustav Kolb (1798–1865), Journalist (Hauptredakteur der Augsburger Allgemeinen Zeitung); stud. cam. Tübingen 1818–1822, AStA-Mitglied WS 1820/21. – ADB 16, S. 457–459.

[44] Friedrich Rödinger (1800–1868), Rechtsanwalt in Stuttgart und Parlamentarier; stud. iur. Tübingen 1819–1823 und 1824–1825; AStA-Mitglied SS 1822 bis WS 1822/23. – Schwäbische Kronik (Schwäbischer Merkur), Stuttgart 1868, S. 1761.

[45] Friedrich Notter (1801–1884), württembergischer Schriftsteller und Politiker; stud. iur. Tübingen 1819, ab 1822 stud. med., 1827 Dr. med.; AStA-Mitglied WS 1823/24 bis SS 1824. – Lebensbilder aus Schwaben und Franken, Bd. 11, Stuttgart 1969, S. 214–236 (Walter *Hagen*).

[46] Carl Friedrich Rheinwald (1802–1876), 1836–1848 Professor für germanisches Recht an der Universität Bern, ab 1849 Rechtsanwalt in Rottweil; stud. iur. Tübingen 1820–1824; AStA-Mitglied WS 1822/23 bis SS 1823. – Walther *Ludwig:* Dr. jur. Carl Friedrich Rheinwald, 1848 Mitglied der Deutschen Nationalversammlung, und seine Herkunft (Rheinwald-Vorfahren I). In: Südwestdeutsche Blätter für Familien- und Wappenkunde, Bd. 19, Heft 9, 1990, S. 457–465.

[47] Christian Friedrich Wurm (1803–1859), Historiker, Publizist und Parlamentarier in Hamburg; stud. theol. Tübingen 1820–1824; 1825 Dr. phil.; AStA-Mitglied SS 1822 bis WS 1822/23 und erneut WS 1823/24 bis SS 1824. – In seinem Nachlaß, verwahrt von der Staats- und Universitätsbibliothek Hamburg Carl von Ossietzky, ist unter der Signatur 23.8 ein Faszikel überliefert, dessen Umschlag folgende aufschlußreiche Beschriftung von Wurms eigener Hand trägt: *Tübingen. Burschen-Ausschuß. Verhandlungen mit der Disciplinar-Commission mit angeklagten Studirenden pp. Dies Convolut enthält einen Beitrag zur Geschichte des deutschen Universitätswesens in den 20ger* [sic] *Jahren. Autenrieth als Kanzler schuf den Burschen-Ausschuß* [Sperrung Vf.] – *15 erwählte Vertreter aller Studirenden. War ein Student in Untersuchung, so wurde Species facti uns mitgetheilt, wir bestellten ihm einen Defensor aus unserer Mitte. Diese Function ist mir oft und viel zu Theil geworden. In unseren Sitzungen war Comment folgender. Burschenschafter und Corpsburschen, selbst wenn Verruf zwischen beiden waltete, beriethen einmüthig und wir haben nie Streit gehabt* [Hervorhebung in der Vorlage], *die gemeinsame Vertretung des Studiosus gegen außen. Die Reaction hat erst 1830* [sic] *dies Institut vernichtet. It worked well.* (Auf diese Quellen, die bislang einzigen bekannt gewordenen Handakten eines Mitglieds des ersten Tübinger AStA, bin ich erst im März 1994 gestoßen. Ich danke Herrn Dr. Harald Weigel von der Staats- und Universitätsbibliothek Hamburg für freundliche Unterstützung.)

Wie immer, wenn „unzeitgemäße“ Institutionen entstehen, bedarf es dazu besonderer Konstellationen, des Zusammentreffens mehrerer günstiger Faktoren. Hier gehörte dazu ein Staat, dessen Monarch – ohne selbst überzeugter Anhänger der konstitutionellen Monarchie zu sein[48] – sich dem Konstitutionalismus nicht versagte und der bei allem Mißtrauen gegenüber Universitäten seinem zuständigen Ressortminister den nötigen Spielraum für Experimente ließ.

Es gehörte ferner dazu eine dynamische Persönlichkeit an der Spitze der Universität, vorhanden in Gestalt des nachmaligen Universitätskanzlers Autenrieth, eines Mannes, „königstreu bis auf die Knochen“, wie ihn Walter Jens treffend charakterisierte[49], der als Mediziner genügend Psychologe war, um die geselligen Bedürfnisse der Jugend, der studierenden im besonderen, richtig einzuschätzen.

Und es gehörte schließlich dazu eine Studentenschaft mit Führungspersönlichkeiten in ihrer Mitte, die bereit und fähig waren, die Ideale und Ideen der Zeit – vielleicht auch, um mit einem späteren Memoirentitel eines Tübinger Privatdozenten von 1823 zu sprechen, die „Ideale und Irrtümer“[50] der Zeit – auf verantwortungsbewußte, und das heißt stets: auf maßvolle Weise im Studentenalltag auszuleben, trotz aller Unzufriedenheit über die partikularistischen Eigeninteressen der deutschen Groß-, Mittel-, Klein- und Kleinstfürsten, die den studentischen Patriotismus bekämpften und kriminalisierten, weil er auf das ganze Deutschland gerichtet war, auf ein Einheitsreich, den Nationalstaat, wie ihn Bismarck ein halbes Jahrhundert später gründen sollte.

Um keine Mißverständnisse aufkommen oder im Raum stehen zu lassen: Der Tübinger AStA von 1821 darf und soll hier keineswegs überbewertet werden. Die studentische Mitbestimmung lag damals noch in weiter Ferne und, mit der wirkungsgeschichtlichen Elle gemessen, war diese früheste Ausprägung einer studentischen Selbstverwaltung in Deutschland nicht mehr als eine Episode. Im mühsamen Prozeß der Entwicklung demokratischer Grundformen in Staat und Gesellschaft indessen nimmt dieser deutsche Ur-AStA einen Rang ein, der sicher mehr Beachtung verdient als ihm bislang zuteil geworden ist.

---

48 Otto-Heinrich *Elias:* König Wilhelm I. (1816–1864). In: 900 Jahre Haus Württemberg. Hg. v. Robert *Uhland.* Stuttgart 1984, S. 306–327, hier S. 312.

49 Walter *Jens:* Eine deutsche Universität. 500 Jahre Tübinger Gelehrtenrepublik. München 1977, S. 254.

50 Karl *von Hase:* Ideale und Irrtümer. Jugenderinnerungen. Leipzig 1894. (Gesammelte Werke, Bd. 11,1.)

Stuttgart um 1840

Von Paul Sauer

Zu Beginn der vierziger Jahre des 19. Jahrhunderts regierte in Württemberg König Wilhelm I., ein politisch hochbegabter, auf das Wohl seines Landes bedachter, freilich noch stark von den Denkvorstellungen des aufgeklärten fürstlichen Absolutismus bestimmter Monarch. Er hatte sich bei seinen Untertanen hohen Respekt erworben. Sein 25jähriges Regierungsjubiläum im Herbst 1841 wurde mit großem Aufwand gefeiert. Die einzelnen Bevölkerungsschichten wetteiferten im Bemühen miteinander, dem König ihre Ergebenheit und ihre Dankbarkeit zu bekunden. Am 28. September jenes Jahres huldigten sie ihm mit einem von der Stuttgarter Bürgergarde zu Pferd angeführten, in einem bunten Szenarium die verschiedenen Stände und Berufe repräsentierenden Festzug, der mehr als 10000 Teilnehmer umfaßte. Ein Kleinod staatlichen Lebens in Württemberg, der nach vierjährigen Kämpfen zustande gekommene Verfassungsvertrag, durfte dabei nicht fehlen. Stadträte der drei Haupt- und Residenzstädte des Königreichs, begleitet vom Präsidenten und zahlreichen Mitgliedern der Kammer der Abgeordneten, trugen auf einem rotsamtenen, mit Gold verzierten Kissen die Urschrift der Verfassungsurkunde[1]. Nachdem König Wilhelm I. hoch zu Roß dem Zug im inneren Schloßhof seine Reverenz erwiesen hatte, ritt er unter dem Jubel der Untertanen durch die aufs festlichste geschmückte Stadt[2]. Einen Höhepunkt der Feierlichkeiten bildete auf dem Schloßplatz die Enthüllung des hölzernen Modells der Jubiläumssäule, die 1846, in Granit gestaltet, ihre endgültige Gestalt erhielt[3]. Ein Feuerwerk auf der Prag und Freudenfeuer, die, von Stuttgart ausgehend, auf den Bergen und Höhen im ganzen Land aufloderten, beschlossen den großen Tag[4].

Trotz der noch immer weitverbreiteten Armut und der recht zaghaft im Agrarstaat Württemberg in Gang kommenden Industrialisierung war unverkennbar, daß es wirtschaftlich aufwärtsging. König Wilhelm I. hatte hierzu Entscheidendes beigetragen. Er hatte vom Beginn seiner Regierung an Gewerbe und Handel gefördert, Hof, Regierungsapparat und Militär den bescheidenen finanziellen Ressourcen

---

[1] Julius *Hartmann*, Chronik der Stadt Stuttgart (Stuttgart 1886) S. 239.

[2] Ebd. S. 240.

[3] Friedrich Wilhelm *Hackländer*, Der Roman meines Lebens Bd. I (Stuttgart 1878) S. 241 f.; Gustav *Wais*, Alt-Stuttgarts Bauten im Bild (Stuttgart 1951) S. 433 f.

[4] Julius *Hartmann* S. 240.

seines Landes angepaßt, Verwaltung und Gerichtswesen modernisiert und zweckmäßig organisiert, den Kommunen bei der Erledigung ihrer Angelegenheiten ein bemerkenswertes Maß an Eigenverantwortung, an Selbstverwaltung, zugestanden. Krisen und Rückschläge waren auch in Zukunft nicht auszuschließen, dennoch erschien eine gedeihliche Entwicklung Württembergs vorprogrammiert.

War Ludwigsburg zur Zeit König Friedrichs noch Sommerresidenz gewesen und hatte Stuttgart nur während des Winterhalbjahrs den glanzvollen Hof des ersten württembergischen Königs in seinen Mauern gehabt, so änderte sich dies unter Wilhelm I. Er machte Ludwigsburg zum ersten Waffenplatz, d.h. zur größten Garnison des Landes, zum „schwäbischen Potsdam", Stuttgart hingegen wählte er zu seiner ständigen Residenz. Hier im Neuen Schloß hielt er Hof, von hier aus regierte er sein kleines, kaum 1,5 Millionen Einwohner zählendes Königreich, von hier aus spielte er einen wichtigen, wenn auch mitunter beinahe intrigant anmutenden Part im Konzert des deutschen und europäischen Staatensystems. Indes, sein Hof war von bescheidenem Zuschnitt. Obgleich er sich auf die Entfaltung verschwenderischer Pracht durchaus verstand, beschränkte er diese – anders als sein Vater, dem glanzvolle fürstliche Repräsentation beinahe zum Selbstzweck geworden war – auf spektakuläre Anlässe, sonst begnügte er sich mit einem Minimum an königlichem Schaugepränge. Fremde Gesandte, auch solche der außerdeutschen Großmächte Rußland, Frankreich und Großbritannien, äußerten wiederholt ihr Erstaunen darüber, daß Wilhelm I. für höfisches Zeremoniell, für königliche Repräsentation so wenig Sinn hatte. Stuttgart hätte sicherlich von einem prunkvollen Hof in wirtschaftlicher, zum Teil auch in kultureller Hinsicht profitiert, doch allzu ungehalten war man am Nesenbach nicht, daß im Neuen Schloß ein Landesherr residierte, der das Wohl der Untertanen mit der fürstlichen Repräsentation in ein ausgewogenes Verhältnis zu bringen suchte[5]. Die Monarchie war zwar in der Bevölkerung noch fest verwurzelt, aber mit dem Gottesgnadentum des Herrschers tat man sich zunehmend schwerer, zumal seit dem Abschluß des Verfassungsvertrags am 25. September 1819 die Untertanen durch die ihren Repräsentanten, den Landständen, eingeräumten Rechte der Steuerbewilligung und der Mitwirkung bei der Gesetzgebung an der Verantwortung für den Staat beteiligt waren und sie vor allem in der Zweiten Kammer, der Kammer der Abgeordneten, über ein öffentliches Forum verfügten, in dem über die Rechte der Staatsbürger diskutiert, Übergriffe von Regierung und Verwaltung zur Sprache gebracht, soziale und wirtschaftliche, kirchliche und kulturelle Fragen behandelt wurden. Auch wenn der Stuttgarter Landtag der Vormärzzeit von einem modernen demokratischen Parlament noch weit entfernt war, so kam ihm doch für die Herausbildung einer freiheitlichen Staats- und

---

[5] Otto-Heinrich *Elias*, König Wilhelm I. (1816–1864). In: 900 Jahre Haus Württemberg (Stuttgart 1984) S. 306–327.

Gesellschaftsordnung nicht nur für Württemberg, sondern für Gesamtdeutschland eine hervorragende Bedeutung zu[6].

Außerordentlich segensreich für Stuttgart und Württemberg war das öffentliche Wirken der zweiten Frau König Wilhelms I., der russischen Großfürstin Katharina, gewesen. Die schon 1819, 30jährig, verstorbene Königin hatte auf den Gebieten der Armen- und Krankenfürsorge, des Schul- und Bildungswesens sowie der Wirtschaft Einrichtungen geschaffen, die bis heute Bestand haben. Institutionen wie das Wohlfahrtswerk für Baden-Württemberg, die Landesgirokasse, das Königin-Katharina-Stift und das Katharinenhospital sind ihrer Initiative zu verdanken[7]. Seit 1820 war nun Wilhelm I. mit Pauline von Württemberg, einer Tochter seines Onkels Ludwig, verheiratet. Pauline besaß nicht das geistige Format, den Ideenreichtum und das Durchsetzungsvermögen Katharinas, doch hat sie sich ähnlich wie ihre Mutter, die unvergessene Herzogin Henriette von Württemberg, im sozialen und karitativen Bereich engagiert. 1823 schenkte sie ihrem Mann, der zuvor schon Vater dreier Töchter war, den ersehnten Thronerben. Dieser, Kronprinz Karl, erhielt eine sorgsame Erziehung. An den Besuch der Kriegsschule in Ludwigsburg schlossen sich 1840/41 der Besuch der Universitäten Tübingen und Berlin an, danach Bildungsreisen an verschiedene deutsche Höfe sowie in die Niederlande, nach Italien und England. Daß die unter einem unglücklichen Stern stehende Ehe der Eltern und der wenig einfühlsame, herrische Vater die Charakter- und Persönlichkeitsbildung Karls gehemmt und stark negativ beeinflußt hatten, blieb Außenstehenden damals noch weitgehend verborgen. Große Erwartungen knüpften nicht nur das württembergische Regentenhaus, sondern auch die Untertanen an die Heirat des Thronfolgers mit der hochintelligenten und bildschönen Großfürstin Olga, der zweiten Tochter des Zaren Nikolaus I. von Rußland[8]. Der Einzug des jungen Paars am 23. September 1846 in Stuttgart – zwei Monate nach der prunkvollen Hochzeit in St. Petersburg – zählte zu den glänzendsten Ereignissen jener Zeit, viele Tausende von Schaulustigen säumten die Straßen der Stadt[9]. König Wilhelm I. nahm die Hochzeit des Sohnes zum Anlaß, um die bislang fertiggestellten Wilhelmagebäude in Cannstatt feierlich einzuweihen[10]. Ludwig Gaab errichtete im königlichen Auftrag für das Kronprinzenpaar eine standesgemäße Residenz: das Kronprinzenpalais am Schloßplatz[11]. Gleichzeitig erbaute Christian Leins gegenüber dem Rosenstein in italienischem Renaissancestil die Villa Berg, die ein von dem Kunstgärtner Friedrich Neuner, dem späteren Gründer des Neunerschen Mineralbads, gestalteter

---

6 Paul *Sauer*, Baden-Württemberg, Bundesland mit parlamentarischen Traditionen (Stuttgart 1982) S. 54–72.

7 Hans *Schumann*, Königin Katharina von Württemberg (Stuttgart 1993) S. 5ff.

8 Otto-Heinrich *Elias* S. 311.

9 Julius *Hartmann* S. 247.

10 Kurt *Leipner*, Stuttgart. Daten zur Geschichte (Stuttgart 1987) S. 96.

11 Gustav *Wais* S. 487.

16 Hektar großer Park umgab[12]. In dem herrlich gelegenen Landhaus fanden Karl und Olga in ihren noch unbeschwerten jungen Ehejahren Ruhe und Erholung.

Politisch bewegte sich um 1840 wenig. Die Regierung hatte das Heft in der Hand. Ihre Rolle als Ordnungshüterin fand fast allgemein Anerkennung. Andererseits jedoch handhabte sie jetzt ihre Polizeigewalt großzügiger, gestand dem Bürger mehr Freiraum für seine persönliche Lebensentfaltung zu. So hob eine königliche Entschließung im März 1847 das bislang streng beachtete Verbot des Tabakrauchens auf Straßen und öffentlichen Plätzen der Residenzstadt auf[13]. Aus der Kammer der Abgeordneten hatten sich 1839 die führenden Köpfe der liberalen Opposition zurückgezogen; sie stellten sich erst 1845 wieder zur Wahl. In der Bevölkerung, namentlich aber unter den alten Soldaten, war der Napoleonkult weit verbreitet[14]. In der Rückschau glorifizierte man den Korsen als großen militärischen Heros, das blutige Inferno, in das Europa durch ihn gestürzt worden war, hatte für seine Bewunderer den einstigen Schrecken verloren[15]. Die junge Generation vermochte mit einem solchen Heroenkult wenig anzufangen. Ihr Blick richtete sich nach vorne. Sie strebte eine freiheitlichere Gestaltung der politischen Verhältnisse in Württemberg und ganz Deutschland an. Zustatten kam ihr, daß sich der Druck des Metternichschen Systems zu lockern begann, daß man sich jetzt freier äußern konnte, ohne daß sogleich mit strafrechtlichen Folgen zu rechnen war[16]. Nicht von ungefähr fand im Dezember 1842 die Forderung nach Öffentlichkeit und Mündlichkeit im Gerichtsverfahren auch in der hiesigen Bürgerschaft eine nachhaltige Unterstützung[17]. Ein Stein des Anstoßes war seit längerem die Lebenslänglichkeit der Gemeinderäte; sie hemmte durch das mangelnde Interesse und Engagement eines Teils seiner Mitglieder die Aktivitäten des Stadtparlaments. Es spricht für die selbstkritische Einstellung der Stuttgarter Bürgerlichen Kollegien, also des Gemeinderats und des Bürgerausschusses, daß diese im März 1845 bei der Regierung beantragten, das Prinzip der Lebenslänglichkeit durch zeitlich befristete Wahlperioden zu ersetzen[18]. Sie mußten jedoch noch drei Jahre warten, bis ihre Forderung nach Ausbruch der Märzrevolution von 1848 erfüllt wurde. Zu größerer Bürgernähe führte der Beschluß der Bürgerlichen Kollegien von 1847, der Presse die Möglichkeit zu geben, künftig über ihre wichtigen Verhandlungen in allgemeinen Verwaltungsangelegenheiten öffentlich zu berichten[19]. Daß die Stadt Stuttgart im gleichen Jahr den profilierten liberalen Politiker Paul Pfizer, der sich mit seinem Preußen einen politischen Führungsanspruch in Deutschland zuerkennenden „Briefwechsel zweier Deutschen" den besonderen Unwillen seines Landesherrn zugezogen hatte, zum

---

12 Ebd. S. 456.

13 Julius *Hartmann* S. 250.

14 Eugen *Schneider*, Württembergische Geschichte (Stuttgart 1896) S. 507f.

15 Otto *Elben*, Lebenserinnerungen 1823–1899 (Stuttgart 1931) S. 25f.

16 Ebd. S. 26f.; Wolfgang Menzels Denkwürdigkeiten. Hg. von Konrad *Menzel* (Bielefeld und Leipzig 1877) S. 363.

17 Julius *Hartmann* S. 243.

18 Ebd. S. 246.

19 Ebd. S. 249.

Ehrenbürger ernannte und daß sie den Gesinnungsgenossen Pfizers, Friedrich Römer, den späteren Kopf der württembergischen Märzregierung, durch die Überreichung eines silbernen Eichenkranzes ehrte, zeigt, wie richtig man in der württembergischen Haupt- und Residenzstadt im Jahr vor dem Ausbruch der Revolution die Zeichen der Zeit zu deuten verstand[20]. Am 27. Juli 1845 wurde die des Giftmords an ihrem Mann überführte 40jährige Christiane Ruthardt auf der Feuerbacher Heide durch das Schwert hingerichtet[21]. Daß ein solches unzählige Schaulustige anlockendes abstoßendes und menschenunwürdiges Spektakel nicht mehr in die politische Landschaft paßte, war offenkundig. Immerhin war dies die letzte öffentliche Hinrichtung einer Frau und eine der letzten öffentlichen Hinrichtungen in Stuttgart überhaupt.

Die Mißernte des Vorjahres ließ im Frühjahr 1847 die Preise für die Grundnahrungsmittel in die Höhe schnellen. Die ärmeren Volkskreise gerieten in schlimme Bedrängnis. Die Erbitterung war groß, sie führte hier am Abend des 3. Mai zu Ausschreitungen. Bürgergarde und Militär wurden alarmiert. Diesen gelang es jedoch ebensowenig wie dem zu Pferd erscheinenden König Wilhelm, die aufgebrachte und ständig weiter anwachsende Menschenmenge zu beschwichtigen. Um die Situation nicht gänzlich außer Kontrolle geraten zu lassen und um den König von dem gegen ihn andrängenden Haufen zu befreien, gab ein Zug Infanterie Feuer. Hierbei wurde ein Schustergeselle getötet. Bei der politischen Opposition war die Empörung groß; sie protestierte gegen die gesetz- und ordnungswidrige Anwendung der Waffengewalt durch das Militär. Indessen blieb es in Stuttgart bei diesem einen Krawall. Regierung und Stadtverwaltung bemühten sich mit Erfolg, durch geeignete Hilfsmaßnahmen Not und Teuerung in Grenzen zu halten und so die aufrührerische Stimmung zu dämpfen[22]. Freilich unter der Oberfläche schwelte die Glut der Unzufriedenheit über die politischen und sozialen Zustände weiter; sie sollte wenige Monate später erneut aufflammen und rasch zu einem mächtigen revolutionären Flächenbrand werden.

Stuttgart war in den vierziger Jahren des 19. Jahrhunderts noch immer eine verhältnismäßig kleine Stadt. 1841 zählte es 42217 Einwohner[23]. Doch wies es nach zwei Jahrzehnten der Stagnation seit etwa 1820 ein starkes Bevölkerungswachstum auf, d.h. es übte auf Niederlassungswillige aus nah und fern eine zunehmende Anziehungskraft aus. Von 1820 bis 1840 verdoppelte sich nahezu seine Einwohnerzahl, und 1846 überschritt diese bereits die 50000er Marke[24]. Hierher kommende Fremde waren tief beeindruckt von den „Naturschönheiten" Stuttgarts und seiner Umgebung[25]. Der Publizist Wolfgang Menzel, der damals hier eine zweite Heimat

20 Ebd.
21 Ebd. S. 246.
22 Paul *Sauer*, Revolution und Volksbewaffnung (Stuttgart 1976) S. 63 ff.
23 Julius *Hartmann* S. 240.
24 Paul *Sauer*, Das Werden einer Großstadt (Stuttgart 1988) S. 16.
25 Wolfgang Menzels Denkwürdigkeiten S. 203 f.

fand, bezeichnete die Stadt als „einen angenehmen Aufenthaltsort". Er schwärmte von seinem „kleinen mit Reben umkränzten Haus", das ein hübscher Garten von der Straße trennte: Obwohl er mitten in der Stadt wohne, komme es ihm vor, als lebe er halb auf dem Land. Die Beschreibung Stuttgarts aus seiner Feder liest sich wie eine Hommage an ein von der Natur besonders begünstigtes Fleckchen Erde. „Auf der Ostseite", so schrieb er, „genießt die Stadt den dunkelgrünen Schatten hoher und dichter Kastanienalleen, und von allen Seiten blicken die Weinberge in die Straßen hinein. Nach allen Richtungen im Tal zum Neckar hin und gegen die Berge im Norden, Westen und Süden bewegt man sich in einer schönen Landschaft, im schönen Buchen- und Tannenwald, und die Berge bieten Fernsichten die Menge dar[26]." Ähnlich begeistert schildert 1840 der Schriftsteller Friedrich Hackländer den „prachtvollen Ausblick", den er vom Fenster seines in einem Haus in der Friedrichstraße gemieteten Zimmers genoß. Er habe dort stundenlang träumerisch sitzen, in das zarte Grün der Blumen und Gräser schauen, sich am Duft der Blumen und Blüten erfreuen und dem lieblichen Gesang der Vögel lauschen können[27].

Allein, behaglich eingerichtete, stattliche, zumindest geräumige Häuser mit Gärten und freiem Ausblick waren im damaligen Stuttgart keineswegs die Regel; sie befanden sich vor allem in der sogenannten Reichen Vorstadt, die ihren Mittelpunkt in der Hospitalkirche hatte, und in den neuangelegten Straßen an der Peripherie der Stadt. In der durch die obere Königstraße und die Eberhardstraße begrenzten Inneren Stadt und in der an diese südlich anschließenden Esslinger oder St. Leonhardsvorstadt drängten sich in großer Zahl kleine unansehnliche Häuser, in denen Weingärtner sowie wenig begüterte Handwerker und Taglöhner wohnten. Hier gab es Gassen und Gäßchen, deren Armseligkeit wenig ins Bild einer königlichen Residenzstadt paßten. 1839 verfügte Stuttgart über insgesamt 3589 Gebäude: 2010 Wohnhäuser, 1418 Gebäude, die ökonomischen, gewerblichen und landwirtschaftlichen Zwecken dienten, ferner sechs Kirchen, neun Spitäler, Kranken- und Armenhäuser, neun Schulhäuser, ein Rathaus, 17 Kanzleigebäude, vier Kasernen, 88 zu sonstigen öffentlichen Zwecken bestimmte Häuser, 25 Amtsbehausungen sowie zwei Schlösser[28].

König Wilhelm I. nutzte die Chance der auf die napoleonischen Kriege folgenden langen Friedensperiode, um Stuttgart durch repräsentative Bauten auch nach außen den Rang einer königlichen Haupt- und Residenzstadt zu verschaffen. Außerdem verstand er es, die bürgerliche Oberschicht für eine anspruchsvollere Bau- und Wohnkultur zu gewinnen. So wurde hier zunehmend mehr und vor allem besser gebaut. Von den großen öffentlichen Bauten, die damals errichtet wurden, seien erwähnt: 1827 Staatsarchiv und Naturalienkabinett (Baumeister Gottlob Georg Barth), 1828 Katharinenhospital (Baumeister Nikolaus Friedrich Thouret), 1839 Reithaus an der Neckarstraße (Baumeister Giovanni Salucci), 1843 die große Infan-

---

[26] Ebd. S. 537f.

[27] Friedrich Wilhelm *Hackländer* Bd. I S. 197.

[28] Karl *Pfaff*, Geschichte der Stadt Stuttgart Bd. II (Stuttgart 1846) S. 24.

teriekaserne an der Rotebühlstraße, 1844 das Königliche Münzgebäude an der Neckarstraße (Baumeister Adam Friedrich Groß), 1845 die Reiterkaserne an der Ludwigsburger Straße vor dem Königstor. Neue städtebauliche Akzente setzten das nach den Plänen Giovanni Saluccis ausgeführte, 1840 bezogene Wilhelmspalais, das 1843 vollendete Stockgebäude an der Königstraße, dessen Architekten Gottlob Georg Barth und Adam Friedrich Groß waren, das 1838 bis 1843 nach den Plänen von Barth errichtete Museum der Bildenden Künste, die heutige Staatsgalerie, sowie das bereits früher erwähnte Kronprinzenpalais, das 1846 bis 1854 Ludwig Gaab erbaute[29]. Die schon unter König Friedrich im Zuge der Erschließung neuer Bauareale für die wachsende Stadt begonnene Beseitigung der alten Stadtbefestigung wurde unter seinem Sohn konsequent fortgeführt. Skrupel wegen der Zerstörung historischer Bausubstanz, die jahrhundertelang für das äußere Bild Stuttgarts maßgeblich gewesen war, hatte man nicht. Da die Stadtbefestigung für den Schutz sowie die Sicherheit der Bürgerschaft entbehrlich war und nur die Ausdehnung der Stadt hemmte, mußte sie verschwinden. 1846 fiel der letzte Turm der alten Innenstadtmauer, der Turm an der Münze am Dorotheenplatz, der Spitzhacke zum Opfer[30].

Stuttgart war im Vergleich zu anderen Städten verkehrsmäßig benachteiligt. Es lag an keiner Durchgangsstraße und an keinem schiffbaren Fluß. Immerhin hatte sich seit der Mitte des 18. Jahrhunderts seine Anbindung an das Fernstraßennetz des Landes wesentlich verbessert. Als erste Kunststraße seit der Römerzeit in Württemberg wurde zwischen 1737 und 1739 die Chaussee Stuttgart – Ludwigsburg gebaut[31]. 1809 erhielt die Stadt eine Straßenverbindung mit Vaihingen/Fildern, und 1831 vollendete Gottlieb Christian Eberhard Etzel nach mehrjähriger Bauzeit die Neue Weinsteige, eine technische Meisterleistung der Zeit[32]. Dennoch blieb Stuttgart weiterhin im Windschatten des Verkehrs. Dies änderte sich mit dem Bau der Eisenbahn. Hierzu gab der württembergische Staat allerdings nur zögernd grünes Licht. Anfang der vierziger Jahre lagen die erforderlichen baureifen Entwürfe vor. 1844 erfolgte der erste Spatenstich beim Pragtunnel. Die Bürgerlichen Kollegien und die Stadtverwaltung erkannten rasch die große verkehrs- und wirtschaftspolitische Chance für Stuttgart und seine Umgebung; sie stellten beträchtliche Finanzmittel bereit. Am 22. Oktober 1845 konnte der Streckenabschnitt Cannstatt–Untertürkheim, vier Wochen später der Abschnitt Untertürkheim–Esslingen der neuen württembergischen Staatsbahn in Betrieb genommen werden. Im Jahr darauf wurde der Pragtunnel fertiggestellt und Stuttgart sowie Ludwigsburg in den Eisenbahnverkehr einbezogen. Am 26. September 1846 fuhr die erste Lokomotive in den an der Schloßstraße neuerstellten Stuttgarter Bahnhof ein[33]. Dies war für die württembergische Haupt- und Residenzstadt ein bedeutsames Ereignis: Die Zeit beschauli-

---

29 Paul *Sauer*, Das Werden einer Großstadt S. 15; Kurt *Leipner*, S. 93 ff.

30 Ebd. S. 96.

31 Der Kreis Ludwigsburg (Reihe Heimat und Arbeit) (Stuttgart 1977) S. 239.

32 Julius *Hartmann* S. 203; Geschichte der Stadt Stuttgart (Stuttgart 1905) S. 239.

33 Julius *Hartmann* S. 245 ff.; Kurt *Leipner* S. 94 ff.

cher Kleinstädterei war vorbei, das Tor zur Industrialisierung und zur modernen Wirtschaftsmetropole aufgestoßen. Schon nach wenigen Jahren bildete die Stadt den Zentralpunkt des sich zunehmend verdichtenden Eisenbahnnetzes Württembergs, zugleich gewann sie direkten Anschluß an die europäischen Schienenhauptverkehrsadern und damit Zugang zu den Weltmärkten[34].

In der Stadt bestimmten um 1840 und noch Jahrzehnte später Fußgänger, die verschiedensten Arten von Pferdewagen und Reiter das Straßenbild. 1839 scheint jedoch der Verkehr mit Botenfuhrwerken, Kutschen usw. so lebhaft gewesen zu sein, daß die Stadtdirektion, nachdem mehrere Personen überfahren worden waren, anordnete, die Fußgänger hätten grundsätzlich die nun in allen Straßen und Gassen anzulegenden Trottoirs, die Bürgersteige, zu benutzen[35]. Ein neues Verkehrsmittel, der Pferdeomnibus, machte der fahrenden Post, den Postkutschen, empfindliche Konkurrenz. Omnibusfahrten in die nähere und weitere Umgebung, so nach Böblingen und ins Remstal, kamen in Mode[36]. Seit 1846 bot eine „Pferde-Droschkenanstalt mit Tarif", eine Vorform unserer heutigen Auto-Taxi-Unternehmen, ihre Dienste an[37]. Das Postwesen befand sich noch immer in der Regie des fürstlichen Hauses Thurn und Taxis; ihm oblag die Brief- und Paketbeförderung, außerdem unterhielt es, wie bereits erwähnt, mit seinen nicht eben bequemen Postkutschen einen ausgedehnten Personenverkehr. Nicht uninteressant dürfte auch sein, daß die Thurn- und Taxissche Postverwaltung 1843 in Stuttgart die ersten drei Briefkästen aufhängte. Zuvor hatten sämtliche abzusendenden Briefe zum Postamt gebracht werden müssen[38]. Auf eine neue Basis stellte der elektrische Telegraf das Kommunikationswesen; er wurde zunächst probeweise im Verkehr zwischen Stuttgart und Cannstatt eingeführt, dann bis nach Esslingen ausgedehnt[39]. Einen großen Fortschritt in der bis dahin recht unzulänglichen Straßenbeleuchtung bedeutete 1845 die Installation von 450 Gaslaternen. Das Gas wurde in einem auf den Spitaläckern (Seidenstraße) errichteten Gaswerk erzeugt, für das die Stadt drei Privatleuten die Konzession erteilt hatte[40]. Von Interesse dürfte schließlich auch sein, daß seit 1841 Steinkohlen für die Beheizung von Wohnungen Verwendung fanden[41]. Zuvor hatte man ausschließlich mit Holz geheizt. Die Steinkohlen wurden auf dem Wasserweg nach Heilbronn und Cannstatt gebracht. Später übernahm dann die Eisenbahn den Transport.

Um 1840 lebte wie schon seit Jahrhunderten ein erheblicher Teil der Bürgerschaft vom Weinbau. Die Weingärtner gehörten meist den unteren Bevölkerungsklassen an; sie waren wenig begütert. Nicht wenige von ihnen bewirtschafteten neben ihren

---

[34] Paul *Sauer*, Das Werden einer Großstadt S. 19ff.
[35] Julius *Hartmann* S. 237f.
[36] Ebd. S. 244.
[37] Ebd. S. 249.
[38] Kurt *Leipner* S. 94.
[39] Julius *Hartmann* S. 251.
[40] Ebd. S. 246; Kurt *Leipner* S. 95.
[41] Julius *Hartmann* S. 240.

eigenen kleinen Gütlein die Weinberge wohlhabender Bürger. Noch immer trafen Weinfehljahre die Einwohner hart. Viele blieben dann mit der Entrichtung ihrer Steuern und Abgaben im Verzug. Von Belang war neben dem Weinbau der Garten- und Obstbau. Die bürgerliche Oberschicht besaß ausgedehnte, mustergültig angelegte Gärten, in denen die unterschiedlichsten Obstsorten kultiviert wurden, Nutz- und Zierpflanzen in reicher Fülle die Besucher entzückten. Im Sommer hielt man sich viel in den Gärten auf den Anhöhen vor der Stadt auf und lud Freunde und Bekannte dorthin ein. Im Dezember 1842 wurde der Stuttgarter Blumen- und Gartenbauverein gegründet[42]. Keine Rolle auf der Stuttgarter Gemarkung spielte die Landwirtschaft, zumal die wenigen Äcker und Wiesen, die es früher hier gegeben hatte, entweder überbaut oder in Gärten und Parks umgewandelt waren. Ackerbau und Viehzucht wurden lediglich in den drei eingemeindeten Weilern Berg, Gablenberg und Heslach getrieben – freilich auch dort nur in bescheidenem Umfang. 1841 gab es in Stuttgart einschließlich dieser drei Weiler 745 Kühe, 454 Schweine, elf Schafe und 151 Ziegen[43]. Dennoch kam Stuttgart für die Entwicklung der modernen Landwirtschaft ein nicht unwichtiger Part zu. In der Stadt hatte die Zentralstelle des landwirtschaftlichen Vereins für Württemberg ihren Sitz[44]; sie informierte die Landwirte im Land über verbesserte Methoden der Bodenbearbeitung, der Düngung, über den Anbau ertragreicherer oder neuer agrarischer Erzeugnisse usw. König Wilhelm I. gehörte zu den großen Förderern der Landwirtschaft. Mit seinem Namen ist nicht nur das rasch einen ausgezeichneten Ruf erlangende Landwirtschaftliche Hauptfest in Cannstatt, sondern auch die Gründung der Landwirtschaftlichen Hochschule Hohenheim, der heutigen Universität, verbunden. Die im September 1842 in Stuttgart stattfindende sechste Versammlung deutscher Land- und Forstwirte feierte ihn als Landwirt unter den Königen und als König der Landwirte[45].

Um 1840 steckte die Industrialisierung Stuttgarts noch in den Kinderschuhen. Der sie in Gang bringende Motor, die Wasserkraft, stand nicht zur Verfügung. Während sich die Neckaranlieger Cannstatt und Esslingen dieser kostengünstigen Möglichkeit der Energieerzeugung bedienten, war die Stuttgarter Industrie am Anfang fast ausschließlich auf Dampfkraft angewiesen. Einer schnellen Verbreitung der Dampfmaschine standen jedoch die Kohlenpreise entgegen, die wegen der weiten Transportwege selbst noch nach Schaffung eines leistungsfähigen Schienengüterverkehrs hoch blieben. Die erste Dampfmaschine wurde in Stuttgart übrigens 1841 aufgestellt. Im Jahr 1857 befanden sich in 27 Fabriken 35 Dampfmaschinen mit 172 Pferdestärken, 1868 waren es 117 mit 761 Pferdestärken. Das Rückgrat des hiesigen Gewerbes bildete in den vierziger Jahren wie früher das Handwerk[46]. 1841

---

[42] Ebd. S. 242.
[43] Karl *Pfaff* Bd. II S. 378.
[44] Kurt *Leipner* S. 98.
[45] Julius *Hartmann* S. 242.
[46] Paul *Sauer*, Das Werden einer Großstadt S. 21.

wurden 2057 Handwerker gezählt. Außerdem gab es 26 Manufakturen und Fabriken kleinen bis mittleren Zuschnitts, fünf Mühlen sowie elf andere Werke[47]. Um den für das wirtschaftliche Aufblühen der Stadt so wichtigen Trend zur technischen Innovation zu verstärken und ein für den industriellen Pioniergeist günstiges Klima zu schaffen, wurden in einem dreijährigen Zyklus Industrieausstellungen veranstaltet[48]. Diese Ausstellungen vermittelten Anregungen und gaben den Anstoß zur Gründung neuer gewerblicher Unternehmen. 1845 machte Obersteuerrat Moritz Mohl eine von ihm erworbene Sammlung von Mustern französischer Waren öffentlich zugänglich, damit Gewerbetreibende ein Bild von der technischen Leistungsfähigkeit des großen westlichen Nachbarlands bekamen und innovativ tätig wurden[49]. Um die Erzeugnisse des einheimischen Gewerbes verkaufen zu können und so die gewerbliche Entwicklung voranzutreiben, mußten neue Absatzmärkte erschlossen werden. Dieser Herausforderung nahm sich der 1843 in Stuttgart gegründete Württembergische Handelsverein an. Seiner Initiative war die Errichtung eines Handelsschiedsgerichts bereits im folgenden Jahr zu verdanken[50].

Kaum zu bewältigen waren die sozialen Probleme. Die Fürsorge für bedürftige Kranke und Alte, die alleinstehend waren oder aber von ihren Familien nicht unterstützt werden konnten, oblag der Stadt. Diese vermochte im Verein mit den Kirchen nur in bescheidenem Maß zu helfen. Ein großer Teil der wohlhabenden Bürger war sich seiner Verpflichtungen gegenüber den Hilfsbedürftigen bewußt. Er engagierte sich in bemerkenswertem Maß auf sozialem Gebiet. Vereine mit der Zielsetzung, die Not der sozial Benachteiligten zu lindern, wurden ins Leben gerufen, so 1840 ein Verein zur Unterstützung verschämter Hausarmer und ein Verein zur Unterstützung älterer, unversorgter und unbemittelter Honoratiorentöchter[51], 1841 ein Verein zur Errichtung eines Hauses für mittellose Witwen[52]. 1846 stiftete eine unbekannte Stuttgarterin die für die damalige Zeit höchst beachtliche Summe von 10000 Gulden für Augenkranke und Blinde. Die gleiche Summe hatte vier Jahre zuvor der jüdische Bankier Seligmann Benedict für die Armen der Stadt zur Verfügung gestellt. Benedict eröffnete damit die Reihe der großen jüdischen Wohltäter Stuttgarts, unter denen Eduard Pfeiffer und Alexander Pflaum die klangvollsten Namen haben. Einzelne Berufsgruppen schufen Selbsthilfeeinrichtungen. So gründeten die Buchdrucker und Schriftgießer 1841 eine Witwen- und Waisenkasse[53]. Wie schon früher ging König Wilhelm I. auf dem Gebiet der Sozialfürsorge beispielhaft voran. 1842 rief er eine dritte Kinder-

---

[47] Karl *Pfaff* Bd. II S. 381 f.
[48] Julius *Hartmann* S. 241.
[49] Ebd. S. 247.
[50] Ebd. S. 243 f.
[51] Karl *Pfaff* Bd. II S. 470 f.
[52] Geschichte der Stadt Stuttgart (Stuttgart 1905) S. 64.
[53] Julius *Hartmann* S. 240 ff. und 248.

pflege für Mittellose ins Leben und verlieh ihr zur Erinnerung an die Konfirmation seiner jüngsten Tochter den Namen Augustenpflege[54].

Eine bessere medizinische Versorgung der sozial Schwachen machten sich einige Vereine zur Aufgabe. 1845 errichtete ein Verein die orthopädische Armenheilanstalt Paulinenhilfe[55], drei Jahre darauf übernahm der Lokal-Wohltätigkeitsverein die Kosten für zwei neu einzustellende Armenärzte[56]. Überhaupt wurde dem Gesundheitswesen zunehmend mehr Aufmerksamkeit geschenkt. Die Zahl der in Stuttgart praktizierenden Ärzte war in stetigem Ansteigen begriffen. 1841 übten hier 49 Ärzte, vier Zahnärzte und fünf Tierärzte ihre Berufe aus[57]. Kurz zuvor hatte die Stadt damit begonnen, ihr seit dem Spätmittelalter bestehendes Hospital mit einem erheblichen Kostenaufwand zu erneuern und zu vergrößern. Die Bauarbeiten zogen sich mehrere Jahre hin. Nach dem in den zwanziger Jahren errichteten Katharinenhospital konnte 1848 als weiteres modernes Krankenhaus das 1842 gegründete Hospital für Kinder und Jugendliche an der Forststraße, die spätere Olgaheilanstalt, eröffnet werden[58].

Sehr rege war das geistige und kulturelle Leben in Stuttgart. Nicht wenige Schriftsteller und Künstler, die aus entfernteren Gegenden Württembergs oder auch aus anderen deutschen Ländern hierher gekommen waren, wurden in der Stadt heimisch. Der Publizist Wolfgang Menzel, der seit 1825 in Stuttgart lebte, fühlte sich von der Stadt und ihren Bewohnern besonders angesprochen. Ihm gefiel der hier übliche unbefangene freundschaftliche Umgang zwischen Militär und Zivil, die Einbindung des Hofes und der Offiziere in die gebildete bürgerliche Gesellschaft. Keine Klasse, so stellte er anerkennend fest, habe das Übergewicht über die andere. Weder dem Rang noch dem Geld, sondern den reicheren Kenntnissen und Erfahrungen, dem biederen Charakter, dem überlegenen Geist und dem liebenswürdigen Benehmen räume man den Vorzug ein. Nun mag das Bild, das Menzel zeichnete, etwas schöngefärbt sein, im wesentlichen traf es aber wohl zu. Stuttgart verfügte damals über ein gebildetes, aufgeschlossenes und vielseitig interessiertes Bürgertum, das das breitgefächerte Angebot an kulturellen Veranstaltungen gerne wahrnahm. Es hatte seinen geistigen und geselligen Mittelpunkt im Museum, das Menzel eine großartige Einrichtung nennt. Der Gebäudekomplex des Museums enthielt große Säle für Bälle, Konzerte und Versammlungen, etliche Lesezimmer, in denen über hundert Zeitungen auflagen, ferner Konversations-, Spiel-, Billard- und Wirtschaftszimmer. Außerdem besaß das Museum eine große Bibliothek. Die bürgerliche Mittelschicht, die kleinen Kaufleute und Handwerker, fanden sich im Bürgermuseum zusammen, einer Einrichtung, die im Vergleich zum Museum von erheblich bescheidenerem Zuschnitt war, doch gleichfalls geistige Interessen förderte und

---

[54] Ebd. S. 242.

[55] Ebd. S. 246.

[56] Beschreibung des Stadtdirections-Bezirkes Stuttgart (Stuttgart 1856) S. 325.

[57] Karl *Pfaff* Bd. II S. 472.

[58] Julius *Hartmann* S. 241 und 248.

eine gehobene Geselligkeit pflegte[59]. Einen hohen Rang maß man damals überhaupt der Geselligkeit bei. Bezeichnend hierfür war der große Aufschwung, den das Vereinswesen nahm. Vereine vielfältiger Art mit sehr unterschiedlichen Zielsetzungen bildeten sich. 1842 entstand der bereits erwähnte Blumen- und Gartenbauverein, 1843 die Turngesellschaft, der Männerturnverein – MTV, 1844 der Verein für vaterländische Naturkunde, 1847 der Verein für klassische Kirchenmusik (Oratorienchor) sowie eine zweite Bürgergesellschaft, die sich den Namen Bürgerverein beilegte. Der bereits 1827 gegründete Kunstverein zählte 1842 nicht weniger als 1448 Mitglieder, eine erstaunliche Zahl für eine Stadt mittlerer Größe[60]. Besonderen Anklang fanden Gesang- und Turnvereine. Im Gesang wetteiferten alle Altersgruppen miteinander, hingegen lockte das Turnen vor allem junge Leute an. Daß der Männerturnverein 1845 seine Übungen auch auf die Hilfeleistungen bei Feuersbrünsten ausdehnte, trug ihm allgemeine Anerkennung ein. Die Stadt stellte ihm eine Feuerspritze und die dazu gehörenden Löschgerätschaften zur Verfügung[61].

Orte geselliger Begegnung waren die Gastwirtschaften und insbesondere auch die Kaffeehäuser, von denen es 1841 fünf in der Stadt gab[62]. Um 1840 galt der „König von England“ als eines der ersten Gasthäuser Stuttgarts. Friedrich Wilhelm Hackländer, der am Anfang seiner Stuttgarter Zeit dort zu Hause war, erinnert sich: „Was damals von ausgezeichneten Leuten nach Stuttgart kam, Schriftsteller, Dichter, Musiker, dramatische Künstler und Künstlerinnen, wohnte im ‚König von England‘ oder vermehrte wenigstens unsere tägliche und oftmals sehr heitere Tafelrunde.“ Wenige Jahre später stieg das Hotel Marquardt zum ersten und vornehmsten Gasthof der Stadt auf[63].

Einen ausgezeichneten Ruf besaß das Hoftheater; an ihm wirkten hervorragende Künstler und Regisseure. König Wilhelm I. förderte in gleicher Weise Oper und Schauspiel[64]. Klassische und moderne Stücke gelangten zur Aufführung. 1839 etwa wurde die Oper Eduard Mörikes „Die Regenbrüder“ von dem Komponisten Ignaz Lachner aufgeführt[65]. Im gleichen Jahr konnte man im Hoftheater die originellen Tänze indischer Bajaderen bewundern. 1842 dirigierte Hektor Berlioz eine Aufführung seiner Kompositionen[66]. Sehr gut besucht waren Konzerte. Im März 1842 begeisterten die Schwestern Therese und Marie Milanollo aus Piemont, die erst elf und 13 Jahre alt waren, durch ihr Violinspiel. Im gleichen Jahr und 1845 gastierte Franz Liszt in Stuttgart. Er fand, wie berichtet wird, hier wie in anderen Städten „in

[59] Wolfgang Menzels Denkwürdigkeiten S. 214 ff.
[60] Julius *Hartmann* S. 242, 245 f. und 251; Kurt *Leipner* S. 93 f. und 97.
[61] Julius *Hartmann* S. 246.
[62] Karl *Pfaff* Bd. II S. 169.
[63] Friedrich Wilhelm *Hackländer* Bd. I S. 237 und Bd. II (Stuttgart 1878) S. 254.
[64] Ebd. S. 292; Friedrich Wilhelm *Hackländer* Bd. II S. 35 ff.
[65] Rudolf *Krauß*, Das Stuttgarter Hoftheater (Stuttgart 1908) S. 191.
[66] Julius *Hartmann* S. 238 und 242 f.

den höchsten Kreisen, wie bei seinen öffentlichen Auftritten und in kleineren Privatzirkeln, die ehrenvollste Anerkennung"[67].

Um den großen Bildhauer des schwäbischen Klassizismus Johann Heinrich Dannecker, dessen Atelier zu Beginn des Jahrhunderts für Tausende einen künstlerischen Anziehungspunkt gebildet hatte, war es still geworden. Er starb im Dezember 1841 im hohen Alter von 83 Jahren. Nur gut drei Jahre überlebte ihn der Baumeister der Könige Friedrich und Wilhelm I., Wilhelm Nikolaus Friedrich Thouret[68]. Neue Namen in der Bildhauerei und Architektur traten hervor. In Stuttgart begeisterte man sich für den dänischen Bildhauer Bertel Thorvaldsen, den Schöpfer des Standbilds von Schiller auf dem Marktplatz. Die Enthüllung dieses Denkmals am 8. Mai 1839 durch den Enkel des Dichters nahm die Bürgerschaft zum Anlaß für eine große Feier. Eduard Mörike dichtete eigens dazu eine Festkantate, die Peter Joseph Lindpaintner vertonte. Die Kosten für das Schiller-Monument in Höhe von fast 54000 Gulden, eine respektable Summe, hatte der aus dem Liederkranz hervorgegangene Schillerverein durch eine Sammlung in ganz Europa zusammengebracht. Zwei Jahre später kam Thorvaldsen auf der Reise nach Rom durch Stuttgart. König Wilhelm I. und die Stadt überhäuften ihn mit Ehrungen[69]. Ein wichtiges Ereignis war die Eröffnung des Museums der Bildenden Künste, die nachmalige Staatsgalerie, an der Neckarstraße, 1843. Die Kunstsammlungen des württembergischen Staates waren jetzt in einem ansprechenden Ambiente der Öffentlichkeit zugänglich[70]. Lebhaftes Interesse bei den hiesigen Künstlern erregte die neuerfundene Daguerreotypie, das erste fotografische Abbildungsverfahren. Bereits 1839 präsentierte der Optiker- und Mechanikermeister Carl Christoph Friedrich Geiger in seinem Geschäft in der Hospitalstraße 32 den erstaunten Stuttgartern die mit eigenen Geräten hergestellten Daguerreotypien. Einige Jahre später etablierten sich in der Stadt die ersten ständigen Fotoateliers[71].

Seit dem Ausgang des 18. Jahrhunderts war Stuttgart ein literarisches Zentrum. Ein Großteil der Dichter der sogenannten schwäbischen Schule war hier bodenständig oder hielt sich doch längere Zeit hier auf. Zu ihren bedeutendsten Vertretern gehörten Ludwig Uhland, Gustav Schwab, Paul Pfizer, Graf Alexander von Württemberg und Georg Reinbeck[72]. 1840 wohnten in der württembergischen Haupt- und Residenzstadt nicht weniger als 249 Schriftsteller[73].

Dichter, Künstler und Philosophen standen in regem Gedankenaustausch; sie hatten ihre regelmäßigen Treffpunkte in einigen Häusern, die sich ihnen in großzügiger Gastlichkeit geöffnet hatten, so seit langem im Hartmann-Reinbeckschen

---

[67] Ebd. S. 242ff.

[68] Kurt *Leipner* S. 93 und 95.

[69] Julius *Hartmann* S. 237; Friedrich Wilhelm *Hackländer* Bd. I S. 239f.

[70] Karl *Pfaff* Bd. II S. 493.

[71] Ausstellung der Württembergischen Landesbibliothek Stuttgart 1989: Joachim S. *Siener:* Die Photographie und Stuttgart.

[72] Wolfgang Menzels Denkwürdigkeiten S. 255.

[73] Julius *Hartmann* S. 239.

Haus. Georg Heinrich Hartmann, Kameralwissenschaftler und Inhaber hoher öffentlicher Ämter, war ein geistig aufgeschlossener, hochgebildeter Mann. Er, seine Tochter Emilie und sein Schwiegersohn, der Dichter und Ästhetiker Georg Reinbeck, Professor am Oberen Gymnasium, waren Mäzene besonderer Art. Sie regten an, knüpften Kontakte, nahmen sich fremd nach Stuttgart kommender Dichter und Künstler an und boten ihnen für kürzere oder längere Zeit eine Bleibe. Wiederholt suchte hier der psychisch labile Nikolaus Lenau Zuflucht, und er wurde nach Ausbruch seiner Geisteskrankheit 1844 bis zur Verbringung in die Heilanstalt Winnental (Stadt Winnenden) von Emilie Reinbeck aufopfernd gepflegt[74]. Ein Begegnungen und dem Ideenaustausch förderliches offenes Haus führte auch der Maler Franz Stirnbrand. Dort verkehrten der Ingenieur Karl Etzel, die Schriftsteller und Dichter Franz Dingelstedt, Emanuel Geibel und Nikolaus Lenau, die Musiker Peter Joseph Lindpaintner und Wilhelm Kücken, die Maler Franz Rustige und Zwecker[75]. Starke Impulse für das geistige Leben Stuttgarts gingen seit den dreißiger Jahren vom Schillerverein aus. In ihm spielten Dichter, Künstler und Gelehrte eine aktive Rolle. Unter seinen führenden Köpfen begegnen die Namen von Gustav Schwab und Georg Reinbeck, die Namen des Dichters und Hofpredigers Karl Grüneisen sowie des Publizisten und Geheimen Legationsrats Friedrich Kölle[76].

Im Oktober 1843 gründeten der Sekretär von Kronprinz Karl, Friedrich Wilhelm Hackländer, und der neue Leiter der königlichen Privatbibliothek, Franz Dingelstedt, die später beide auch als Schriftsteller hervortraten, die Gesellschaft „Die Glocke": eine Vereinigung von Künstlern, Schriftstellern, Gelehrten und sonstigen an Fragen des Kultur- und Geisteslebens interessierten Persönlichkeiten. Den beiden Initiatoren gelang es, Kronprinz Karl als Protektor sowie zahlreiche Repräsentanten des Adels, Regierungsvertreter und Generale als Mitglieder zu gewinnen. Auf Künstler und Literaten übte „Die Glocke" eine große Anziehungskraft aus. Selbst nur kurze Zeit in Stuttgart weilende Dichter und Komponisten wie Emanuel Geibel und Franz Liszt schlossen sich ihr an[77].

Zu einer geistigen und kulturellen Institution von hohem Rang wurde innerhalb weniger Jahre der 1839 ins Leben gerufene Literarische Verein, dessen Protektorat König Wilhelm I. und dessen Leitung zunächst Hofbibliothekar Lehr übernahm. Der Verein hatte sich zum Ziel gesetzt, seltene alte Drucke und bislang ungedruckte Quellen zur Geschichte sowie Sprachdenkmale zu edieren und einem breiten Publikum zugänglich zu machen. Er fand die Unterstützung namhafter Archivare, Historiker und Bibliothekare in Württemberg, an seinem großartigen Editionsprogramm beteiligten sich hervorragende Gelehrte aus ganz Deutschland[78].

---

[74] Gustav *Wais* S. 412; Rudolf *Krauß*, Schwäbische Literaturgeschichte Bd. II (Stuttgart 1899) S. 422–426.

[75] Friedrich Wilhelm *Hackländer* Bd. I S. 286 ff.

[76] Wolfgang Menzels Denkwürdigkeiten S. 216.

[77] Friedrich Wilhelm *Hackländer* Bd. II S. 28–33.

[78] Wolfgang Menzels Denkwürdigkeiten S. 478; Kurt *Leipner* S. 91.

Stuttgart wurde immer mehr zu einer Stadt des Buches. 1840 gab es hier 26 Buchdruckereien und 28 Buchhandlungen, die zu einem guten Teil zugleich Verlage waren[79]. Groß gefeiert wurde am 24. Juni, dem Johannisfeiertag, 1840 die 400. Wiederkehr der Erfindung der Buchdruckerkunst durch Johannes Gutenberg. Die gesamte Bevölkerung beteiligte sich, zumal von dieser Erfindung, wie es hieß, alle Volksklassen gleichermaßen profitiert hatten[80]. Eine Reihe Stuttgarter Verlage, so namentlich der Verlag Cotta, der Verlag der deutschen Klassiker, war im ganzen deutschen Sprachgebiet bekannt und geschätzt. 1842 konstituierte sich ein eigener Stuttgarter Buchhändlerverein[81].

Die Zeitungslektüre gehörte in den vierziger Jahren längst zu den Alltagsgepflogenheiten der Bürger. Da die Pressezensur nicht mehr so rigoros wie in den zwanziger Jahren gehandhabt wurde, konnten jetzt Zeitungen freier berichten und umfassender informieren. Großen Ansehens erfreute sich der 1785 gegründete „Schwäbische Merkur". Als eine Art württembergischer Landeszeitung sich eines moderaten Tons bedienend, zeichnete er sich durch eine vielseitige und zuverlässige Berichterstattung aus. Neben ihm gewann der seit 1833 erscheinende „Beobachter" zunehmend an Terrain. Er war das Presseorgan der liberalen Kreise und legte sich durch provokative Artikel nicht selten mit der Regierung an. Die Zensoren nahmen ihn deshalb gemeinhin strenger als den „Schwäbischen Merkur" unter die Lupe. 1843 erhielt Stuttgart mit dem „Neuen Tagblatt" seine dritte Zeitung. Das „Tagblatt" legte den Hauptwert auf die Unterhaltung, es eckte bei der Regierung wenig an und fand rasch weite Verbreitung[82]. Eine kurzlebige Zeitung war die von Johann Gottlieb Munder herausgebrachte „Stuttgarter Stadtglocke"; sie erschien von 1844 bis 1848[83].

Unter den Stuttgarter Schulen nahm das Gymnasium nach wie vor die erste Stelle ein. Doch erlangte daneben die Realschule, in deren Lehrplan den Naturwissenschaften und der Mathematik ein höherer Stellenwert als im Gymnasium eingeräumt war, an Bedeutung. 1840 erhielt die 1829 gegründete und der Realschule eingegliederte Gewerbeschule (vereinigte Real- und Gewerbeschule), drei Jahre später aber verselbständigte und 1838 erweiterte Gewerbeschule die Bezeichnung Polytechnische Schule; aus ihr ging die Technische Hochschule, die heutige Universität, hervor. Eine wichtige Etappe auf dem Weg zur Hochschule war 1845 die Abtrennung der unteren Klassen der Polytechnischen Schule, die nunmehr unter dem Namen Oberrealschule als selbständige schulische Einrichtung firmierte[84]. 1845 wurde eine neue berufsbezogene Bildungsanstalt eröffnet: die Winter-Baugewerke-

---

79 Karl *Pfaff* Bd. II S. 528.
80 Julius *Hartmann* S. 239.
81 Ebd. S. 241.
82 Paul *Sauer*, Das Werden einer Großstadt S. 305 f.
83 Julius *Hartmann* S. 229.
84 Ebd. S. 227 und 231; Karl *Pfaff* Bd. II S. 490 ff.

schule, die nachmalige Staatsbauschule[85]. Das zunehmend hervortretende Bedürfnis, Kindern aus kleinbürgerlichen Familien eine über dem Niveau der Volksschule liegende, die Mathematik und die Realien stärker berücksichtigende Schulbildung zu vermitteln, mit der jedoch das Erlernen einer Fremdsprache nicht verbunden war, führte 1846 zur Schaffung der Mittelschule, d.h. zur Bildung eines Schultyps, der zwischen Volks- und Realschule anzusiedeln war[86]. Noch war das Turnen in den Schulen kein obligates Unterrichtsfach. Um jedoch den Kindern Gelegenheit zu geben, sich durch turnerische Übungen körperlich zu ertüchtigen, legte die Stadt 1846 auf dem ehemaligen Friedhof an der Katharinenstraße einen Turnplatz für die Volksschüler an[87].

Um 1840 war Stuttgart noch eine weitgehend evangelische Stadt. Von den rund 40000 Einwohnern gehörten lediglich etwa 3000 der römisch-katholischen Konfession an, rund 200 der israelitischen Religionsgemeinschaft. Den Protestanten standen sechs Kirchen zur Verfügung: die Stifts-, die St. Leonhards-, die Hospital-, die Hof-, die Garnisons- und die Waisenhauskirche, den Katholiken nur ein Gotteshaus: die St. Eberhardskirche. Die evangelische Landeskirche Württembergs hatte ihr Zentrum in Stuttgart. Ihr strenger Sitten- und Moralkodex bestimmte noch weitgehend den Alltag der Bürgerschaft. Begabte Kanzelredner und engagierte Seelsorger wie Albert Knapp, Wilhelm Hofacker oder Christian Friedrich Dettinger standen im Rampenlicht der Öffentlichkeit; ihr Wort hatte Gewicht[88]. Noch immer erregte das 1835 erschienene Werk von David Friedrich Strauß „Das Leben Jesu" namentlich im pietistischen Lager die Gemüter. Der junge Theologe wurde schlimm angefeindet. Doch er behielt auch gute Freunde. 1839 bis 1841 schrieb er, gewissermaßen gegen seine Widersacher abgeschirmt, im Gartenhaus des Stadtrats Friedrich Ritter, eines wohlhabenden und geselligen Mannes, der sich gerne und mit Erfolg als Gelegenheitsdichter betätigte, seine „christliche Glaubenslehre"[89]. Aufsehen erregte es, als im Januar 1842 bei minus 12 Grad Baptisten im Vogelsangsee mehrere Taufen vornahmen. Das Eindringen neuer protestantischer Richtungen aus Amerika und England beunruhigte die kirchliche Obrigkeit, zählte doch damals bereits die Gemeinde der Baptisten und Wiedertäufer in Stuttgart etwa hundert Mitglieder[90]. Freilich auch die Katholiken blieben vor Abspaltungen nicht ganz bewahrt. Eine deutsch-katholische Gemeinde bildete sich, und sie hielt am 29. Juni 1845 mit Pfarrer Kerbler aus Breslau in einem Privathaus ihren ersten Gottesdienst ab. Im September desselben Jahres fand hier eine allgemeine Kirchenversammlung der Deutsch-Katholiken statt, an der auch der Gründer der Bewegung, der schlesische

---

85 Julius *Hartmann* S. 247; Kurt *Leipner* S. 95.
86 Paul *Sauer*, Das Werden einer Großstadt S. 327.
87 Julius *Hartmann* S. 249.
88 Karl *Gerok*, Jugenderinnerungen (Bielefeld und Leipzig 1892) S. 295f.; Wolfgang Menzels Denkwürdigkeiten S. 329ff.
89 Julius *Hartmann* S. 238; Rudolf *Krauß*, Schwäbische Literaturgeschichte Bd. II S. 161.
90 Julius *Hartmann* S. 236 und 241.

Pfarrer Ronge, teilnahm. Der deutsch-katholischen Gemeinde war indes keine lange Lebensdauer beschieden, sie löste sich bereits in den fünfziger Jahren wieder auf[91].

Die Juden, denen seit 1828 eingeschränkte staatsbürgerliche Rechte zugestanden waren, besaßen in Stuttgart seit 1842 eine eigene Religionsgemeinde. Ihren Betsaal hatten sie in der Langen Gasse 16. 1834 war ihnen auf dem Hoppenlaufriedhof ein eigener Begräbnisplatz zugewiesen worden. Vorbildliches leisteten sie auf sozialem und karitativem Gebiet. Schon 1831 konstituierte sich hier ein Verein zur Versorgung armer israelitischer Waisen und verwahrloster Kinder, der 1842 die Israelitische Waisen- und Erziehungsanstalt „Wilhelmspflege" in Esslingen gründete. Die wohlhabenden Stuttgarter Juden machten der „Wilhelmspflege" und anderen karitativen Vereinen beträchtliche finanzielle Zuwendungen. Daß Stuttgart seit 1832 auch Sitz der Israelitischen Oberkirchenbehörde für das Königreich Württemberg war, sei nur nebenbei bemerkt[92].

Zu Beginn der vierziger Jahre des 19. Jahrhunderts kündigte sich für Stuttgart in den verschiedenen Lebensbereichen ein tiefgreifender Umbruch an. Zukunftsweisende Neuansätze auf geistigem und kulturellem Gebiet waren unübersehbar. Eine langwährende Stagnation auf wirtschaftlichem und sozialem Gebiet ging zu Ende. Die moderne Industrie faßte Fuß und leitete eine dynamische Entwicklung ein, die in den nächsten Jahrzehnten die Stadt explosionsartig anwachsen lassen und von Grund auf verändern sollte. Das auf eine strenge obrigkeitliche Reglementierung gegründete politische System war brüchig. Die liberale bürgerliche Opposition ließ sich nicht länger unterdrücken, sie pochte auf die ihr bislang vorenthaltenen politischen Freiheitsrechte und forderte eine aktive Mitwirkung in allen öffentlichen Angelegenheiten. Neue Zuversicht erfüllte die Menschen. Die Schaffung einer auf Freiheit und Gleichheit der Bürger gegründeten Staats- und Gesellschaftsordnung schien nicht länger mehr ein bloßer Wunschtraum zu sein.

---

91 Ebd. S. 246.

92 Paul *Sauer*, Die jüdischen Gemeinden in Württemberg und Hohenzollern (Stuttgart 1966) S. 6 und 168.

Gründung und Anfänge des Württembergischen Altertumsvereins

Von Hans-Martin Maurer

Vorbemerkungen

Der Württembergische Geschichts- und Altertumsverein gilt als einer der ältesten deutschen Geschichtsvereine. In Württemberg sind ihm von den heute noch bestehenden nur drei regionale Vereine – in Rottweil, Ulm und im Zabergäu – vorausgegangen, zwei davon nur um zwei Jahre[1]. Seine Gründung fällt in die älteste Phase deutscher Geschichtsvereine, in die Zeit des „Vormärz". Indessen: Innerhalb dieser Phase gehörte der Württembergische Altertumsverein, wie er damals hieß, eher zu den späten, zu den letzten. Zur Zeit seiner Gründung dürfte es in Deutschland bereits an die 60 Geschichts- und Altertumsvereine gegeben haben (von denen allerdings eine ganze Reihe heute nicht mehr bestehen)[2]. Wir müssen also eher fragen: warum diese Verspätung, woran lag das Zögern?

Noch eine andere Vorbemerkung. In bisherigen Darstellungen über frühe Geschichtsvereine wird fast regelmäßig die vom Freiherrn vom Stein 1819 gegründete „Gesellschaft für Deutschlands ältere Geschichtskunde" als Prototyp, Muster und Vorbild an die Spitze gestellt[3]. Diese Gesellschaft war eine Vereinigung von Historikern und Mäzenen mit dem einzigen Ziel, schriftliche Quellen des Mittelalters ausfindig zu machen und nach einheitlichem Plan kritisch zu edieren – woraus das bald berühmt gewordene Monumentalwerk der Monumenta Germaniae entstand. So bedeutend dieses Unternehmen wurde – bei der Gründung unseres Vereins und

---

[1] Rottweil 1831, Ulm 1841, Zabergäu 1841.

[2] Franz *Schnabel:* Der Ursprung der vaterländischen Studien. In: Blätter für deutsche Landesgeschichte 88. 1951. S. 4–27, hier S. 20. – Karl August *Klüpfel* gab 1844 noch 44 Vereine an, kannte aber noch nicht alle: Die historischen Vereine und Zeitschriften Deutschlands. In: Zeitschrift für Geschichtswissenschaft 1. 1844. S. 518–559, hier S. 519. – Vgl. auch: Die deutschen Kommissionen und Vereine für Geschichte und Altertumskunde. Hg. von Willy *Hoppe*. Minerva-Handbücher 4. Abt., Bd. I. 1940.

[3] *Klüpfel* (wie Anm. 2) S. 520f. – *Schnabel* (wie Anm. 2) S. 14ff. – Ebenso in vielen Darstellungen von Einzelvereinen. – Klaus *Pabst:* Deutsche Geschichtsvereine vor dem Ersten Weltkrieg. In: Geschichtsvereine. Entwicklungslinien und Perspektiven lokaler und regionaler Geschichtsarbeit (Bensberger Protokolle 62). 1990. S. 9–32, hier S. 18f. Pabst weist bereits auf die Sonderstellung der „Gesellschaft für ältere deutsche Geschichtskunde" hin.

der meisten anderen in Württemberg und Baden wird die Gesellschaft des Freiherrn vom Stein weder irgendwie erwähnt noch spielten ihre Ziele eine dominierende Rolle, ja kaum eine Nebenrolle. Es ergibt sich also die Frage: Warum hat unser Verein das Anliegen des Freiherrn vom Stein, die Veröffentlichung schriftlicher Quellen, nicht ins Programm aufgenommen? Welche anderen Ziele verfolgte er, wo liegen seine Leistungen im Rahmen der Wissenschaftsentwicklung und Bildungsgeschichte? Daß er bereits in seiner Anfangszeit bewundernswerte Arbeit geleistet hat, das möchte ich jetzt schon als These vorausschicken.

Weiter wird die Gründung der ersten Geschichtsvereine mit den geistigen Bewegungen der Zeit des Vormärz in Verbindung gebracht, mit der deutschen Wiederbesinnung in den Befreiungskriegen, der Rückbesinnung auf Epochen vor dem Absolutismus und vor allem mit der gegen Aufklärung und Rationalismus gerichteten historisierenden Romantik[4]. Daran ist sicher Richtiges, aber Hermann Heimpel, der die beiden gewichtigsten Aufsätze über die Entstehung und Entwicklung von Geschichtsvereinen verfaßt hat, warnte vor einer zu einfachen Gleichsetzung der Geschichtsvereine mit Romantik und setzte sich für mehr Differenzierung ein[5]. Hätte Heimpel die württembergischen Verhältnisse besser gekannt, hätte er geradezu ein Musterbeispiel für seine eigenen Thesen gehabt. Leider aber sind fast alle seine Hinweise auf Württemberg, und zum Teil auch auf Baden, unpräzise und größtenteils irrtümlich. Das liegt freilich daran, daß er keine gründliche Aufarbeitung der südwestdeutschen Vereinsgeschichte vorfand.

Vorläufer

Zunächst zur Frage der Verspätung. Warum wurden die Geschichtsvereine in den bayerischen Regierungsbezirken, in den hessischen Landesteilen, in Hannover, Sachsen, Mecklenburg und anderswo zehn bis fünfzehn, z.T. fast zwanzig Jahre früher gegründet als der Württembergische Altertumsverein[6]? Die Antwort ist einfach, aber bisher kaum bekannt: Weil es hier bereits vorher einen landesgeschichtlich tätigen Verein gab, den „Württembergischen Verein für Vaterlandskunde". Er wurde schon im Januar 1822 gegründet und steht damit an der Spitze aller deutschen historischen Landesvereine und am Anfang jenes frühen Vereinstypus, der durch enge Verbindung zum Staat gekennzeichnet ist[7]. Klaus Pabst hat in einer

---

4 Wie Anm. 3.

5 Hermann *Heimpel:* Über Organisationsformen historischer Forschung in Deutschland. In: Historische Zeitschrift 189. 1959. S. 139–222, hier S. 189. – *Ders.:* Geschichtsvereine einst und jetzt. In: Hartmut Boockmann u. a. (Hg.): Geschichtswissenschaft und Vereinswesen im 19. Jahrhundert (Veröffentlichungen des Max-Planck-Instituts für Geschichte 1). 1972. S. 45–73, hier S. 48 f.

6 Siehe Anm. 2, 3, 5.

7 Der Verein für Vaterlandskunde (von Johann D. G. *Memminger*). In: Württembergische Jahrbücher 1822. 1. Heft. S. 23–36.

Abhandlung von 1990 erstmals darauf hingewiesen mit der richtigen Bemerkung: „Vorläufer dieser Bewegung war aber nicht, wie man oft liest, Bayern, sondern Württemberg, wo schon 1822 der ‚Verein für Vaterlandskunde' durch königliche Entschließung, also von oben, gegründet... wurde"[8]. Des Modellhaften war man sich in Württemberg schon bei der Gründung bewußt, und Finanzminister Weckherlin erklärte 1822 stolz: „Dieser Verein für Vaterlandskunde [ist] der erste in seiner Art und dem Auslande ein nachahmungswürdiges Beispiel"[9].

Was ist das für ein Verein, der dem unseren um mehr als zwanzig Jahre vorausging? Hier kann nur in Kürze versucht werden, seine Entstehung, Eigenart und Tätigkeit zu beschreiben. Der Plan ging vom Statistisch-topographischen Bureau aus, das, 1820 gegründet, die Aufgabe erhalten hatte, das ganze Land, Oberamt für Oberamt, wissenschaftlich topographisch und historisch aufzuarbeiten. Die beiden Mitarbeiter dieses Amtes standen vor einer ungeheuren Aufgabe, denn woher sollten sie das regionale und ortsgeschichtliche Wissen nehmen? Da kam ihnen die Idee, einen Verein von „Vaterlandsfreunden", d. h. von Kennern örtlicher Geschichte, die möglichst aufs ganze Land verteilt waren, zu gründen, um über sie historische und topographische Informationen aus allen Landesteilen zu erhalten oder sie sogar zur Mitarbeit an den Oberamtsbeschreibungen zu gewinnen[10].

Finanzminister Weckherlin, dem das Bureau unterstand, und König Wilhelm nahmen den Vorschlag auf, gaben dem geplanten Privatverein aber eine andere Rechtsgrundlage und eine andere Organisation, die ihn – vergleichbar dem Wohltätigkeitsverein und dem Landwirtschaftlichen Verein – zu einer Art öffentlichen Institution machten: Der Verein wurde vom König gestiftet, die ersten Mitglieder vom König berufen, die weiteren durch Zuwahl bestimmt, die wiederum vom König bestätigt werden mußten, und Präsident wurde der Finanzminister[11]. Den Kern des Vereins, das Leitungsgremium, bildeten zwölf ordentliche Mitglieder, die in Stuttgart oder in der Nähe ansässig sein mußten und größtenteils hohe Beamte waren. Die korrespondierenden Mitglieder dagegen wurden aus allen Teilen des Landes berufen, in der Mehrzahl Geistliche, Verwaltungsbeamte und Ärzte, die sich auf irgendeinem Gebiet durch wissenschaftliche Arbeiten ausgewiesen hatten. Ihre Aufgabe war, das Statistisch-topographische Bureau durch Beratung, Sachinformation und schriftliche Beiträge zu unterstützen. Die Fachkompetenz des Vereins insgesamt sollte umfassend sein und die Naturwissenschaften, Geographie, Wirtschaftskunde,

---

[8] *Pabst* (wie Anm. 3) S. 21. Vermutlich nach *Heimpel*, der einen entsprechenden Hinweis seinem zweiten Aufsatz von 1972 (wie Anm. 5) offensichtlich nachträglich eingefügt hat (S. 50). Er wiederum wurde von Friedrich (nicht W.!) Pietsch darauf aufmerksam gemacht (Heimpel, Anm. 15).

[9] Wie Anm. 7, S. 33.

[10] Statistisch-Topographisches Bureau (von Johann D. G. Memminger). In: Württembergische Jahrbücher 1822. 1. Heft. S. 10–23, hier S. 20. – StA Ludw. E 258 VI. Verein für Vaterlandskunde. Organisation: Realien, 4.

[11] *Memminger* (wie Anm. 7). – HStAS E 14 Bü 1970 und 1972. – StA Ludw. E 258 VI (mehrere Büschel über den Verein für Vaterlandskunde, bis jetzt unverzeichnet, darin auch die „Statuten" des Vereins).

öffentliches Recht ebenso einschließen wie Landes- und Ortsgeschichte. Von Anfang an und in zunehmendem Maße dominierte aber doch der geschichtliche Teil der Arbeit, so daß das Gremium durchaus als vorwiegend landesgeschichtliche Einrichtung bezeichnet werden kann, wenngleich andere Fächer der Landeskunde immer mit vertreten blieben.

Von den Ideen des Freiherrn vom Stein und der heraufziehenden „Romantik“ ist bei dieser Gründung wenig zu spüren, viel mehr dagegen vom Geist der Aufklärung, der sich nun verband mit dem Bestreben, patriotische Gesinnung in der Bevölkerung zu fördern. Man ging noch von einem universalen Wissenschaftsbegriff aus, und Wissenschaft und Praxis, d.h. Grundlagenforschung und Nutzanwendung, sollten Hand in Hand gehen. Auch Landes- und Ortsgeschichte galten nicht als Selbstzweck, sondern hatten ihre Bedeutung in ihrer Hilfe „für das praktische Leben“. Die Arbeit des Bureaus und des Vereins, die Erforschung des Landes, seiner natürlichen und geschichtlichen Grundlagen, sollte wissenschaftlich fundiert sein, gleichzeitig aber, vor allem durch Publikationen, den Behörden, und, das war neu, auch dem allgemeinen Publikum zugute kommen. Die Kenntnis des Landes sollte nicht nur der Verwaltung dienen – wie in den Zeiten des Absolutismus –, sondern auch den Bürgern. Sie sollte deren Vaterlandsliebe, Gemeinsinn und staatsbürgerliches Bewußtsein stärken, das Zusammenwachsen der verschiedenen Landesteile fördern und so zum Entstehen eines einheitlichen „württembergischen Volkes“ beitragen. Hier verbanden sich Wissenschaftsideale der Aufklärung mit der Staatsräson und dem gemeinen Nutzen der konstitutionellen Monarchie. Das entsprach dem Willen des Königs, und dafür standen die führenden Männer der Anfangszeit, die großenteils aus der Hohen Karlsschule hervorgegangen waren wie die Naturwissenschaftler Kielmayer und Jäger, die Ingenieur-Wissenschaftler Kerner und Duttenhofer, die Philologen Lebret und Franz. Heimpel hat nachgewiesen, daß ähnliche Vorstellungen bei den von König Ludwig I. von Bayern geförderten, um 1830 gegründeten Geschichtsvereinen der bayerischen Regierungsbezirke Pate standen[12]. Ein äußeres Zeichen mag sein, daß – wie in Württemberg der Finanzminister – so dort fast durchweg die Regierungspräsidenten den Vereinsvorsitz übernahmen.

Der Verein für Vaterlandskunde hat die landes- und ortsgeschichtliche Forschung zweifellos stark aktiviert. In den folgenden Jahren kamen zahlreiche Beiträge von Mitgliedern ein, aus denen die historischen Teile der „Württembergischen Jahrbücher“ weithin bestritten wurden, die zum Teil in Oberamtsbeschreibungen eingingen oder die Dokumentation des Bureaus bereicherten. Der Verein bildete, auch für Nichtmitglieder, so etwas wie eine landesgeschichtliche Anlaufstelle, der man Studien einsenden konnte, wo sie gewürdigt und gegebenenfalls zum Druck gebracht wurden[13]. Eine ganze Reihe örtlicher Forscher schien geradezu darauf gewartet zu haben. Auch Programmatisches leitete der Verein in die Wege: regelmäßige Litera-

---

[12] *Heimpel* (wie Anm. 5) 1959, S. 205 ff.

[13] Beispiele in: StA Ludw. E 258 VI, Verein für Vaterlandskunde, Organisation: Realien.

turübersichten zur Landeskunde, Preisausschreiben, die Abfassung örtlicher „Jahreschroniken", die methodische Verbesserung statistischer Erfassungen[14].

Die enge Anbindung an den Staat, die Berufung der Mitglieder im Namen des Königs, die Präsidentschaft des Finanzministers verschafften dem Verein ein hohes Ansehen in der Öffentlichkeit und gegenüber Dienststellen, ein Renommee, das auch der Sache, die der Verein vertrat, der Landesgeschichte und Ortsgeschichte, zugute kam. Die Berufung in den Verein wurde als Auszeichnung empfunden und spornte die Auserwählten zu weiterer Forschungstätigkeit an[15]. Aber die Abhängigkeit vom Staat hatte auch ihre Schattenseiten mit bedenklichen Auswirkungen. So blieb dem Verein als einem elitären, geschlossenen Gremium die Breitenwirkung versagt. Innerhalb des Vereins wirkte sich die Präsidentschaft des Finanzministers eher hemmend aus, denn er, ohne den keine Sitzung abgehalten, kein Entschluß gefaßt und kein Projekt verfolgt werden konnte, war ja kein Mann der Wissenschaft und konnte von der Sache her kaum Impulse geben. Zudem hatte er politische Rücksichten zu nehmen und konnte als vielbeschäftigter Mann sich schon zeitlich nur in sehr begrenztem Umfang dem Verein widmen. Der führende Wissenschaftler im Bureau und im Verein, Memminger, hat jedenfalls mehrfach sehr deutliche Kritik an der Passivität der Vereinsleitung geübt[16].

Inzwischen wuchs unter Mitgliedern des Vereins und des Bureaus eine Sorge heran, die immer drängender wurde: nämlich die um geschichtliche Denkmäler, die der Mißachtung, dem Unverstand und dem natürlichen Verfall preisgegeben waren. Diese Sorge führte auf Betreiben Memmingers 1828 zu einem Antrag an das Ministerium, in dem sich folgende bemerkenswerten Sätze finden: „Es gibt wohl nichts, was den gebildeten Menschen so sehr anzieht, als die Denkmäler des Altertums und unter diesen hauptsächlich Burgen und andere Ruinen. Mit lebendiger Anregung führen sie in die Geschichte vergangener Zeiten und Geschlechter, wovon sie öfter noch die einzigen Zeugen sind, zurück. Sie erhöhen die Reize der Natur und ziehen nahe und entfernte Reisende an, sie erwärmen die Einbildungskraft und wirken mit einer eigentümlichen Kraft auf Sinn und Gemüt und eben damit hauptsächlich auch auf den vaterländischen Sinn. Mit Bedauern muß daher die schonungslose Behandlung betrachtet werden, womit in Württemberg, wie in anderen Ländern, gegen dergleichen Denkmäler des Altertums verfahren worden ist..."[17]. Das waren nun schon andere Töne als 1822: Da wurde zwar auch der patriotische Nutzen beschworen, aber gleichzeitig die Wirkung der Denkmäler auf Gefühle beschrieben – im Sinne der erwachenden Burgenromantik. Tatsächlich brachte das Finanzministe-

---

14 StA Ludw. E 258 VI, Verein für Vaterlandskunde, Sitzungsprotokolle.

15 Dankschreiben korrespondierender Mitglieder siehe: StA Ludw. E 258 VI, Verein für Vaterlandskunde, Organisation und Personalien.

16 Wie Anm. 13.

17 HStAS E 222 Bü 262/1. – Einige Jahre später benützt Memminger in ähnlichem Zusammenhang das Wort „romantisch". Er regt ein Denkmäler-Verzeichnis an als „Wegweiser für Freunde von Alterthümern und historisch romantisch schöne Gegenden"; StA Ludw. E 258 VI, Württ. Altertümer.

rium am 25. Juni 1828 eine Verfügung zum Schutze von Burgen und Ruinen heraus[18] – eine der frühesten denkmalpflegerischen Verordnungen wohl in ganz Deutschland, ein Jahr nach der berühmten Kabinettsorder König Ludwigs I. von Bayern erlassen[19].

Aber ein Erlaß ohne entsprechende Beeinflussung der öffentlichen Meinung erwies sich als stumpfe Waffe. So wurde in den dreißiger Jahren darüber diskutiert, neben dem Verein für Vaterlandskunde auf breiterer Basis einen Geschichts- oder Altertumsverein zu gründen, der für alle Interessierte zugänglich sei und selbständig handeln könne. Aus den Jahren 1834/35 sind zwei Vorstöße in dieser Richtung bekannt, einer von Memminger selbst, der andere von dem Geh. Hofrat Münch[20]. Der König signalisierte sogar seine Zustimmung dazu, und dennoch muß es Kräfte gegeben haben, die den Vollzug verhinderten. Auffallend ist jedenfalls, daß kurz darauf der Verein für Vaterlandskunde noch einmal belebt und reaktiviert und die Erfassung der Denkmäler im ganzen Land ins Programm aufgenommen wurde[21]. So sollte es noch acht Jahre dauern, bis ein freier Verein gegründet werden konnte.

Diese Verzögerung hatte zur Folge, daß ihm noch ein anderer Verein zuvorkam, der seinerseits ein Arbeitsfeld besetzte, das sonst Geschichtsvereinen zukam. Es war der „Litterarische Verein in Stuttgart“, der 1839 gegründet wurde. Er machte es sich zur Aufgabe, Quellen der Geschichte und Literatur in typographisch ansprechender Buchform herauszugeben, übernahm also in Stuttgart das Geschäft der Quellenedition, vorzugsweise erzählender Quellen zwar, aber auch archivalischer. Er war nicht auf Württemberg beschränkt und hatte Mitglieder in ganz Deutschland und darüber hinaus, und sein Programm bezog deutschsprachige Quellen insgesamt und sogar romanische ein. Aber er brachte bereits in den ersten Jahren für unser Gebiet wichtige Quellen heraus wie z. B. den Codex Hirsaugiensis, das „Handlungsbuch“ des Ulmer Kaufmanns Ott Ruland, die Weingartener und die Heidelberger Liederhandschrift, Urkunden zur Geschichte des Schwäbischen Bundes, die Buchführung Konrads von Weinsberg und die ältesten habsburgischen Urbare – Editionen, die zum Teil heute noch zum Rüstzeug des Historikers gehören[22].

Noch eine andere Institution beschäftigte sich mit Editionen. Im Staatsarchiv hatte man bereits mit der Bearbeitung des monumentalen Württembergischen Urkundenbuchs begonnen, das alle Urkunden, die sich auf württembergisches Gebiet bezogen, nach damaligem Plan bis zum Jahr 1400 erfassen sollte. Der Landtag hatte für die Publikation bereits Mittel reserviert[23]. Das Anliegen des Freiherrn vom Stein wurde also in unserem Land in ganz anderer organisatorischer Form angegangen.

---

18 Württ. Jahrbücher 1827 S. 219f.

19 *Heimpel* (wie Anm. 5) 1959, S. 202, 205.

20 Münch 1834: HStAS E 14 Bü 1579/2. – Memminger 1834/1835: StA Ludw. E 258 VI, Württ. Altertümer (vermutlich aus Nachlaß Memminger).

21 Wie Anm. 11.

22 Adalbert *von Keller:* Bericht über Entstehung und Fortgang des litterarischen Vereins in Stuttgart. 1882.

23 Württ. Landesbibliothek C.h.f. 716 Fasz. 51.

Überblicken wir noch einmal die Situation landesgeschichtlich tätiger Institutionen in Württemberg um 1840. An der Landesuniversität in Tübingen lehrte nur ein einziger Historiker, zuständig für die allgemeine Geschichte aller Epochen, Karl Friedrich Haug[24]. Der Landesgeschichte hat er keine Impulse gegeben und in keinem landesgeschichtlichen Gremium aktiv mitgewirkt. Ein historisches Institut oder Seminar bestand noch nicht.

Die Erforschung der Regional- und Ortsgeschichte und überhaupt die Landeskunde hatte im Statistisch-topographischen Bureau in Stuttgart ein Zentrum mit einigen tüchtigen Mitarbeitern, an ihrer Spitze Memminger, und einen großen Kreis von Zuarbeitern im Verein für Vaterlandskunde[25]. Die topographische Geschichte dürfte in kaum einem anderen deutschen Land so gut vertreten und organisiert gewesen sein. Die Edition schriftlicher Quellen besorgten der Litterarische Verein und, für mittelalterliche Urkunden, das Staatsarchiv in Stuttgart.

Die großen historiographischen Publikationen der Landesgeschichte jener Zeit gingen von keiner dieser Institutionen aus, sie waren das Werk einzelner wie des Konrektors Pfaff in Esslingen, des Bibliothekars Stälin in Stuttgart, des Pfarrers Heyd in Markgröningen (Herzog Ulrich), des Theologen Wilhelm Zimmermann (Bauernkrieg), des Pfarrers Jäger in Bürg (Geschichte Heilbronns) und anderer.

Gründung

Von diesem Zustand landesgeschichtlicher Tätigkeit her sind die Motive der Gründer unseres Vereins und ihre Aktivitäten zu verstehen. Nicht die Herausgabe schriftlicher Quellen tat not, nicht die Förderung topographischer Geschichte, nicht die Bearbeitung einer großangelegten Landesgeschichte – das alles war, mit den Mitteln und Möglichkeiten jener Zeit, bereits im Gange. Bedroht aber waren nach wie vor die historischen Denkmäler, die „Überreste" der Geschichte im Sinne von gegenständlichen Quellen, bedroht durch Unkenntnis und Mißachtung, bedroht von Schaden, Verderb und Verlust, unbekannt und ebenfalls bedroht war zudem, was unter der Erde von früheren Kulturen erhalten geblieben war. Die eher bürokratischen und akademischen Maßnahmen, die der Verein für Vaterlandskunde dafür veranlaßt und unternommen hatte, waren ohne große Wirkung geblieben. Notwendig waren Hilfe vor Ort, konkrete Warnung, Beratung und Unterstützung sowie die aktive Sammlung beweglicher Denkmäler und ihre Präsentation für die Öffentlichkeit.

Im „Museum" in Stuttgart, der Begegnungsstätte gebildeter und kulturell interessierter Bürger und Bürgerinnen, fanden sich einige Männer zusammen, die gewillt

24 ADB 11.

25 150 Jahre Amtliche Statistik in Baden-Württemberg. Hg. vom Statistischen Landesamt Baden-Württemberg. 1970. Bes. S. 34 ff. und 255 ff.

waren, sich aktiv für historische Denkmäler als Geschichtszeugnisse einzusetzen und zu diesem Zweck einen Verein zu gründen. Am 3. Juni 1843 fand eine erste Gründungssitzung statt, an der 13 Personen teilnahmen und bei der bereits eine Satzung eines „Vereins für Erhaltung der Denkmale älterer Geschichte, Literatur und Kunst" entworfen wurde. Auf 17. Juni lud man zu einer weiteren Sitzung zusätzlich 12 Männer ein, und dabei wurde der „Württembergische Altertumsverein" definitiv begründet und bereits die endgültige Fassung der Satzung beschlossen. Gleichzeitig konstituierten sich die 25 Gründungsmitglieder als „Ausschuß", d.h. als Leitungsgremium, und vergaben auch bereits die Vereinsämter[26]. Daß der Verein in den Räumen und im Milieu des Museums entstand, sei noch einmal betont, denn Heimpel hat nachgewiesen, daß auch andere der frühesten Geschichtsvereine aus älteren Lese- und Gebildetengesellschaften hervorgegangen sind[27].

Im Vergleich zu anderen Geschichtsvereinen war das Gründungsgremium auffallend groß und bestand, wie ein erst später Eingetretener feststellte, aus „vorzüglich befähigten Mitgliedern"[28]. Es waren großenteils bekannte Männer des öffentlichen Lebens: Der Jurist Albert Schott war mehrfach Abgeordneter im Landtag und 1848/49 Mitglied der Nationalversammlung, ein Befürworter nationaler Einigung und Anhänger der Linken. Ritterschaftlicher Vertreter im Landtag war Freiherr vom Holtz, ebenfalls Jurist, zeitweise im Ministerium des Äußeren tätig, dann im Dienste der Königin. Weitere Juristen waren der 35jährige Plessen, einige Jahre später Justizminister, und der Gemäldesammler und Kunstkenner Abel, als hoher Beamter der Hofdomänenrat und Altertumsforscher Gok. Publizistisch tätig waren der Verleger Cotta, der Redakteur des Schwäbischen Merkur Karl Elben und der Herausgeber des Literaturblattes und Schriftsteller Wolfgang Menzel, ein ehemaliger eifriger Burschenschaftler, zeitweise auch Landtagsabgeordneter. Führende Kirchenleute waren der Hofprediger Grüneisen, der Amtsdekan und Dichter Gustav Schwab und der Rottenburger Domdekan Jaumann. Aus dem Handwerk, dem in der „Bürgergesellschaft" organisierten mittleren Bürgertum, ging der liberale Stadtrat Christian Friedrich Sick, 1848 Landtagsabgeordneter, hervor. Die professionelle Geschichtswissenschaft vertraten die Archivare Kausler und Öchsle, der Bibliothekar und Geschichtsschreiber Stälin und die Stuttgarter Gymnasialprofessoren Pauly und Schott (die Universität dagegen war nicht vertreten). Für die Kunst waren der angesehene Kunstmaler Fellner und der Kunst- und Architekturprofessor Mauch zuständig, die Kartographie und Topographie beherrschten der Offizier Dürrich und Paulus, die sich beide auch als Ausgräber bewährten, – insgesamt alles hervorragende Vertreter ihres Faches[29].

---

[26] Württ. Landesbibliothek C.h. f. 716 Fasz. 1. – Württembergischer Altertumsverein 1843–1893. Denkschrift zur Feier des fünfzigjährigen Bestehens des Vereins. 1893. S. 1 ff.

[27] Heimpel (wie Anm. 5) 1959 S. 190 f., 1972 S. 46 ff.

[28] Friderich *Eser:* Aus meinem Leben (1798–1873). Hg. von P. *Beck*. 1907. S. 289.

[29] Denkschrift (wie Anm. 26) S. 6–8.

Politisch gesehen dürfte die Mehrheit des Kollegiums einer gemäßigt konservativen Haltung zugeneigt haben, aber zumindest Schott und Sick vertraten entschieden demokratisch-liberale Ziele.

Glücklich war die Wahl des Grafen Wilhelm von Württemberg zum Vorstand, ein „geist- und kenntnisreicher“ Mann, wie Eser schrieb, begeisterter Sammler aller Kunst, der jüngste von allen, 33 Jahre alt, ein Mann der Ideale und nüchterner Organisationskunst, als Erbauer des Schlosses Lichtenstein ein Vertreter der Romantik, als hoher Offizier und späterer Kommandeur der Bundesfestung Ulm ein Mann der Realitäten[30]. Als Mitglied des Königshauses verschaffte er dem Verein zusätzliches Ansehen, als Angehöriger einer nicht-gleichberechtigten Linie hatte er doch auch wieder Distanz zum Monarchen. Zweiter Vorstand war der angesehene Oberst von Hövel, ein Vertreter der älteren Generation.

Diese Männer entfalteten nun eine ganz andere Dynamik als der Verein für Vaterlandskunde. Während dieser damals nur einmal im Jahr tagte, trat der Ausschuß des neuen Vereins anfangs wöchentlich und dann über Jahre hinweg 14-tägig zusammen. Man wollte etwas bewegen, und es gelang auch. Zunächst begann eine intensive Werbetätigkeit. Vorstand und Ausschuß wandten sich unmittelbar an zahlreiche Persönlichkeiten, versandten eine Art Rundbrief an weitere und verfaßten schließlich einen eindringlichen Aufruf für die Öffentlichkeit, der im Schwäbischen Merkur verbreitet wurde[31]. Der Erfolg blieb nicht aus. Schon fünf Monate nach der Gründung hatte der Verein 135 Mitglieder, die zusammen 258 Beiträge („Aktien“) zahlten, ein Jahr später bereits 474 Mitglieder mit 729 Beiträgen und Ende 1847 sogar 542 Mitglieder mit fast 800 Beiträgen[32]. Der Württembergische Geschichtsverein war mit Abstand der mitgliederstärkste Geschichtsverein innerhalb Badens und Württembergs, und das bedeutete auch, daß er aufgrund der Mitgliederbeiträge über verhältnismäßig reichliche Mittel verfügte.

Tätigkeit

Noch im Dezember 1843 wandte sich der Vereinsvorstand an den Innenminister und den Finanzminister und regte an, daß der Verein künftig in allen Fragen, die geschichtliche, archäologische und kunstgeschichtliche Denkmäler beträfen, als Beratungsstelle eingeschaltet werde. Beide Minister sagten zu, und das war nun nichts weniger als die staatliche Anerkennung dafür, daß der Verein eine Beratungsfunktion im öffentlichen Interesse ausübe[33]. Der Verein erhielt den Charakter einer

---

30 *Eser* (wie Anm. 28) S. 289. – Graf Wilhelm, später Herzog von Urach, s. ADB 39.

31 Wie Anm. 26. – Rundbrief: HStAS E 284 g, Bü 139. – Schwäb. Merkur, 18. Nov. 1843, S. 1257.

32 Die Zahlen nach den jährlichen gedruckten „Rechenschaftsberichten“ und der Denkschrift (wie Anm. 26).

33 Wie Anm. 26.

anerkannten Fachstelle für Denkmalfragen, und er konnte davon ausgehen, daß er bei seinen Bemühungen und Maßnahmen Rückhalt bei der Regierung finde. Dazu bat der Verein, ihm in einem staatlichen Gebäude einen geeigneten Raum für ein Büro und für den Aufbau einer Denkmälersammlung zur Verfügung zu stellen. Daß auch das binnen kurzem gewährt wurde, ist ein weiteres Zeichen staatlicher Unterstützung der Vereinsziele[34]. Im Grunde entwickelte sich allmählich die Auffassung, daß es eigentlich Sache des Staates sei, sich der Geschichts- und Kunstdenkmäler anzunehmen, daß also ein Verein, der den Staat davon entlaste, im Grunde staatliche Aufgaben übernehme. Jedenfalls konnte der Württembergische Altertumsverein bald darauf in einen geräumigen Saal der Stuttgarter Legionskaserne (an der Stelle des heutigen Wilhelmsbaus am Ende der Königstraße) einziehen.

Noch im Jahre 1843 begann die denkmalpflegerische Arbeit des Vereins[35]. Sie bestand zunächst in Beratung durch Fachleute des Vereins, in Verhandlungen mit Eigentümern, örtlichen Instanzen und staatlichen Stellen, in Werbung und Überzeugungsarbeit für die Sache der Erhaltung, dann im persönlichen Einsatz meist von Ausschußmitgliedern wie dem Kunst- und Architekturprofessor Mauch, dem Architekten Beisbarth, weiter dem Künstler Eberlein und dem Gemälderestaurator Eigner aus Augsburg, schließlich in finanziellen Vorschüssen, um die Arbeiten in Bewegung zu bringen, und in wirklichen Zuschüssen. In den ersten 15 Jahren war der Verein nachweislich in mehr als 60 Orten tätig, wahrscheinlich in zahlreichen weiteren, für die heute Belege fehlen, nicht nur in Altwürttemberg, auch in Hohenlohe und am oberen Neckar, wenig allerdings in Oberschwaben, vielleicht weil dafür der Ulmer Verein als zuständig galt. Der Verein gab insgesamt mehr als 2000 Gulden dafür aus[36] – nicht gerechnet den persönlichen Einsatz der Vereinsmitglieder, deren Arbeitsstunden ungezählt sind.

Er hat gotische Kirchen vor dem Abbruch gerettet, sich an ihrer Restaurierung beteiligt, Wand- und Altargemälde wiederherstellen lassen, Altarbilder vor dem Verkauf bewahrt, Grabmäler gesichert, Marktbrunnen ausbessern lassen, Stadttore vor dem Abbruch geschützt und Burgruinen erhalten. Besondere Zuwendung ließ er, um ein Beispiel zu nennen, der Veitskapelle in Mühlhausen zukommen, dem heute noch kostbarsten gotischen Denkmal auf Stuttgarter Stadtgebiet, an dem er jahrelang restaurieren ließ und dafür über 600 Gulden ausgab. Weiter können auswahlweise benannt werden die Regiswindiskirche in Lauffen, die Brückenkapelle in Calw, der Blaubeurer Hochaltar, der bekannte Betstuhl Graf Eberhards im Bart in Urach, die Zeitblom'schen Altargemälde auf dem Heerberg, die heute in der Staatsgalerie sind, die Marktbrunnen in Rottenburg und Murrhardt, das Chorge-

---

[34] Ebda.

[35] Korrespondenzen siehe Württ. Landesbibl. C.h. f.716, Fasz. 1–67. – Überblicke in den gedruckten „Rechenschaftsberichten" des Vereins. – Beispiele in: Wiederentdeckung der Geschichte. Die Anfänge der Geschichtsvereine. Ausstellungsverzeichnis des Hauptstaatsarchivs Stuttgart 1993. Abschnitt III: Sorge um geschichtliche Denkmäler (S. 13–20).

[36] Nach den Jahresabrechnungen in den gedruckten „Rechenschaftsberichten".

stühl in Freudenstadt, die Stadtbefestigung in Esslingen, ein Torturm in Horb, die Burgruine Wunnenstein und zahlreiche Stadt- und Dorfkirchen.

Besonders faszinierend für historisch interessierte Zeitgenossen waren archäologische Grabungen. Man entdeckte Zug um Zug eine untergegangene Welt von neuem. Noch immer stritt man sich, was nun eigentlich römisch, was keltisch, was germanisch sei, aber allmählich gelang es, die Epochen voneinander zu trennen. Auch dabei wirkte der Württembergische Altertumsverein passiv und aktiv mit[37]. Passiv, indem er etwa im Jahre 1845 der Ortsgruppe in Öhringen 100 Gulden als Beihilfe zu Grabungen zuwies. Aktiv durch eigene Grabungen von Ausschußmitgliedern des Vereins. Am spektakulärsten waren die Ausgrabungen Dürrichs und Menzels 1846 bei Oberflacht, die sich, wie Menzel schreibt, „in Anwesenheit zahlreicher Zuschauer aus der Nähe und Ferne“ abspielten[38]. In den Gräbern, die unter einer luftundurchlässigen Lehmschicht lagen, hatte sich das Holz erhalten, und so fand man erstmals zahlreiche Holzgeräte, darunter ein Webgerät und eine Leier, vor allem aber zahlreiche „Totenbäume“, d.h. Holzsärge aus Eichen-Baumstämmen, von denen viele verziert waren. Darin waren Waffen, Gefäße, Geräte, Kleidungsreste, Schmuck aus Bronze, Edelsteinen, Glasperlen und Reste von Nahrungsmitteln – eine versunkene Kultur tat sich den Miterlebenden auf. Rainer Christlein schreibt 1978 über diese frühe Kampagne: „Die Ausgrabungen in Oberflacht waren, was ihre Durchführung, die Ergebnisse und ihre Veröffentlichung anbetrifft, ein Markstein in der Archäologie der Alamannen und blieben lange Zeit ohne ebenbürtige Nachfahren. Aus der seinerzeitigen Ausgrabung zieht die Forschung heute noch Gewinn[39]. Mit berechtigtem Stolz schrieb damals der Ausgräber Menzel: ‚Altertumskennern wird es nicht entgehen, daß es sich hier von ganz neuen Funden handelt, von etwas, das noch nie dagewesen ist‘.“

Auch in den folgenden Jahren gruben Mitglieder des Vereins: keltische Hügelgräber in Mergelstetten (bei Heidenheim), Gräber bei Hochdorf (nahe Horb) und in Schwieberdingen und römische Reste bei Wahlheim (Kr. Ludwigsburg)[40]. Im Blick auf die vielen Laiengrabungen, die damals nicht verhindert werden konnten, veröffentlichte man Ratschläge über die Öffnung von Gräbern[41]. Den Vorschlag des Welzheimer Oberamtmanns, den Limes für Altertumsfreunde mit Pfählen und Signalsteinen zu markieren, konnte der Verein freilich wegen zu hoher Kosten nicht verwirklichen.

---

37 Wie Anm. 35.

38 *Dürrich* und Wolfgang *Menzel:* Die Heidengräber am Lupfen (bei Oberflacht). Hg. vom Württ. Altertumsverein. 1847. – Abbildungen von Ausgrabungsfunden: Jahreshefte des Württ. Altertumsvereins, Heft III, Tafel VIII–XI. 1846.

39 Rainer *Christlein:* Die Alamannen. Archäologie eines lebendigen Volkes. 1978. S. 12. – Moderne Veröffentlichungen über Oberflacht: Siegwalt *Schiek:* Das Gräberfeld der Merowingerzeit bei Oberflacht. 1992. Peter *Paulsen:* Die Holzfunde aus dem Gräberfeld bei Oberflacht. 1992.

40 „Rechenschaftsberichte“ des Vereins. – Abbildungen von Funden aus Mergelstetten und Kipfendorf: Jahreshefte des Württ. Altertumsvereins, Heft V, Tafel XVIII. 1848.

41 Zweiter Rechenschaftsbericht für das Jahr 1845. S. 14f.

Von Anfang an beabsichtigte der Verein, bewegliche Denkmäler nicht nur aufzufinden, sondern möglichst auf Dauer zu sichern und gleichzeitig der Öffentlichkeit zugänglich zu machen. Dazu bot sich das Mittel einer betreuten Sammlung, der Aufbau eines Museums an. Man appellierte an die Mitglieder und an die Öffentlichkeit, dem Verein geschichtliche, kunstgeschichtliche und archäologische „Altertümer" zu überlassen oder wenigstens zu leihen[42]. Auch dieser Wunsch fand ein freundliches Echo. In der Anfangszeit gingen jährlich etwa 30 Schenkungen ein, die meisten umfaßten ganze Gruppen von Objekten, so daß der Verein schon nach wenigen Jahren Hunderte von „Altertümern" besaß. Von 1846 an ergänzte er die Schenkungen durch gezielte Ankäufe – und gab dafür über 1000 Gulden aus[43]. Die Sammlung wurde im Lokal des Vereins in der Legionskaserne aufgestellt und konnte von den Mitgliedern frei, von anderen gegen ein Eintrittsgeld besichtigt werden.

Besonders zahlreich waren archäologische Funde aus keltischer, römischer, alemannischer und mittelalterlicher Zeit vertreten: Hunderte von Münzen, Keramikwaren, Waffen, Geräte, Kleidungsreste und Schmuck aus Bronze, Silber, Gold, Glas und Perlen. Im Blick auf die vielen Einzelfunde, die damals gehandelt wurden, tat der Verein alles, um die Fundorte festzuhalten und möglichst zusammengehörige Gruppen zu erwerben. Als besonderes Einzelstück möchte ich einen steinernen runden Tisch aus der Römerzeit mit kunstvollen Verzierungen erwähnen, der, bei Malmsheim ausgegraben, vom Verein erworben wurde; er befindet sich heute im Limesmuseum in Aalen[44]. Von stattlicher Zahl und sehr wertvoll waren auch die mittelalterlichen und frühneuzeitlichen Kunstdenkmäler: Ölgemälde, Altartafeln, Holzskulpturen, Heiligenfiguren – meist aus Kirchen stammend, obwohl der Verein grundsätzlich darauf drang, kirchliche Kunstwerke in den Gotteshäusern zu belassen; aber auch bemalte Stammbäume, Gebäudeansichten und Holzschnitte. Auch eine Sammlung von Folterinstrumenten durfte nicht fehlen. Weiter bildete sich eine Sammlung handgeschriebener frühneuzeitlicher Chroniken, u. a. von so bekannten Chronisten und Geschichtsschreibern wie Sebastian Küng, Johann Feßler, Simon Studion, David Wolleber, Johann Ulrich Pregitzer d. Ä. und Martin Rebstock. Dazu kamen alte Drucke, einige Originalurkunden und eine kleine Siegelsammlung[45].

Die Sammlung des Vereins dürfte um 1850–1860 die größte Altertümersammlung in Stuttgart, vermutlich im ganzen Land gewesen sein, und sie war in Stuttgart die erste, die öffentlich zugänglich war. Der Verein sicherte damit nicht nur die Erhaltung der Denkmäler, ein kaum hoch genug einzuschätzendes Verdienst, er leistete auch einen bemerkenswerten Beitrag zur Kultur und zur historischen Bildung in Stadt und Land. Ein gewisser Höhepunkt war der Besuch des Königs (am 15. April 1847), der sich besonders für die alemannischen Funde aus Oberflacht interessierte.

---

42 Schwäb. Merkur (wie Anm. 31).

43 Siehe die gedruckten „Rechenschaftsberichte" des Vereins.

44 *Paulus:* Über neuentdeckte Alterthümer. In: Schriften des Württemb. Alterthums-Vereins. 3. Heft. 1854. S. 17f.

45 Beispiele im Ausstellungsverzeichnis (wie Anm. 35), Abschnitte IV–VI.

Er war immerhin so beeindruckt, daß er ein zweites Mal kam und seine Tochter Sophie, die Königin der Niederlande, mitbrachte, die dann ebenfalls großes Interesse erkennen ließ[46].

Neben dieser musealen Sammlung wuchs eine schriftliche Dokumentation über die Denkmäler des Landes heran. Zahlreiche Mitglieder aus fast allen Landesteilen sandten Informationen ein über die Entdeckung von Denkmälern, über archäologische Grabungen, dazu Beschreibungen von Bau- und Kunstwerken, Entzifferungen von Inschriften, manchmal ganze Studien und Abhandlungen. Manchen Berichten waren Skizzen, Risse und Zeichnungen beigegeben. Diese Unterlagen, vom „Archivar" des Vereins, Baron vom Holtz betreut, konnten zu einer Grundlage denkmalpflegerischer Maßnahmen wie auch wissenschaftlicher Studien werden[47].

Rasch wuchs auch die Bibliothek, vor allem durch den Schriftentausch mit anderen Vereinen. Von 1845 an nahm der Verein mit zahlreichen, fast allen deutschen Geschichts- und Altertumsvereinen und einer Reihe außerdeutschen Verbindung auf. Der Schriftentausch ermöglichte es, am Leben, der Arbeit und den wissenschaftlichen Ergebnissen anderer Vereine teilzunehmen und davon zu lernen. Um 1865 hatte der Verein fast 60 Tauschpartner, 41 aus Deutschland, 18 aus Österreich und anderen Nachbarländern. Einige tausend Schriften müssen auf diesem Weg in die Vereinsbibliothek gelangt sein, die durch Schenkungen von Mitgliedern und einige Ankäufe noch erweitert wurde[48]. So entstand eine Spezialbibliothek für Archäologie, Denkmalpflege, Kunstgeschichte und Landesgeschichte, wie es sie in Württemberg in jener Zeit wohl kaum irgendwo gab.

Veröffentlichungen

Ganz besondere Sorgfalt und einen erheblichen Aufwand, den größten unter allen Tätigkeitsgebieten, verwandte der Verein auf seine Veröffentlichungen. Ihr wichtigster Zweck war die Abbildung und Erklärung ausgewählter Denkmäler, um sie auf diese Weise einem größeren Publikum nahezubringen. Da es die Photographie noch nicht gab, ließ man die Objekte mit größtmöglicher Genauigkeit abzeichnen und als Lithographien oder Kupferstiche, z. T. sogar in Farbe, veröffentlichen. Man gewann fähige, angesehene Künstler und Techniker wie Eberlein, Fellner, Herdtle, Beisbarth und Wilder als Zeichner, Gnauth als Lithograph, Deis als Kupferstecher und den Farbdrucker Malté. Die einzelnen Blätter wurden in repräsentativem Großformat von etwa 60 × 45 cm mit einer Bildgröße bis zu 54 × 40 cm herausgegeben. 1844

---

[46] Dritter Rechenschaftsbericht für die Jahre 1846 und 1847. S. 18. – Siehe dazu: Wolfgang Menzel's Denkwürdigkeiten. Hg. von Konrad *Menzel*. 1877. S. 430f.

[47] Zum Teil erhalten: Württ. Landesbibliothek C.h. f.716. – Siehe auch die Übersichten in den „Rechenschaftsberichten".

[48] Siehe die Übersichten in den „Rechenschaftsberichten".

bis 1848 erschien jährlich ein „Heft“ mit 3–6 Abbildungstafeln und einigen Textblättern, später im Abstand von zwei bis drei Jahren. Bis 1863 kamen insgesamt 37 Bildtafeln heraus[49]. Diese Kunstblätter wurden zu einem großen Erfolg, sie machten den Verein in der Öffentlichkeit bekannt und, als kostenlose Vereinsgabe verteilt, die Mitgliedschaft für viele attraktiv. Der Altertumsfreund konnte endlich berühmte Denkmäler – von Schmuckstücken der Keltenzeit bis etwa zum Turm der Esslinger Frauenkirche und zu Riemenschneiders Altar in Creglingen – zu Hause in aller Ruhe betrachten, und er wurde gleichzeitig Besitzer einer Sammlung von graphisch hochwertigen Blättern. Der Verein ließ sich die ersten 33 Tafeln, die 1844 bis 1859 erschienen, die stolze Summe von fast 8600 Gulden kosten. Der Berliner Konservator v. Quast hat in einer Rezension die Kunstblätter der beiden schwäbischen Vereine in Stuttgart und Ulm als die besten in Deutschland bezeichnet[50].

Weniger bekannt sind die „Schriften“ des Württembergischen Altertumsvereins, die von 1850 an im Abstand von in der Regel zwei bis drei Jahren herauskamen. Sie haben eher den Charakter einer Zeitschrift – und sind im Grunde das Vorgängerorgan der heutigen Zeitschrift für Württembergische Landesgeschichte. Sie beginnen übrigens in demselben Jahr wie das badische Gegenstück, die berühmtere Zeitschrift für die Geschichte des Oberrheins. Wohl aus Rücksicht auf die vom Statistisch-topographischen Bureau herausgegebenen Württembergischen Jahrbücher, die damals regelmäßig historische Beiträge brachten, beschränkte man sich bei den „Schriften“ zunächst ganz auf „Altertümer“, vorwiegend auf archäologische. In den ersten beiden Heften (1850 und 1852) veröffentlichte Eduard Paulus „archäologische Reisen“, d. h. höchst ansprechende archäologische Führer für bestimmte Routen, die auch zahlreiche Hinweise auf mittelalterliche Bau- und Kunstdenkmäler enthalten. Er wollte diese Serie fortführen und damit einen archäologisch-geschichtlichen Führer für ganz Württemberg verfassen. Aber der Ausschuß bat ihn, archäologische Neuentdeckungen bekanntzumachen, und so wechselten die Themen in den nächsten Heften: 1854 Berichte über verschiedene neue Grabungsergebnisse, 1856 eine instruktive Abhandlung über Römerstraßen, 1859 eine landschaftliche Darstellung „Der Schönbuch mit seinen Altertümern“, 1863 eine Beschreibung des Limes. Im bisher umfangreichsten Heft 7 von 1866 (98 Seiten) kamen erstmals baugeschichtliche und kunstgeschichtliche Abhandlungen zu Wort (u. a. über die Stiftskirche von Oberstenfeld und den Hochaltar in Besigheim, beide von Eduard Paulus d. J.), im 8. Heft, ebenfalls von 1866, beschäftigte sich E. Paulus d. Ä. mit der Peutinger-Tafel. Mit den beiden Heften des „II. Bandes“ von 1869 und 1875, die 53 und 107 Seiten umfassen, entwickelte sich die Reihe zur allgemeinen landesgeschichtlichen Zeitschrift mit jeweils mehreren Aufsätzen verschiedener Verfasser zu verschiedenen Themen. Noch immer herrschten baugeschichtli-

[49] Übersicht über die „Jahreshefte“ mit den Tafeln in der Denkschrift (wie Anm. 26) S. 36–39.

[50] Correspondenz-Blatt des Gesammtvereins der deutschen Geschichts- und Alterthums-Vereine. 3. Jg. 1855. S. 60 f.

che und archäologische Beiträge vor, aber daneben traten nun archivalisch-historische, darunter die erste Textedition in dieser Zeitschrift.

Von 1878 an setzten die – zusammen mit dem Ulmer Verein und dem Statistisch-topographischen Bureau, später auch dem Historischen Verein für Württ. Franken und dem Sülchgauer Altertumsverein herausgegebenen – Württembergischen Vierteljahreshefte, die nun jährlich erschienen, die „Schriften" fort. Heute ist die ältere Schriftenreihe unseres Vereins fast vergessen, obwohl sie durchaus Niveau hatte und noch immer lesenswert ist, freilich thematisch zunächst einseitig ausgerichtet war.

Als weitere Veröffentlichungsreihe kamen die gedruckten „Rechenschaftsberichte" heraus, anfangs jährlich, ab 1846 für zwei, gelegentlich für drei Jahre (bis 1858 durchgehend, dann wieder für 1864/65 und ab 1888). Sie enthalten Vereinsmitteilungen, meist listenartig, über die Mitgliederbewegung, über Geschenke und Ankäufe für die Sammlungen, über den Tauschverkehr mit anderen Vereinen, über denkmalpflegerische Tätigkeit und schließlich die Jahresabrechnungen – eine wichtige Quelle für die Vereinsgeschichte in der ersten Phase.

Umbruch

Die Zeit von etwa 1855 bis 1872 verlangte herbe Entscheidungen ab. Nach der Revolution von 1848/49 ging die Mitgliederzahl über viele Jahre hinweg kontinuierlich zurück – wie bei den meisten anderen Geschichtsvereinen. Die aufregenden öffentlichen Ereignisse zogen die Aufmerksamkeit auf sich und die Zuwendung zur nationalen Frage drängte antiquarische, landes- und ortsgeschichtliche Interessen zurück[51]. Auch das Übergewicht von Beamten in der Vereinsführung und in der Mitgliederschaft mögen Gründe gewesen sein. Auffallend ist, daß mehrere Jahre lang keine Mitgliederversammlungen und keine vereinsinternen Wahlen stattfanden[52]. Die geschilderte Tätigkeit ging allerdings über diese Krisenjahre, wenn auch mit etwas verminderter Energie, durchaus weiter.

Aber eine noch tiefere, an die Wurzeln gehende Problematik wurde erkennbar. Trotz allen Eifers, allen Einsatzes, allen Schwungs konnte nicht verborgen bleiben, daß eine wirklich flächendeckende Denkmalpflege und die fachmännische Betreuung einer großen Denkmälersammlung einen privaten Verein überforderte. Der Verein hatte Vorarbeit geleistet, Grundlagen gelegt, die Aufgaben begonnen, das Bewußtsein dafür geweckt, auch Erfahrungen gesammelt, aber die Arbeit konnte auf die Dauer ehrenamtlich nicht bewältigt werden. Im Grunde wußte man ja bereits, daß es Aufgaben im öffentlichen Interesse waren, für die eigentlich der Staat die Verantwortung trug. Es hat fast etwas Tragisches an sich, daß man diese Entwick-

51 *Heimpel* (wie Anm. 5) 1972, S. 48.
52 *Eser* (wie Anm. 28) S. 293.

lung in den Vereinen sah und sich folgerichtig um der Sache willen dafür einsetzte, staatliche Ämter zu gründen, sich damit aber die Grundlage der eigenen Tätigkeiten selbst entzog, sich gleichsam selbst überflüssig machte.

Die Initiative hat zunächst nicht der Württembergische Altertumsverein selbst ergriffen, sondern der Gesamtverein der deutschen Geschichts- und Altertumsvereine, der, kaum gegründet, sich 1852 an alle Regierungen wandte und die Anstellung staatlicher Konservatoren zur Überwachung und Inventarisierung der Denkmäler anregte. Da dies offensichtlich mit unserem Verein nicht abgestimmt war, scheint das zu Verstimmungen mit dem Gesamtverein geführt zu haben, die für einige Jahre ein kühles Verhältnis bewirkten. Aber der Anstoß war gegeben. In Stuttgart diskutierte man, ob ein künftiger Denkmalpfleger der Kunstschule anzugliedern wäre, also einer gestalterisch-künstlerischen Institution, oder dem Statistisch-topographischen Bureau, also der wissenschaftlich-historischen Landesbeschreibung. Als das Kultusministerium die erste Lösung favorisierte, da schaltete sich Graf Wilhelm als Vorstand des Altertumsvereins in die Debatte ein. Er betonte, unterstützt von einem fachlich-denkmalpflegerisch hervorragenden Gutachten eines Mitarbeiters, den engen Zusammenhang von Denkmalpflege und Geschichte und bot eine institutionelle Zusammenarbeit zwischen Altertumsverein und Denkmalpfleger an. Er wollte offensichtlich dem Verein den öffentlichen Auftrag erhalten und nach Möglichkeit an Kompetenz hinzugewinnen. Er setzte sich mit seiner Argumentation auch durch, aber nicht mit seinem organisatorischen Vorschlag. Der württembergische Denkmalpfleger wurde nicht der Kunstschule unterstellt, sondern dem Ministerium unmittelbar. Und man wählte nicht einen Künstler, nicht einmal einen Architekten, sondern einen historisch profilierten Kandidaten, dazu den Vorstand eines Altertumsvereins, den Ulmer Konrad Dietrich Haßler, zweifellos eine glückliche Wahl[53].

Damit war aber auch der Württembergische Altertumsverein aus dem Rennen. 1858 übergab er die meisten der in Bearbeitung befindlichen denkmalpflegerischen Fälle zusammen mit den Unterlagen dem neuen Konservator. Er behielt die archäologischen Ambitionen, aber die denkmalpflegerische Arbeit des Vereins an Bau- und Kunstdenkmälern, eine der bisher wichtigsten selbstgestellten Aufgaben, hörte auf.

Noch blieb dem Altertumsverein seine stattliche Sammlung von Kunst-, Geschichts- und archäologischen Denkmälern, Dokumentation und Museum zugleich, und noch immer im Wachsen. Aber auch hier bahnte sich nach wenigen Jahren eine neue Entwicklung an: Es war eben der neue staatliche Konservator, der bald nach seinem Amtsantritt sich dafür einsetzte, von Staats wegen eine Kunst- und Altertümersammlung ins Leben zu rufen, die finanziell so ausgestattet sein sollte, daß Privatsammlungen, deren es eine ganze Reihe gab, erworben und daß vor allem die Verschleppung von Kunstwerken ins Ausland verhindert werden konnte. Im Jahre 1862 war es so weit, die „Staatssammlung vaterländischer Kunst- und Altertums-

[53] Hubert *Krins:* Die Gründung der staatlichen Denkmalpflege in Baden und Württemberg. In: Denkmalpflege in Baden-Württemberg. Nachrichtenblatt des Landesdenkmalamtes. 12. Jg. Heft 2. S. 34–46, hier bes. S. 36–41.

denkmale", Vorgängerin des heutigen Landesmuseums, wurde begründet. In ihren Verwaltungsrat wurden drei Vertreter des Altertumsvereins berufen, gleichsam zur personellen Verklammerung beider Institutionen[54].

Damit war aber nun die Frage nach der Zukunft der vereinseigenen Sammlung gestellt. So reich sie war, so war auch klar: Auf Dauer konnte sie mit der besser dotierten und von einem staatlichen Konservator betreuten nicht konkurrieren. Sollten überhaupt in Stuttgart zwei ähnliche Sammlungen nebeneinander bestehen? Man verhandelte und einigte sich, zu einem späteren Zeitpunkt die vereinseigene Sammlung der staatlichen anzuschließen, jedoch unter Vorbehalt des Eigentumsrechts[55].

Zehn Jahre später, 1872, entschloß sich der Verein, die Absicht einzulösen, offenbar auch deshalb, weil man Probleme mit der Anmietung geeigneter Räume hatte. In einem Schreiben des Kultusministeriums wurde hervorgehoben, daß „in der Vereinssammlung die römische, altgermanische und fränkische Periode in einer seltenen Schönheit und Reichhaltigkeit vertreten" sei und die Direktion der Staatssammlung über die „Bereicherung… ihre Freude bezeugt"[56]. Seitdem befinden sich die archäologischen und Kunstdenkmäler im Besitz und in der Betreuung des Landesmuseums.

Aber der Verein, damals unter Leitung des Bibliotheksdirektors Stälin, ging noch weiter: Er übergab die gesamte Vereinsbibliothek einschließlich der geschichtlichen Handschriften und der alten Drucke an die Öffentliche Bibliothek, die heutige Landesbibliothek, ebenfalls unter Vorbehalt des Eigentumsrechts. Sogar einen Teil der eigenen Korrespondenzen aus der Gründungszeit schloß man der Übertragung an (C.h.f. 716)[57]. Die Öffentliche Bibliothek stand ja den Vereinsmitgliedern ohnehin offen.

Die Abgabe der denkmalpflegerischen Tätigkeit und der Sammlungen bedeutete eine tiefe Zäsur in der Geschichte des Vereins. Alles, was er mit großer Hingabe, zwar mit ehrenamtlichen Kräften, aber doch mit großem Erfolg aufgebaut hatte, hat er nun, wenn auch nicht als Eigentum, so doch in die Verfügung staatlicher Stellen gegeben. Gerade die Aufgaben, die er in den ersten anderthalb bis zwei Jahrzehnten seines Bestehens für die wichtigsten gehalten hat, sind in andere Hände übergegangen. Für manche Mitglieder muß sich eine Leere aufgetan haben und der Sinn weiterer Vereinstätigkeit fragwürdig geworden sein.

Freilich, diese Entwicklung hat nicht nur der württembergische Altertumsverein durchlaufen, ihr unterlagen auch andere, ja sie ist geradezu typisch für die Alter-

---

54 HStAS E 14 Bü 1577, Fasz. 1855–1877/9.

55 Rechenschaftsbericht 1864/65 S. 10. – Denkschrift (wie Anm. 26) S. 18.

56 HStAS E 14 Bü 1577, Fasz. 1855–1877/24. – Siehe auch die Denkschrift (wie Anm. 26) S. 18, 21 und 24. – Ausstellungsverzeichnis (wie Anm. 35) S. 23–28.

57 Denkschrift S. 21 und 24. – Ausstellungsverzeichnis (wie Anm. 35) S. 21 f.

tumsvereine jener und der folgenden Zeit, und manche Vereine, wie etwa der badische Altertumsverein, sind daran zugrundegegangen[58].

Das Besondere in Württemberg ist aber, daß die Krise aufgefangen und überwunden werden konnte. Gleichzeitig bahnte sich ja ein Generationenwechsel gegenüber der Gründerzeit an, und manche scheinen die Entlastung von immer größerer Verantwortung im Denkmal- und Sammlungsbereich als Chance begriffen zu haben. Man konzentrierte sich zunächst auf Veröffentlichungen und brachte die hervorragenden Bild- und Textwerke über die Klöster Maulbronn und Bebenhausen heraus. 1878 rief man mit anderen Institutionen zusammen die „Württembergischen Vierteljahrshefte für Landesgeschichte" ins Leben, eine anspruchsvolle landesgeschichtliche Zeitschrift, die heute in der Zeitschrift für Württembergische Landesgeschichte fortlebt. Im gleichen Jahr begannen die öffentlichen Vorträge, die ebenfalls bis heute fortgeführt werden, und dabei traten neben archäologische und kunstgeschichtliche Themen immer deutlicher die historischen[59]. Von den achtziger Jahren an nahm die Mitgliederzahl wieder zu, und der Altertumsverein erhielt mehr und mehr den Charakter eines historischen Vereins[60].

Aber halten wir fest: Am Anfang seines Bestehens hat er Aufgaben wahrgenommen, die heute das Denkmalamt, die archäologische Denkmalpflege und das Landesmuseum ausüben. Früher als der Staat hat er die kulturelle Pflicht erkannt, sich für geschichtliche Denkmäler einzusetzen, und er hat diese Erkenntnis mit bewundernswertem persönlichen Elan und großem Zeitaufwand in die Tat umgesetzt. Er hat damit nicht nur viel gerettet, was heute verloren oder zerstört wäre, er war vor allem beispielgebend, hat die Öffentlichkeit aufgerüttelt, das Bewußtsein zugunsten geschichtlicher Denkmäler geweckt. Und die Vereine waren es auch, die den Staat schließlich überzeugt haben, mit reicheren Mitteln die Aufgaben in die Hand zu nehmen.

So hat der Württembergische Altertumsverein – wie auch andere Geschichts- und Altertumsvereine – einen unverwechselbaren Platz in der Geschichte der Landeskunde, der kulturellen Entwicklung. Wir haben diesen Vereinen die Wiederentdeckung der Quellen älterer Geschichtsperioden, die Wiederentdeckung der Geschichte überhaupt zu danken.

---

[58] Peter P. *Albert:* Die Geschichts- und Altertumsvereine Badens. 1903. – *Heimpel* (wie Anm. 5) 1972, S. 48.

[59] Gedrucktes Rundschreiben des Vereins über die Abgabe der Sammlungen und neue Veröffentlichungsprojekte, um 1872/73 (Württembergischer Geschichts- und Altertumsverein). – Denkschrift (wie Anm. 26) S. 25, 27.

[60] Siehe die gedruckten „Rechenschaftsberichte" ab 1888.

Ansprachen bei der Festveranstaltung am 8. Oktober 1993

Begrüßung des Vorsitzenden Hans-Martin Maurer

Zur Festveranstaltung des Württembergischen Geschichts- und Altertumsvereins begrüße ich Sie in diesem schönen Saal mit Freude und danke Ihnen, daß Sie sich – in einer für uns unerwartet großen Zahl – hier eingefunden haben, um das 150jährige Jubiläum des Vereins mitzufeiern. Ganz besonders begrüße ich Sie, sehr verehrter Herr Staatssekretär Dreier, und danke Ihnen, daß Sie in Vertretung des Herrn Ministerpräsidenten und für die Landesregierung ein Grußwort an uns richten werden. Mit gleicher Ehrerbietung begrüße ich Sie, sehr verehrter Herr Oberbürgermeister Rommel, und danke auch Ihnen, daß Sie persönlich zu uns gekommen sind und das Wort ergreifen werden. Unser Verein hat seit 150 Jahren seinen Sitz in der Landeshauptstadt, und ein nicht geringer Teil seiner Arbeit war seit je der Geschichte dieser Stadt gewidmet. Mit Freude begrüße ich S. K. H. Friedrich Herzog von Württemberg. Wir freuen uns, K. H., daß Sie den Chef des Hauses Württemberg, Ihren Vater, vertreten, der es lebhaft bedauerte, wegen einer Verpflichtung in Montbéliard, dem altwürttembergischen Mömpelgard, heute nicht hier sein zu können. Mit Dank begrüße ich auch den Vorsitzenden des Gesamtvereins der deutschen Geschichts- und Altertumsvereine, Herrn Prof. Dr. Stehkämper aus Köln, hinter dem rund 250 Geschichtsvereine stehen. Ich begrüße unser Ehrenmitglied Herrn Professor Zeller, den Redner dieser Veranstaltung, ich heiße alle Mitglieder des Württembergischen Geschichts- und Altertumsvereins willkommen und danke heute am Jubiläum für Ihre oft jahrelange, jahrzehntelange Zugehörigkeit, und ich begrüße unsere Gäste, über deren Interesse wir uns freuen.

Die Zeit ist vorbei, meine Damen und Herren, in der man das Bestehen eines Geschichtsvereins erklären oder gar rechtfertigen müßte. Tatsache ist, daß traditionelle Geschichtsvereine vielerorts wachsen, auch der unsere, daß zahlreiche neue entstehen, daß sich zudem Geschichtswerkstätten, historische Arbeitskreise, Autorenteams und andere Initiativen zusammenfinden. Tatsache ist, daß Stadt- und Ortsgeschichten wie Pilze aus dem Boden unseres Landes schießen, zunehmend fruchtbare und wohlschmeckende, und daß historische Ausstellungen im Trend liegen. Und wenn die Mitglieder der Geschichtsvereine noch immer eine Minderheit sind, so gibt es darüber hinaus in den Lesern historischer Sachbücher aller Art eine große Gemeinde und eine vielleicht noch größere in den Zuschauern historischer Fernsehsendungen – wobei dieser letzte Hinweis, abgesehen von einigen Ausnahmen, keine Qualitätsempfehlung sein soll. Man interessiert sich für Geschichte, wenigstens partiell, und man weiß auch, daß ohne Kenntnis der Vergangenheit vieles in unserer komplizierten Gesellschaft einfach nicht erklärlich ist. Die Geschichte ist nun einmal eine Dimension von fundamentaler Bedeutung für den einzelnen, für Institutionen, für Gruppen und größere gesellschaftliche Verbände.

Wenn wir also den Sinn von Geschichtsvereinen grundsätzlich nicht in Frage stellen müssen, so entbindet uns das nicht von der dauernden Selbstüberprüfung, wie wir mit der Geschichte umgehen, ob wir als Geschichtsverein unsere Arbeit richtig, angemessen, wirkungsvoll, zeitgemäß, den Anforderungen entsprechend tun. In dieser Beziehung hat sich manches geändert. Blicken wir zunächst 150 Jahre zurück. Die 25 Männer, fast alles angesehene Stuttgarter Bürger, die unseren Verein 1843 ins Leben gerufen haben, hatten recht konkrete Vorstellungen von dem, was sie erreichen wollten. Sie konnten es nicht mehr mit ansehen, wie geschichtliche Denkmäler zerfielen, Kirchen, Kapellen, Bürgerhäuser, wie wertvolle Kunstwerke, etwa Altäre in Kirchen, mißachtet oder an Fremde verscherbelt wurden, wie man archäologische Funde, die mancherorts noch zum Greifen dalagen, verschleuderte – und wie damit geschichtlicher Sinn und geschichtliches Bewußtsein mit zugrunde gingen. Da man als einzelner wenig bewirken konnte, schlossen sie sich zusammen und gründeten den Verein zur Rettung geschichtlicher Denkmäler und Zeugnisse, einen Altertumsverein, wie sie ihn zuerst nannten.

Und sofort machten sie sich mit bewundernswertem Engagement und großem persönlichen Zeitaufwand daran, sich für historische Bauwerke und Kunstwerke einzusetzen und archäologische Funde sicherzustellen, und vor allem, das war das eigentliche Ziel, das Verständnis für unsere Geschichtslandschaft erst einmal zu wecken. Sie hatten in beidem sichtlichen Erfolg, und wenn das Bewußtsein der Öffentlichkeit sich tatsächlich dafür schärfte, wenn darüber hinaus einige Jahrzehnte später der Staat Institutionen einrichtete wie die Denkmalpflege, die Archäologie, staatliche Sammlungen und historische Institute, so sind das Ergebnisse dieses unseres und anderer Geschichtsvereine. Eine Ausstellung im Hauptstaatsarchiv soll die ehrenamtliche, höchst produktive Arbeit der Gründerzeit unseres Vereins vor Augen führen.

Später wurden neue Schwerpunkte gesetzt: geschichtliche Forschung, Erarbeitung von Publikationen, öffentliche Vorträge, historische Exkursionen, Arbeitskreise, Kurse und Einführungen aller Art – und wir werden in Zukunft diese Aktivitäten weiterführen, weiterentwickeln und neue Formen finden. Bleiben wird, dafür steht unsere Satzung, die wissenschaftliche Grundhaltung, die Anwendung wissenschaftlicher Methoden und Kategorien, die Verpflichtung zu Objektivität und zu Gerechtigkeit, das Bemühen um Annäherung an Wahrheit. Bleiben wird auch, so hoffe ich, die Umsetzung wissenschaftlicher Forschung in verständliche Sprache, in wirksame Darstellung, die anspricht und ergreift. Wir wollen keine

Wissenschaft im Elfenbeinturm, wir wollen geschichtliche Erkenntnis in die allgemeine Meinungs- und Bewußtseinsbildung einbringen.

Nun kann man nach 150 Jahren fragen: Gibt es überhaupt noch etwas zu erforschen? Ist das Feld nicht längst abgegrast? Ganz im Gegenteil: jeder Kenner weiß, das Feld der Geschichte ist weit und tiefgründig genug, um noch vieles verborgen zu halten, und die Archive sind noch immer weithin unbekannte Größen. Wer immer ernsthaft forscht, ob im örtlichen Bereich, im familiär-persönlichen oder im allgemeinen, wird das Erlebnis immer neuer Entdeckungen haben. Sicher, da kommt viel Belastendes zum Vorschein, nicht nur aus gewissen Perioden unseres Jahrhunderts, auch aus früheren Zeiten, die Vergangenheit war keine heile Welt. Aber es gibt auch viel Ermunterndes, gelegentlich Vorbildliches, es tun sich Zusammenhänge auf, daß es einem wie Schuppen von den Augen fällt, es ergeben sich Maßstäbe, entfaltet sich ein Panorama menschlicher Möglichkeiten, es gibt Kühnes, Erregendes, spannende Abläufe – „und wo ihr's packt, da ist's interessant".

Auch für das Jubiläum haben wir uns eine Erkundung als wissenschaftliche Aufgabe vorgenommen. Und dabei lag es nahe, in dem Symposion, das morgen stattfindet, einmal die Gründungszeit des Vereins, die Zeit um 1840, ins Visier zu nehmen und zu versuchen, ihre Eigenart herauszuarbeiten. Es war die Zeit, die man gerne mit den Stichworten „Romantik" und „Biedermeier" bezeichnet, in der sich aber gleichzeitig gesellschaftliches Leben mächtig entwickelte, die bürgerliche Freiheit zum heißersehnten Ziel wurde und die erwachenden Energien über die Landesgrenzen hinausdrängten. Eine Einführung in diese Zeit erhalten wir heute schon mit einem, wie ich meine, besonders attraktiven Thema, dem Verhältnis von Poesie, öffentlichem Bewußtsein und Politik. Und wir haben die Freude, den Festvortrag von unserem Ehrenmitglied, Ihnen, sehr verehrter Herr Professor Zeller, hören zu dürfen, dafür jetzt schon aufrichtigen Dank!

Auch die Musik will uns heute abend in jene Zeit zurück entführen. Damals entstand die Sängerbewegung, die bis heute nachwirkt, und die Gesangvereine erlebten ihre erste Blütezeit. Auch das Kunstlied erreichte einen Höhepunkt, und davon werden uns nun einige Kostproben geboten. Herr Reinhard Krämer singt mit Begleitung von Frau Ursula Kurthen Lieder schwäbischer Dichter – von denen einige, das darf ich so nebenbei bemerken, zu den ersten Mitgliedern der Geschichtsvereine zählten. Allerdings gibt es von den bekannten Württemberg-Balladen Uhlands wie auch von seinen politischen Liedern über das alte Recht keine geeignete Vertonung, wohl aber von anderen Liedern, die Motive des Mittelalters, das man als eine geheimnisvolle Zeit gerade wiederentdeckte, aufnahmen und damit Wunschbilder, Erfahrungen und Sehnsüchte zum Ausdruck brachten. Herr Krämer fand Vertonungen zweier zeitgenössischer Stuttgarter Komponisten, des Gymnasialprofessors Ernst Friedrich Kauffmann, der seiner politischen Haltung wegen zeitweise auf dem Hohenasperg inhaftiert war, und des Hofkapellmeisters Conradin Kreutzer. Beide waren vom schwäbischen Dichter- und Schriftstellerkreis prägend beeinflußt und unterhielten freundschaftliche Beziehungen zu ihm, so daß sie wohl in besonderer Weise berufen waren, poetische Aussagen in Musik umzusetzen. Einleiten wollen wir allerdings die Musik mit der Vertonung einer Ballade Uhlands durch den noch bekannteren Zeitgenossen Karl Loewe, und nachher werden wir auch eine Ballade des jungen Fontane hören.

Lassen Sie mich mit zwei Zitaten von 1843 schließen. Gustav Schwab schrieb, als man ihn zur Gründungsversammlung unseres Vereins bat, er werde der ehrenden Einladung zur Teilnahme an einem Verein, der längst unter seine Wünsche gehöre, dankbar folgen. Und der 20jährige württembergische Kronprinz formulierte: „Die Satzungen ... habe ich mit vielem Vergnügen eingesehen und werde einer Vereinigung, die sich die schöne Aufgabe gestellt hat, den Spuren einer großen Vorzeit nachzuforschen und so dieselbe aufs neue zu beleben, gerne beitreten". Er zahlte jährlich zwanzig Mitgliedsbeiträge, und als er König wurde, siebzig. Und noch ein Zitat, von Goethe, kurz und inhaltsschwer, ich sah es kürzlich als Inschrift am Staatstheater in Dresden wieder: „Ältestes bewahrt mit Treue – freundlich aufgefaßtes Neue".

Grußwort von Staatssekretär Josef Dreier für die Landesregierung

Ich freue mich, Ihnen heute zu Ihrem 150-jährigen Jubiläum die herzlichen Grüße und Glückwünsche der Landesregierung, vor allem von Herrn Ministerpräsident Teufel, überbringen zu dürfen.

150 Jahre – das ist ein respektables Alter! Auf diese Zeitspanne kann der Geschichtsverein nun bereits als eigene Entwicklungsgeschichte zurückblicken; er ist sich also nun gleichsam selbst historisch geworden. Ungeachtet dessen erfreut er sich noch immer eines regen Zuwachses an Mitgliedern und weiß sich auf diese Weise seine Frische, seine Aktivität und Attraktivität zu erhalten und immer wieder neu zu beleben.

Die Aufgabe, die Sie sich gestellt haben, ist die Aufarbeitung der Geschichte, im besonderen der Geschichte dieses Landes und seiner Regionen, wie auch die Weitervermittlung und Verbreitung von Ergebnissen historischer Forschungseinrichtungen. Sie leisten damit einen Beitrag zur Kenntnis und Selbsterkenntnis unserer Gesellschaft, denn nur wer die Herkunft, die Entwicklung, das Werden von Gemeinschaften kennt, vermag sie in ihrer Eigenart einzuschätzen.

Von Ihrer Gründung an ist Ihnen bestätigt worden, daß Ihre Arbeit im öffentlichen Interesse liegt, und durchgehend bis heute ist die Gemeinnützigkeit Ihres Wirkens wie selbstverständlich anerkannt. Ich möchte Ihnen auch von seiten der Landesregierung anläßlich des heutigen Jubiläums für Ihre Arbeit und die Hinweise, die von Ihnen ausgingen, Dank und Anerkennung aussprechen.

Die Geschichts- und Altertumsforschung trägt in erheblichem Maße dazu bei, ein

Bewußtsein der eigenen Identität und des eigenen Standortes zu erwerben. Es geht dabei nicht um eine Beschönigung und Idyllisierung vergangener Verhältnisse, sondern um das Verstehen eines geschichtlichen Entwicklungsprozesses, in den wir selbst noch eingebunden sind. Denn, so Siegfried Lenz, ich zitiere aus Ihrem Faltblatt, „dieses vergangene Leben hatte einen Anspruch darauf, vor restloser Vergessenheit bewahrt zu werden. Warum? Weil es unser Leben vorbereitet hatte. Weil wir ihm alle nötigen Erfahrungen verdanken, auch die bedeutendste Erfahrung: Vergänglichkeit. Gegen den Schmerz um die verlorene Zeit gibt es nur das eine Mittel: ihr einen Sinn zuzuerkennen".

Die Lektüre Ihrer Programme zu öffentlichen Vortragsreihen, den Themen Ihrer Arbeitskreise und Kurse, die Voranzeigen Ihrer wissenschaftlichen Exkursionen und insbesondere die von Ihnen herausgegebenen Zeitschriftenbände vermitteln einen lebhaften Eindruck von dem reichhaltigen Themenspektrum, dem Sie Ihre Arbeit widmen. Allein die beiden letzten Jahrgänge Ihrer Zeitschrift enthalten grundlegende Ausarbeitungen zur Stauferzeit, zu sozialen Problemen im Spätmittelalter, zu den Volksaufständen am Beginn der Neuzeit, zur Geschichte des Humanismus in unserem Raum, zu politisch-geistigen Strömungen im 19. Jahrhundert, zu Krisenerfahrungen in der Weimarer Republik, zur Geschichte der jüdischen Mitbürger in unserem Land bis hin zu den Problemen des Wiederaufbaus in der Nachkriegszeit. Dabei verwenden Sie ebenso die Mittel moderner Forschungsmethoden wie Sie die Quellen sorgsam recherchieren.

Ich freue mich sehr über die Ergebnisse Ihres Wirkens. Sie sind von umfassender, von allgemeiner gesellschaftlicher Bedeutung und finden Anerkennung ebenso in Fachkreisen wie in der breiten Öffentlichkeit. Über das im engen Sinne wissenschaftliche Interesse hinaus vermögen Sie infolge Ihrer ansprechenden Darbietungen auch, das Vergnügen am Lernen und Erkennen zu wecken und viele Menschen für Geschichte zu interessieren.

Auch und gerade in unserer schnell-lebigen Zeit bedarf die Auseinandersetzung mit unseren eigenen sozialen und kulturellen Wurzeln der Anregung und Förderung. Die permanente Veränderung der Lebenswelt ergreift nicht nur das äußere Umfeld; sie dringt tief in die inneren Wurzeln unseres alltäglichen Selbstverständnisses ein.

Mobilität, Weltoffenheit einerseits und Verbundenheit mit der Geschichte andererseits schließen sich nicht aus, im Gegenteil – sie stehen in einer Wechselbeziehung zueinander. Historisches Bewußtsein bedeutet auch ein Bewußtsein der tradierten Werte, Ideale und kulturellen Prägungen, in die wir zwar, wie man heute sagt, „hineinsozialisiert" sind, die wir als mobile und weltoffene Bürger aber auch mit hinaus nehmen und die uns als Orientierungsmaßstab dienen können.

Die Landesregierung ehrt, schätzt und fördert ausdrücklich das freiwillige Engagement von Vereinen für kulturelle und wissenschaftliche Zwecke. Anders als Museen und Bibliotheken leisten sie nicht nur wissenschaftliche und dokumentatorische Arbeit, als Verein fördern sie auch das gegenwärtige Gemeinschaftsleben, sie motivieren Mitmenschen, sich zu engagieren und zu interessieren.

Heute, am Tag Ihres Jubiläums, möchte ich Ihnen namens der Landesregierung ein herzliches Dankeschön sagen und Sie ermuntern, Ihrer für uns alle fruchtbaren Tätigkeit auch weiterhin treu zu bleiben. Die Erhaltung und Förderung des historischen Bewußtseins trägt nicht zuletzt auch zur Bewältigung unserer gegenwärtigen und zukünftigen Herausforderungen bei. „Denn nur wer weiß, woher er kommt, weiß, wohin er geht".

Ich wünsche dem Württembergischen Geschichts- und Altertumsverein eine gedeihliche Zukunft und auch weiterhin viel Erfolg.

Ich möchte Sie aber auch beglückwünschen zu Ihrem hochinteressanten Symposion, das Sie zum 150-jährigen Bestehen durchführen, und der Veranstaltung einen fruchtbaren Verlauf wünschen.

Aus der Geschichte lernen
von Oberbürgermeister Manfred Rommel

Die Stadt Stuttgart kann zwar angesichts ihrer schlechten Haushaltslage keine Schätze mehr bieten, aber, wie dies dem Geist unserer heimlichen württembergischen Nationalhymne entspricht, treue Gesinnung anbieten und herzliche Grüße entbieten. Ein 150. Geburtstag ist immerhin keine Kleinigkeit. Bei Menschen kommt er, wenn überhaupt, höchst selten vor.

In den Zwanzigern wurde in Georgien sogar der Geburtstag eines 170jährigen gefeiert. Gewaltiger Jubel erklang aus der Festversammlung, Reden wurden gehalten. Plötzlich erhob sich mühsam der ehrwürdige Greis, um das Wort zu ergreifen. Er begann: Liebe Freunde, in der großen sozialistischen Oktoberrevolution ... Doch da wurde er schon unterbrochen: Hör auf, wir wissen, wie es in der Oktoberrevolution war. Der gefeierte Greis setzte sich wieder. Doch nach einiger Zeit erhob er sich erneut und hub nochmals an: In der großen sozialistischen Oktoberrevolution ... Wieder laute Protestrufe. Aber der ehrwürdige Mann nahm seine ganze Kraft zusammen und fuhr fort: Genossen, laßt mich ausreden. In der großen sozialistischen Oktoberrevolution herrschte eine solche Verwirrung, daß man meinem Alter glatt hundert Jahre hinzugerechnet hatte.

Nun, bei uns stimmen die 150 Jahre. Wir sitzen hier zu Recht. König Friedrich würde zufrieden auf uns herunterblicken, wenn sein gipsernes Bildnis uns nicht seinen Rücken zukehren würde. Denkt man sich die gewaltige Gestalt des Königs hinzu, ist er auch von rückwärts ein imposanter Anblick. Hegel hat 1817 den König Friedrich wegen seines Verfassungsvorschlages gelobt und die württembergischen Landstände aufgrund ihrer ablehnenden Haltung beschimpft. Hegel klagt über den

Geist der Versumpfung ins Privatinteresse, über die „querelles Allemandes“ und behauptet: „Wenn die Schwaben freien Willen haben, geschieht gar nichts.“ Na ja. Mehr möchte ich dazu nicht sagen, obwohl die politischen Verhältnisse schon Material dafür hergeben, um über die politische Tat und die politische Unterlassung zu reden.

Geschichtsschreibung läuft immer Gefahr, von der Politik in Dienst genommen zu werden, entweder im Sinne der Glorifizierung oder im Sinne der Tribunalisierung. Auch die alten Römer, die alten Germanen und die alten Gallier blieben hiervon nicht verschont. Aber greifen wir nicht so weit zurück. Unsere jüngste deutsche Vergangenheit hat es heute noch schwer, Gegenstand differenzierter Geschichtsdarstellung und Bewertung zu sein. Das ist verständlich, aber nicht gut.

Auch noch so dunkle Zeiten haben ihre Schattierungen, die erst das richtige Bild ergeben, das man braucht, um etwas von der Geschichte zu haben. Nämlich: den Nutzen der Erfahrungen, die sie bietet, die längerfristige Sicht und die Einsicht, daß vieles nach Grundmustern verläuft. Hegel hat sich zwar hinsichtlich der Möglichkeit, aus der Geschichte zu lernen, skeptisch geäußert, aber es wäre doch zu traurig, wenn die Menschheit ihre Erfahrungen mit Diktaturen, Rassenwahn, Völkerhaß usw. nicht nützen könnte.

Manchmal setzt uns freilich die Geschichte so sehr zu, daß es schwer ist, mit ihr umzugehen. Dies gilt nicht nur für die NS-Zeit, sondern zum Beispiel auch für die großen Kriege der vergangenen 150 Jahre. Diese böse Erfahrung führte unter anderem dazu, daß nach Beitritt der Bundesrepublik zur Nato das Wort „Krieg“ nur mit dem Zusatz in den Mund genommen wurde: den Gott verhüten möge, abgekürzt DGVM. Gerade die schlimmen Ereignisse verdienen das Studium, denn der Mensch läßt sich von Warnungen stärker beeinflussen als von Ermutigungen. Darum meide man nicht die heiklen Themen, sondern behandle sie.

Professor Sauer möchte ich hier besonders hervorheben. Er ist das wichtigste Bindeglied zwischen dem Verein und der Stadt. Die Landeshauptstadt, in der wenig geschieht, was geeignet ist, von der Geschichtsschreibung für bemerkenswert gehalten zu werden, ist stolz darauf, daß ein Historiker von seinem Rang in ihr und für sie tätig ist.

Ein Thema will ich noch erwähnen: Das Vertrauen der Historiker in das Schriftliche. Auch das Mündliche zählt, trotz aller Vorbehalte. Nach meiner Erfahrung wird schriftlich mehr gelogen als mündlich. Überdies neigen moderne Zeiten dazu, durch eine Überproduktion von Papier die Geschichtsschreibung unmöglich zu machen. Heute morgen war ich auf dem deutschen Altpapiertag. Da ist mir wieder bewußt geworden, wieviel Unheil das Vermögen zu fotokopieren über die Menschheit bringt. Schon die Erfindung der Druckerpresse hat sie kaum ertragen. Und jetzt das. Die Fülle des ungelesenen Papiers wächst. Und viele meinen, es werde sich in der Zukunft jemand finden, der es liest. Und hier hofft man vor allem auf die Historiker.

Programm der Festveranstaltung

im Neuen Schloß in Stuttgart, Weißer Saal,
am 8. Oktober 1993, 19 Uhr

Begrüßung:	Prof. Dr. Hans-Martin Maurer
Lieder:	Graf Eberstein von L. Uhland, vertont von Loewe Auswanderers Heimweh von J. Kerner, vertont von Kauffmann
Grußworte:	Staatssekretär Josef Dreier, MdL, für die Landesregierung Oberbürgermeister Manfred Rommel für die Landeshauptstadt
Lieder:	Das Schloß am Meer von L. Uhland, vertont von Kreutzer Tom der Reimer von Th. Fontane, vertont von Loewe
Festvortrag:	Prof. Dr. Dr. h. c. Litt. D. Bernhard Zeller Der Freiheit eine Gasse – Schwäbische Dichter um 1840
Lieder:	Der Feuerreiter von E. Mörike, vertont von Kauffmann Der Gärtner von E. Mörike, vertont von Kauffmann

Anschließend Empfang mit kaltem Buffet in der unteren Halle

Die Lieder sang Reinhard Krämer, begleitet von Ursula Kurthen

Register der Orte und Personen

Bearbeitet von Franziska Zeller

Die Autoren

Elias, Otto-Heinrich, Dr., Wissenschaftl. Geschäftsführer, Silcherstr. 21, 71665 Vaihingen a. d. Enz
Kollmer-v. Oheimb-Loup, Prof. Dr., Archivdirektor, Mülberger Str. 9, 73728 Esslingen
Mann, Bernhard, Prof. Dr., Universitätsprofessor, Geißhäuserstr. 41, 72116 Mössingen
Maurer, Hans-Martin, Prof. Dr., Ltd. Archivdirektor i. R., Lieschingstr. 47, 70567 Stuttgart
Sauer, Paul, Prof. Dr., Ltd. Stadtarchivdirektor, Hopfenstr. 2, 71732 Tamm
Schäfer, Volker, Prof. Dr., Archivdirektor, Aspenweg 9, 72127 Wankheim
Schmierer, Wolfgang, Dr., Archivdirektor, Mergentheimer Weg 23, 71732 Tamm
Zeller, Bernhard, Prof. Dr. Dr. h. c. Litt. D., Direktor des Deutschen Literaturarchivs i. R., Kernerstr. 45, 71672 Marbach a. N.

Lebendige Vergangenheit – Zeugnisse und Erinnerungen

Schriftenreihe des Württembergischen Geschichts- und Altertumsvereins
Herausgegeben von Hans-Martin Maurer

1. Robert *Gradmann:* Lebenserinnerungen. Hg. von Karl Heinz Schröder. 1965. 164 S. DM 12,40
2. Reinhold *Maier:* Feldpostbriefe. Aus dem Ersten Weltkrieg 1914–1918. Mit einer Einführung von Max Miller. 1966. 172 S. DM 14,20
3. Max *Kohlhaas:* Lebenserinnerungen (1867–1952). Hg. von Wilhelm Kohlhaas. 1967. 163 S. DM 12,40
4. Bruno *Stern:* Meine Jugenderinnerungen – an eine württembergische Kleinstadt und ihre jüdische Gemeinde. Mit einer Chronik der Juden in Niederstetten und Hohenlohe vom Mittelalter bis zum Ende des Zweiten Weltkriegs. 1968. 150 S., 49 Abb. (vergriffen)
5. Friedrich *Maurer:* Elend und Aufstieg in den Tagen des Biedermeier. Erinnerungen und Tagebuchblätter (1812–1906). Hg. von Walter Meyer. 1969. 136 S. DM 14,20
6. Ein liberaler Theologe und Schulmann in Württemberg. Erinnerungen von Dr. Gustav *v. Binder* (1807–1885). Hg. von Max Neunhöffer. 1975. 190 S. DM 19,50
7. Theodor *Pfizer:* Im Schatten der Zeit 1904–1948. 1979. 188 S., 13 Abb. DM 21,–
8. Aus dem Leben eines oberschwäbischen Kaufmanns. Das Tagebuch des Ulrich Christoph *Gradmann* von Ravensburg aus den Jahren 1796–1845. Bearbeitet von Peter Eitel. 1982. 140 S., 12 Abb. (vergriffen)
9. Im Dienst des Fürstenhauses und des Landes Württemberg. Die Lebenserinnerungen der Freiherren Friedrich und Eugen *von Maucler* (1735–1816). Bearbeitet von Paul Sauer. 1985. 178 S., 4 farb. Abb. DM 34,–
10. Heinz *Weil:* Am Rande des Strudels. Erinnerungen 1913–1983. Vorwort von Peter *Scholl-Latour*. 1986. 2. Aufl. 1988. 177 S., 11 Abb. DM 39,–
11. Ein Hofrat reist nach Amerika. Briefe und Berichte Jakob Friedrich *Autenrieths* und seiner Familie von 1794/95. Bearbeitet von Bernd Friedrich Autenrieth. 1988. 154 S., 12 Abb. (vergriffen)
12. Johannes *Fischer:* Aus fünfzig Jahren. Eine Niederschrift von 1933/34. Mit einem Nachwort von Theodor Heuss. Bearbeitet von Günther Bradler. 1990. 122 S., 4 Abb. DM 28,–
13. Paul *Wanner:* Mein Lebensbericht. Bearbeitet von Rudolf Kieß. 1990. 190 S. DM 38,–
14. Peter *Kehm:* Vorübergehend lebenslänglich ... Ganz persönliche Erinnerungen aus 40 Rundfunkjahren – und einigen davor. 1990. 248 S. DM 38,–
15. Lebens- und Leidensweg des M. Johann Gerhard Ramsler, Specials zu Freudenstadt. Die Lebenserinnerungen eines württembergischen Landpfarrers (1635–1703). Bearbeitet von Uwe Jens Wandel. 1993. 129 S., 10 Abb., geneal. Übersicht. DM 32,–
16. Johannes *Leopold:* Erinnerungen aus meinem Leben (1840–1906). Bearbeitet von Ute Fritz und Ilse Feller. 1994. 136 S. DM 32,–
17. Eberhard von Mechthild. Untersuchungen zu Politik und Kultur im ausgehenden Mittelalter. Hg. von Hans-Martin *Maurer*. 1994. 172 S., 8 Bildtafeln. DM 38,–